战勤保障岗位训练指导手册系列

战勤保障岗位训练实务

组织编写　江苏省消防救援总队

主　编　朱五八

中国矿业大学出版社

·徐州·

内 容 提 要

为了使战勤保障岗位人员全面了解和掌握战勤保障车辆装备的训练知识，提升消防救援队伍的整体保障能力，江苏省消防救援总队组织编写了本书。本书从训练目的、场地器材、人员配置、操作程序、操作要求及成绩评定等6个方面，系统阐述了供水、排涝、供液、供气、加油、饮食、净水、宿营、盥洗、被服洗涤、淋浴、卫勤、应急装备物资储备等保障训练方法，同时简要介绍了阵地保障、营地保障和联勤保障等合成训练方法。

本书可作为装备维护员、消防车驾驶员、仓库管理员、卫生员、油料运输员等战勤保障岗位人员的培训教材，也可作为广大消防救援队伍进行战勤保障车辆装备训练的参考书。

图书在版编目(CIP)数据

战勤保障岗位训练实务/朱五八主编．—徐州：
中国矿业大学出版社，2023.12
 ISBN 978-7-5646-6110-6

Ⅰ．①战… Ⅱ．①朱… Ⅲ．①消防－战勤－保障体系
－中国－岗位培训－教材 Ⅳ．①E277

中国国家版本馆CIP数据核字(2023)第247394号

书　　名	战勤保障岗位训练实务
主　　编	朱五八
责任编辑	黄本斌
出版发行	中国矿业大学出版社有限责任公司
	（江苏省徐州市解放南路　邮编221008）
营销热线	（0516）83885370　83884103
出版服务	（0516）83995789　83884920
网　　址	http://www.cumtp.com　E-mail：cumtpvip@cumtp.com
印　　刷	江苏苏中印刷有限公司
开　　本	787 mm×1092 mm　1/16　印张11.5　字数245千字
版次印次	2023年12月第1版　2023年12月第1次印刷
定　　价	60.00元

（图书出现印装质量问题，本社负责调换）

前 言

新形势下消防救援队伍面临多样化的灾害应对任务，对战勤保障岗位人员的需求和能力要求也日益提高。《战勤保障岗位训练实务》是一本为战勤保障岗位人员量身定制的专业训练教材，其核心目的就是帮助战勤保障岗位人员掌握实际操作技能，提升业务素质和综合能力，以满足现代应急救援战勤保障任务的需求。

本书内容涵盖了战勤保障岗位的实务操作、业务技能和实际应用等多个方面。在实务操作方面，本书重点讲解了应急救援物资的调度、筹措、运输、分配等环节。在业务技能方面，本书涵盖了救援装备的维修保养、紧急救治、生活服务等。在实际应用方面，本书旨在为灭火救援任务的顺利开展提供各类物资装备。

本书在编写过程中，借鉴了国内外战勤保障领域的先进理论和实践经验，规范了消防救援队伍的战勤保障业务训练内容，紧紧围绕"三转变一提升"和"平时保生活、保训练、保执勤，战时保打赢"的目标展开，重点关注阵地、营地两个保障和联勤保障，以及应急装备物资储备与运输，共编制了67个技能训练方法和3个技能合成训练方法及要求。本书既可以作为战勤保障岗位人员的培训教材，也可以作为相关专业师生的参考书籍。

本书由朱五八任主编，参加编写的人员及分工如下：史晓季编写第一章第一节、第五章第三节，吴建茂、张林编写第一章第二节、第二章第三节，陈立新编写第二章第一、二节，寿倍明编写第二章第四节，朱五八编写第三章、第五章第二节，李志明编写第四章第一、二节，张小飞编写第四章第三、四节，柳增祥编写第四章第五节、第五章第一节，高宗友编写第四章第六节、第六章第三节，王俊琛编写第六章第一节，蒋坚编写第六章第二节，陈忠意编写第六章第四节。

本书在编写过程中，得到了有关专家的指导和基层救援队伍的大力支持，在此一并表示感谢。

因作者水平有限，书中难免有一些不足和疏漏之处，敬请读者批评指正。

作 者

2023年10月

目 录

第一章 战勤保障工作职责和管理制度 ……………………………………… 1
  第一节 战勤保障工作职责 …………………………………………………… 1
  第二节 战勤保障管理制度 …………………………………………………… 6

第二章 阵地保障技能训练 ……………………………………………………… 12
  第一节 供水保障训练 ………………………………………………………… 12
  第二节 供液保障训练 ………………………………………………………… 31
  第三节 应急装备物资保障训练 ……………………………………………… 38
  第四节 卫勤保障训练 ………………………………………………………… 55

第三章 营地保障技能训练 ……………………………………………………… 66
  第一节 饮食保障训练 ………………………………………………………… 66
  第二节 生活保障训练 ………………………………………………………… 74

第四章 应急维修技术保障技能训练 ………………………………………… 83
  第一节 机动类装备器材故障诊断与排除训练 ……………………………… 83
  第二节 电动类装备器材故障诊断与排除训练 ……………………………… 86
  第三节 气动类装备器材故障诊断与排除训练 ……………………………… 94
  第四节 液压类装备器材故障诊断与排除训练 ……………………………… 101
  第五节 举高消防车故障诊断与排除训练 …………………………………… 106
  第六节 消防车底盘故障诊断与排除训练 …………………………………… 113

第五章 战勤保障技能合成训练 ……………………………………………… 120
  第一节 阵地保障技能合成训练 ……………………………………………… 120
  第二节 营地保障技能合成训练 ……………………………………………… 124

第三节　联勤保障技能合成训练 ………………………………………… 130

第六章　应急装备物资储备与运输训练 ……………………………… 135
　　第一节　灭火剂储备管理训练 …………………………………………… 135
　　第二节　应急装备物资储备管理训练 …………………………………… 148
　　第三节　应急装备物资调度训练 ………………………………………… 155
　　第四节　应急装备物资运输训练 ………………………………………… 160

参考文献 ………………………………………………………………………… 177

第一章
战勤保障工作职责和管理制度

第一节 战勤保障工作职责

在平时,战勤保障岗位人员主要负责对消防车辆和重要消防设备进行日常技术检查、修理、保养以及培训指导,也负责灭火器材和药剂、防护装备、抢险救援器材、油料、被服等物资的储备与配送,还负责空气呼吸器的充气、检测、清洗、烘干等。他们还建立了社会资源信息平台,以便了解社会力量和资源的分布,建立长期合作关系,随时提供战时保障所需的相关社会资源信息。

在战时,战勤保障岗位人员主要负责灭火救援现场消防车辆和装备的紧急修理,也负责灭火器材和药剂、防护装备、抢险救援器材、油料、被服等物资的紧急运输,还负责空气呼吸器的充气和备用钢瓶的供应等。另外,他们还负责战时一线消防员的饮食、休息、卫生医疗保障工作,为灭火救援现场指挥部及时、准确地提供相关社会资源信息。

一、装备维护员工作职责

(1)了解器材装备的分类、功能、结构、性能参数、工作原理及使用安全注意事项,并掌握其使用方法和维护保养规定。

(2)熟知本单位车辆装备的配备状况和使用情况,并及时向装备管理干部汇报车辆装备的动态信息,对车辆装备的采购、维保、维修、验收等工作提出合理建议。

(3)负责器材库、两室一站(充气室、检测维修室、水压检测站)等库室的维护管理,定期进行检查和测试,做好登记,确保存储、检测、清洗、维修等设备完好。

(4)负责本单位器材装备的管理,根据装备配备标准和实际需求,合理配备,并登记造册,确保装备出入库的手续齐全、账物相符,保证装备的完好。

(5)熟练操作装备管理信息系统,及时更新装备系统的数据,确保系统的数据真实可靠。

（6）定期组织装备器材的检查和维护，对一般性故障进行诊断和排除，对复杂、困难、技术性强的故障及时提出装备器材的送修意见，对没有维修价值的装备器材提出退役或报废的申请。

（7）参与灭火救援现场的装备技术保障。

（8）指导本单位人员按照操作规程正确使用车辆、器材、装备，协助装备管理干部组织开展理论学习和操作训练，做好管装、爱装、用装教育。

（9）协助领导干部制订装备工作计划，开展装备器材的革新、技术改造、技术攻关等科学研究。

（10）加强自身的理论、技能等知识的学习，提升专业技术能力，完成上级交代的其他任务。

二、消防车驾驶员工作职责

（1）加强交通法律法规和理论学习，刻苦钻研本职业务，熟练掌握消防车辆及消防泵的操作方法；模范遵守交通法律法规，预防事故的发生；树立良好的驾驶作风，自觉服从交通管理人员的指挥，接受车辆安全检查，文明驾驶，礼貌行车。

（2）出车时必须携带行驶证、驾驶证和有效身份证件；认真执行条令条例和规章制度，自觉维护纪律和工作、生活秩序；除执行紧急任务外，不准使用警灯、警报器。

（3）熟悉责任区交通道路、消防水源和消防安全重点单位的有关情况，听到出动信号应迅速启动车辆，做好出动准备；往返行驶途中保证安全；出车归队后及时补充油、水、电、气、灭火剂，检查保养车辆，发现故障，及时排除，保持战备状态。

（4）车辆行驶中发生交通事故，驾驶员必须立即停车，抢救受伤人员和物资，并注意保护现场，迅速报警，同时向上级报告。

（5）参加有关消防车辆保养、维修、道路驾驶、车泵吸（出）水、前后方供水、供气、供电、照明等训练。

（6）参与经常性车辆技术检查工作，按照出警和训练演练前后、每日交接班、每周车场日、每月车况检查、每季度技术保养的时间要求进行，由消防救援队（站）值班干部组织实施。

（7）检查车辆的技术状况及车容，车辆的使用和乘载，车辆的行驶证、驾驶证、消防员证（干部证）、警灯警报器使用证、出车凭证、车辆号牌悬挂情况等。

（8）对消防车辆进行保养，保养分为例行保养、定期保养、换季保养、初驶保养和停驶保养等5种，主要包括清洁、检查、紧定、润滑和调整等。

例行保养：包括日检查、途中检查和出车归队后的保养。

定期保养：一般分为周保养、节日保养和一、二、三级保养。

换季保养：凡全年最低气温在－5 ℃以下地区，在入夏和入冬前要进行必要的换季保养。

初驶保养：包括初驶前、初驶中和初驶完成后保养。

停驶保养：包括暂停车保养和封存车保养。

三、仓库管理员工作职责

（1）遵纪守法，服从领导，严格执行各项规章制度。

（2）严格执行物资储备管理制度，做好库存物资的登记、统计、保管、保养工作，确保物资分类存放、标签统一、质量完好、数量准确、包装完整、摆放整齐，始终处于战备状态。

（3）熟悉装备物资的品名、规格、型号和用途，掌握储备的装备器材、保障物资的数量、性能和使用方法。

（4）掌握所管装备物资的技术性能和保管常识，熟悉装备器材、保障物资的维护保养要求，做好装备器材、保障物资的保管工作。

（5）负责仓库温度、湿度观测、登记，保持仓库清洁，通风良好，做好防火、防盗、防潮湿、防腐蚀、防霉变等工作，保证仓库安全。

（6）经常清查、盘点库存物资，做到账目清晰准确。

（7）及时、准确、安全地接收和发放装备物资，并做好装备物资出入库登记，做到出入库手续健全、账物相符，保障装备物资供应。

（8）坚守岗位，做好战勤保障物资的供应准备，接到装备调集命令时，按照保障方案确定的流程，将所需的装备器材、保障物资迅速调集装车。

（9）掌握本仓库内管理系统、运输设备的数量、性能以及使用、保养、维护方法，确保设备良好运行。

（10）掌握维修机具设备的数量、质量情况，指导机具设备的合理使用、管理和维修。

（11）及时提出采购意见，确保库存充裕。

四、炊事员工作职责

（1）严格遵守我国的法律法规和所在单位的规章制度，服从领导，听从指挥，保守秘密，执行安全措施，预防各类食品安全事故的发生。

（2）全职厨师需要获取相应等级的厨师资格证，其衔级不得超过三级消防士；需要定期进行健康检查，以防止传染病的发生。

（3）工作时需穿戴厨师服，佩戴厨师帽、口罩、袖套、围裙。

（4）积极参加政治学习和岗位技能培训活动，努力提高烹饪技术，以提升饮食质量和战时饮食保障能力。

（5）需妥善使用和管理饮食设备，熟悉战勤保障设备的使用操作技术，确保设备随时处于良好的战备状态。

（6）需掌握主、副食原材料的质量鉴别和保养方法，了解伙食标准，理解营养学知识。

（7）努力提升业务技术，不断提高烹饪水平，能制作美味的特色菜肴。

（8）随时准备投入战斗，接到出动命令后，准备好主、副食等物资，按照战时饮食供应食谱制作饮食，确保饮食卫生。

（9）根据菜单和数量加工食材，对于变质的食品，拒绝洗切（配）和烹饪。

（10）注意食材的洗切（配）卫生，对于烹饪前的食材，必须做到先清洗后切割。

（11）确保饭菜煮熟，尽量做到色香味俱佳。

（12）对每日加工后的所有主、副食品进行留样。留样食品需要用保鲜膜密封好，放入专用器皿中加盖，并在外面贴上标明编号、留样时间、餐别、餐名、留样量、消毒时间、销毁时间、留样人等的标签，同时按早、中、晚餐的顺序分类保存，保存在专门的冷藏设备中。每种主、副食品的留样量不少于100 g，冷藏温度为0~10 ℃，留样时间超过48 h。需要建立完整的留样记录，留样记录至少保存12个月，以备查验。

（13）车辆返回队伍后，需要及时补充消耗的物资，检查和维护设备，如果发现故障，需要及时排除，保持战备状态。

（14）爱护炊事设备，做好餐具的清洗和消毒工作。炊具需要有序放置，保证饮食保障车内干净卫生。厨房用具、刀、切肉板、盆、管需要做到生熟分开，水槽工作台面、冰箱把手、抹布等需要做好卫生消毒工作，每日清洗。日常用具、餐具等，需要严格消毒。

（15）完成上级交代的其他任务。

五、卫生员工作职责

（1）具备紧急情况下的现场急救技能，如心肺复苏、止血和包扎等，并具备一定的医疗知识和技能，以便在紧急情况下迅速、准确地诊断和治疗伤者。

（2）定期为消防救援队伍的成员进行健康检查，确保队员的身体健康和工作安全。

（3）定期为队员提供急救知识、疾病预防和卫生保健等方面的健康教育，以提高队员的健康意识和自我保护能力。

（4）熟练使用、管理和维护消防救援医疗设备，确保设备的正常运行和使用。

六、油料运输员工作职责

（1）严格遵守交通法律法规，服从管理，热爱工作岗位，熟练掌握驾驶技术，以确保顺利完成工作任务。

（2）驾驶员必须持证上岗，严格执行《液体石油产品静电安全规程》(GB 13348—2009)的安全规定，确保安全文明驾驶，保持安全车速，选择合适的行车路线，注意避让其他车辆，尽量避开明火作业的施工工地。在雨季运油时，要远离高压线、变压器等易产生火花的电气设备。

(3) 加强安全意识,掌握油料防火、防爆的基本知识,熟悉油料的装卸、运输操作程序和要领,熟练使用各种灭火器材,及时处理突发情况。

(4) 定期检查和保养车辆,熟悉车辆性能,发现故障要及时排除,确保车辆始终处于良好状态。

(5) 严禁酒后驾车、私自出车或将车辆交给他人驾驶。

(6) 在运输过程中,严禁吸烟、携带火种,禁止超员和同时运输其他易燃、易爆、有毒、易腐蚀物品。

(7) 定期检查车辆配备的灭火器的有效期,确保保险销无锈蚀,转动灵活,铅封完好。

(8) 做好设备使用和工作环境的卫生工作,保持加油机和工作环境清洁。

(9) 严禁私自卸油和卖油。

七、油料加注操作员工作职责

(1) 遵守安全法律法规的规定,执行各项安全措施。

(2) 需要接受专业培训,通过考核后才能上岗。

(3) 了解并掌握加油机的特性和操作技能,能够判断和解决一般问题。

(4) 熟知车辆消防设备的位置和使用方法。

(5) 准确及时地计量油罐的存油量并做好记录,油料不足时及时上报。

(6) 了解应对突发事件的流程。

(7) 加油前,确保车辆周边环境安全(如没有吸烟、打电话、雷雨天气等情况)。

(8) 必须佩戴防静电手套,禁止穿易产生静电的衣物。

(9) 严格遵守操作流程,禁止违规操作。

(10) 非熄火车辆,禁止加油,禁止加油枪接触车辆排气管。

(11) 在加油前确认油品正确,方可加注。加注时,要密切关注油箱口,防止油料溢出或冒出。

(12) 禁止直接将汽油灌入塑料或木质容器。

(13) 禁止为存在明显安全问题的车辆加油。

(14) 加油完成后,所有阀门开关必须归位。

(15) 严格执行油料管理制度,做到一车一卡双登记并签字,使用记录要登记造册,确保账物清晰。

(16) 认真做好提油、消耗、盘点的记录,不得漏记、瞒报、涂改。

八、其他战勤保障人员工作职责

(1) 熟练掌握使用的装备和器材,明确自己的职责和任务。

(2) 保持个人装备和负责维护的器材装备处于良好状态。

(3) 熟悉战勤保障预案、保障物资以及编队的战斗任务。

(4) 做好战斗准备,一旦听到出动信号,迅速穿戴装备,按照预定计划登车。

第二节　战勤保障管理制度

一、合同制消防员管理制度

(1) 坚决实行聘用制,秉持"公开招聘、严格筛选、强化培训、全面考核、择优录用"的原则。根据各个大队的技术人员岗位需求,确定聘用人员的标准和福利待遇。由相关部门按照《中华人民共和国劳动法》与聘用人员签订劳动合同,并进行相关备案。

(2) 合同制消防员会因个人特点被编入不同的作战编队,与现役官兵一同用餐、住宿、操课、娱乐。要定期考核合同制消防员,对于表现优秀的,在待遇上给予适当的奖励;对于不能胜任工作的,依据合同规定进行解聘。

(3) 以队伍条令条例和规章制度为依据,对合同制消防员进行准军事化、正规化的管理,他们需要全天24 h备战执勤。

(4) 每年给合同制消防员一次探亲假,假期为15 d,并由支队报销往返路费。

(5) 为合同制消防员提供人身保险、医疗、病假工资等福利。在聘用期内,如果合同制消防员因工受伤、致残或因重大疾病死亡,应按照相关规定进行处理。

二、物资储存区管理制度

(1) 物资储存区是消防部队战勤保障的关键场所,需要分类设立专门的库房,并由专人负责管理,建立台账,严格执行出入库程序。

(2) 物资入库时,必须坚持验收制度,确保产品质量合格,数量准确无误。

(3) 库存的各种物资要进行登记并记录在册,严格控制发放程序,保证账目清晰明了,账物相符。

(4) 库房内必须设有货架,器材要按照类别进行摆放,统一编号和标签。保持库房清洁,保证通风良好,物品摆放有序,整齐划一。

(5) 库房内需要做到"五防":防火、防盗、防潮、防腐、防霉变。

(6) 库房保管人员调动时,应及时进行物品清点交接,交接双方及主管领导应在交接清单上签字确认。

三、车辆装备区管理制度

(1) 车辆装备区是专为执勤车辆停放的场所,其他无关车辆和勤务设备不允许在区域内放置。

（2）要保持区域内的卫生清洁，建立严格的维护保养制度，确保车辆装备始终处于良好的状态。

（3）库内摆放的装备和器材必须整齐有序，由专人负责管理，严禁在库内存放油料等易燃易爆物品。

（4）要保持车辆的外部干净整洁，一旦出现故障要及时进行修理，杜绝"跑、冒、滴、漏"现象的发生。

（5）接到出警指令时，车辆应根据执勤需要依次离开车库，入库时应有专人引导，严格按照规程操作，防止事故的发生。

（6）要严格执行车库的值班检查制度，加强防火防盗措施，严禁在车库内吸烟和使用明火。

四、油料存储区管理制度

（1）加油站的建设、管理，都需遵循相关法律法规。

（2）加油站的管理工作由战勤保障机构承担，实施油料领取登记制度，每月进行审核，适时提出补给建议，确保供给满足需求。

（3）平时主要负责办公和执勤车辆的油料提供，战时启动油料供应保障编队，迅速为灾害事故现场的作战车辆提供油料保障。

（4）加油现场严禁堆放易燃物品，严格防火安全，彻底消除安全隐患。

（5）对操作人员进行强化培训和管理，严格执行油料输入、输出等各项管理规定。

五、器材维修室管理制度

（1）器材装备的维修工作由专业人员组织负责，确保维修工作的及时性和有效性。

（2）对维修器材装备进行详细的登记管理，从接收维修到维修完毕的整个过程，都需要维修人员和接收人员进行完整的签字，并进行存档以备查阅。

（3）普通器材装备的维修时间应控制在 24 h 以内，对于特殊器材装备和大型器材装备的维修，需要与装备科进行及时的沟通，必要时与经销商或生产厂家取得联系，以确保维修工作的有效性和及时性。

（4）严格控制器材装备维修费用的使用，按照相关财务管理规定及时请示和汇报。

（5）对于其他特殊情况的维修工作，根据相关规定或上级的要求，及时完成。

六、气体充装室管理制度

（1）气体充装室需有专业人员负责和管理，操作者通过相关业务培训并获得证书后方可上岗。

（2）严格禁止非相关人员进入气体充装室。

（3）对于进出气体充装室的设备，要进行详细的登记并记录其维修、检测情况。

(4) 保持室内清洁,并确保室内温度和湿度适中。

(5) 室内的设备应摆放整齐,定期进行维护;待修设备和待充气瓶应定点存放。

(6) 严格按照充气、维修、水压检测的操作流程进行操作,做好防爆、防盗等安全措施。

七、维修车间管理制度

(1) 维修车间内的设备、设施应按照标准定位摆放,并附有名称标签,需要有专人负责维护。

(2) 维修人员使用完设备后,应及时归还到指定位置,清理干净,并摆放整齐。

(3) 维修车间需要做到"三防",即防火、防盗、防锈蚀。

(4) 维修人员完成工作后,应检查维修设备是否存在安全隐患,并关闭电源和气源。

(5) 废旧件应及时回收处理,并做好记录,待修配件应挂上标签并注明车辆信息和主要维修人员。

(6) 坚持每天召开班前会议,安排当天的维修保养工作,传达上级会议精神,进行安全教育。

(7) 严格执行维修程序,按照登记单或维修单上的项目进行作业和领取材料。

(8) 维修中的车辆应摆放有序,车间的安全通道应保持畅通,不允许被占用。

(9) 拆卸下来的零部件应摆放整齐。

(10) 回收的废旧件和空油桶应整齐地摆放在指定地点,废油应倒在指定位置和容器内。

(11) 及时清理作业场地的油污,每天作业结束后要全面打扫卫生,保持车间的清洁。

(12) 工作要认真细致,责任心强,维修中的车辆不能被剐蹭,随车工具、附件、物品不能丢失。

(13) 车间设备的管理要落实到每个人,并负责定期保养和清洁,使用时要明确指定专人操作。

八、零配件库存管理制度

(1) 零配件仓库保管员在处理零配件入库手续时,必须仔细核对所购物品与采购申请单中的物品是否一致,以及相关人员的技术鉴定意见,然后根据实际情况填写入库单,并将其记录在库存材料台账中。

(2) 零配件仓库保管员需要对购进的零配件的规格、名称、产地、价格等进行全面验收,确认合格后,才能在入库验收记录上签字。

(3) 零配件仓库保管员对通过验收的零配件需要及时办理入库手续。对已办理入库的零配件要及时进行账务处理,以正式的收发凭证为依据。入库的零配件需要及时制作零配件专用卡,清楚地标明配件的名称、型号、规格、级别、储备额和实际储存量。入库后的零配件需要统一登记,一物一档,统一编号。

(4)零配件仓库保管员需要对零配件进行合理的分区、分架、分层管理,以便查询和出库,同时节省仓库的使用空间。

(5)零配件保管员需要努力实现安全库存,对于不常用的零配件不应该储存过多,对于易变形、易损坏的零配件需要谨慎存放,处理好零配件仓库的安全防火事宜,定期清仓、盘点以掌握零配件变动情况,防止零配件的积压、损坏或丢失,确保账、卡、物一致。

(6)需要与生产车间密切配合,认真做好废旧零配件的回收管理工作。

(7)为了及时掌握库存零配件的变化情况,防止零配件的短缺、丢失或超储积压,必须每周定期对零配件进行盘点。

(8)废旧零配件管理执行以旧换新制度,对于更换下来的可以修理的废旧零配件,一定要进行修理,同时检验其安全性和可靠性,合格的作为储备配件,对于没有修理价值的废旧零配件,可以集中处理。

(9)技术档案的整理、填写、保管工作由专人负责,各种技术档案应分种、项、编号装入档案袋中排列整齐,保存在档案柜中,档案柜要加锁。

(10)查阅技术资料应由管理人员进行,检修记录不得外传与外借。

(11)查阅技术资料与专业书籍应写借条,用完后及时归还。

(12)进口特种消防车的维修说明书、技术资料和技术档案,由特修岗位按照规定负责管理。

九、车辆检验制度

(1)车辆进入维修大队,维修过程、竣工出库,都必须由专职人员负责质量检验,登记并认真填写检验单。

(2)对于进行汽车总成大修和二级维护的车辆,必须建立维修技术档案。

(3)车辆维修竣工后,必须由驾驶员试车并确认合格后,才能签字备查。

(4)如果汽车维修质量不合格,车辆不准出库。只有经过返修并达到技术标准后,由检验员检验合格,才能交付使用。

十、维修业务管理制度

(1)车辆和设备的维护和修理,由生产调度员根据车管部门提供的维修单来确定维修项目和车辆的状况,然后填写派工单,并由领导审批。

(2)生产调度员要及时派工给班组进行维修,预估交车时间,并告知注意事项。根据需要,与驾驶员一起填写交接单,必要时驾驶员不能离开现场,并参与整个维修过程。

（3）维修班收到维修派工单后，根据其进行维修。如果需要领取配件，主修人员需要凭维修派工单到仓库填写领料单，并签名领取。如果需要备料，仓库保管员需要填写备料申请单，申请单上应包括配件的名称、型号等详细信息，然后提交给生产调度员审核，领导批准后，转交采购员购买。

（4）在维修过程中，如果需要增加维修项目或进行外部维修，应及时告知生产调度员和班组领导，增加维修项目并填写维修派工单，然后由维修所报给支队业务主管部门审批、备案。

（5）维修完成后，班长或主修人员需要签字，然后交给检验员检验。检验合格后，签署意见，报告给班组领导，并通知送修单位来接车。

（6）送修单位需要仔细检查维修的技术情况，清点车上的设备，并在维修派工单上签字。

（7）需要建立车辆、设备的维修技术档案。

十一、火场技术保障制度

（1）战勤保障机构需要成立火场技术保障抢修小组（由干部和技术骨干组成），执行 24 h 值班制度，确保人员和物资充足，保证在需要时能迅速出动。

（2）每天都要对火场技术保障车、抢修工具和应急常规零配件进行检查和清点。负责灭火剂保障的人员，需要定期检查、更换或补充相关物品。

（3）抢修小组应根据上级指令，迅速出动，赶赴抢险现场。在执行灭火救援保障任务时，要高效、高质量地完成抢修保障任务。

（4）参与现场保障后，归队时需要及时清查消耗的物资，根据需求进行补给，迅速恢复到执勤备战状态。

（5）做好总结和讲评工作。

十二、车辆装备巡检维修制度

（1）战勤保障机构需要成立技术巡检维修小组，在主管部门的安排下，定期对支队的车辆装备进行巡检维修，指导并规范车辆装备的技术维护。

（2）车辆装备巡检维修的主要内容包括：检查发动机、消防水泵的工作状况，检查行车系统的各安全部件以及消防特种器材装备的性能，并根据实际情况进行必要的保养和维修。

（3）巡检维修的周期是：城区执勤中队每月至少 1 次，县（市）执勤中队每季度至少 1 次。在遇到节假日、重大活动、消防保卫任务时，必须进行 1 次全面的巡检维修。

（4）巡检维修小组在进行巡检维修时，必须做好巡检维修的记录，及时处理发现的问题，并向上级主管部门报告。

十三、安全生产制度

（1）成立安全生产领导小组，积极进行各类安全教育活动，建立各级安全责任制度和安全考核制度，定期或不定期地对维修人员进行安全学习和考核。

（2）所有工作人员都必须严格遵守相关安全技术操作规程。

（3）所有的工作间和库室都禁止吸烟。

（4）加强易燃易爆物品的管理，除了正在使用的，其他的都应该存放在指定位置的专用库室中。

（5）所有的库室和作业区都应该配备足够的灭火器材，并且要进行维护保养，确保其处于完好状态。

（6）非电工不得启动备用电机，也不得触碰配电盘上的开关和其他电气设备。

（7）下班前，必须切断所有电气设备的前一级电源开关。

（8）作业结束后，要及时清理场地的油污杂物，将设备和工具整齐地放置在指定位置，以保持施工场地的清洁。

（9）在禁火区内需要进行动火作业的，必须经过领导的批准，并采取有效的安全防范措施。

第二章

阵地保障技能训练

第一节 供水保障训练

一、手抬机动消防泵占据天然水源供水操作训练方法

1. 训练目的

通过训练，使参训人员熟练掌握利用手抬机动消防泵占据天然水源向消防车供水的方法。此项训练的主要目的是提高参训人员在火灾现场的应变能力和实际操作技能，确保在火灾发生时，能够迅速、准确地使用手抬机动消防泵从天然水源处取得水源，并将水源输送至消防车，为灭火救援行动提供有力的保障。

2. 场地器材

在天然水源旁 5 m 处标出起点线，起点线放置 1 台手抬机动消防泵、1 根 8 m 吸水管、5 盘 80 mm 水带。在距起点线 95 m 处标出终点线，终点线停放 1 辆 2 t 水罐消防车（空罐），进水口与终点线平齐，如图 2-1-1 所示。为保证训练效果，参训人员需熟悉各种器材的性能参数和使用方法，确保在实际操作中能够迅速掌握要领，提高训练效果。

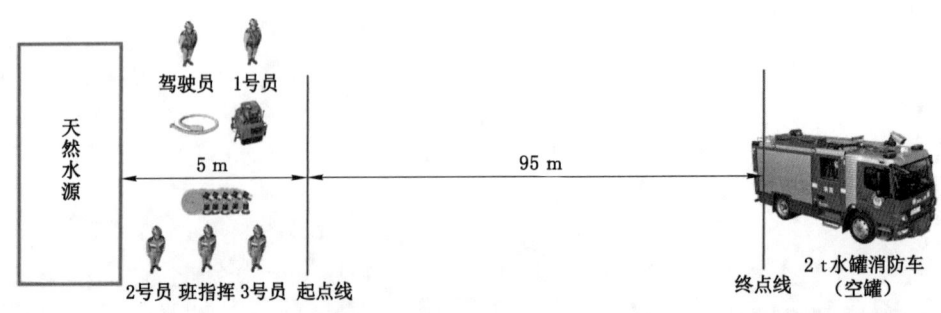

图 2-1-1 手抬机动消防泵占据天然水源供水场地设置示意图

3. 人员设置

本项训练共设置 5 名参训人员,其中班指挥 1 人,号员 3 人,驾驶员 1 人。全体人员着全套抢险救援防护装备,驾驶员和 1 号员还需加着消防用救生衣。在训练过程中,班指挥负责组织协调和指挥,号员负责与驾驶员配合操作手抬机动消防泵,驾驶员负责驾驶消防车。通过明确分工和密切配合,提高训练的实际效果。

4. 操作程序

(1) 全体参训人员到达训练场地后,先进行器材检查,确保所有器材完好无损。

(2) 班指挥组织人员进行热身运动,以防止训练中发生意外损伤。

(3) 在听到"开始"的口令后,驾驶员和 1 号员需要协同将吸水管的一端连接到手抬机动消防泵,另一端放入天然水源中。驾驶员负责操作手抬机动消防泵。班指挥和另外 2 名号员共同铺设 5 盘 80 mm 的水带,将其延伸至消防车的进水口。当水带铺设完毕后,班指挥给出信号,示意驾驶员开始操作手抬机动消防泵进行出水。当 2 t 水罐消防车加满水后,班指挥示意喊"好",停止供水。

(4) 训练结束后,全体人员对器材进行整理归位,并对训练场地进行清理。

5. 操作要求

(1) 操作手抬机动消防泵时,必须严格按照程序进行,操作前应关闭泵的出水口、排水阀和冷却管路阀门。操作真空泵手柄进行吸水,当排水管中有水流出时,才能打开出水阀,并开启冷却管路阀门进行冷却。

(2) 所有的器材都不得预先连接,80 mm 的水带应该双卷立放。

(3) 水罐消防车进水口的压力不得大于 0.7 MPa。

6. 成绩评定

计时从"开始"的口令响起开始,直到 2 t 水罐消防车加满水后停止。在这个过程中,考核参训人员的操作速度和准确性,以及他们在操作过程中的协同配合能力。这一环节的训练能帮助参训人员熟练掌握操作手抬机动消防泵的技能,提高他们在实际灭火救援行动中的应对能力,同时也能增强参训人员之间的团队协作精神,提高整个团队的战斗力。

二、手抬机动消防泵占据室外消火栓供水操作训练方法

1. 训练目的

通过训练,使参训人员熟练掌握利用手抬机动消防泵占据室外消火栓向消防车供水的方法。此项训练的主要目的是提高参训人员在火灾现场的应变能力和实际操作技能,确保在火灾发生时,能够迅速、准确地使用手抬机动消防泵从室外消火栓取得水源,并将水源输送至消防车,为灭火救援行动提供有力的保障。

2. 场地器材

在室外消火栓旁 7 m 处标出起点线,起点线放置 1 台手抬机动消防泵、1 根带

80 mm 卡口的 8 m 吸水管、5 盘 80 mm 水带。在距起点线 95 m 处标出终点线,终点线停放 1 辆 2 t 水罐消防车(空罐),进水口与终点线平齐,如图 2-1-2 所示。为保证训练效果,参训人员需熟悉各种器材的性能参数和使用方法,确保在实际操作中能够迅速掌握要领,提高训练效果。

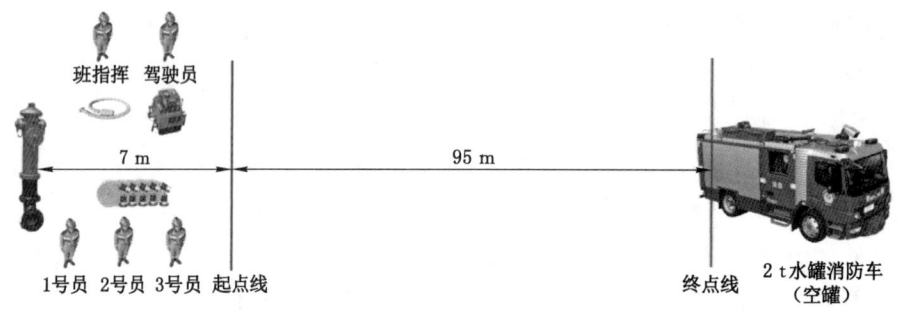

图 2-1-2　手抬机动消防泵占据室外消火栓供水场地设置示意图

3. 人员设置

本项训练共设置 5 名参训人员,其中班指挥 1 人,号员 3 人,驾驶员 1 人。全体人员着全套抢险救援防护装备。在训练过程中,班指挥负责组织协调和指挥,号员负责与驾驶员配合操作手抬机动消防泵,驾驶员负责驾驶消防车。通过明确分工和密切配合,提高训练的实际效果。

4. 操作程序

在听到"开始"的口令后,驾驶员和 1 号员需要协同将吸水管的一端连接到手抬机动消防泵,另一端连接至室外消火栓。驾驶员负责启动手抬机动消防泵。班指挥和另外 2 名号员共同铺设 5 盘 80 mm 的水带,将其延伸至消防车的进水口。当水带铺设完毕后,班指挥给出信号,示意驾驶员操作手抬机动消防泵进行出水,1 号员开启室外消火栓。待 2 t 水罐消防车加满水后,班指挥示意喊"好"。

5. 操作要求

(1) 操作手抬机动消防泵时,必须严格按照程序进行,操作前应开启泵的出水口、关闭排水阀和冷却管路阀门。待室外消火栓水流进入手抬机动消防泵后,才能启动手抬机动消防泵,并开启冷却管路阀门进行冷却。

(2) 停水后,先关闭手抬机动消防泵再关闭室外消火栓。

(3) 所有的器材都不得预先连接,80 mm 的水带应该双卷立放。

(4) 消防车进水口的压力不得大于 0.7 MPa。

(5) 手抬机动消防泵真空压力不得小于 0.05 MPa。

(6) 室外消火栓压力不得大于 0.4 MPa,流量不得小于 20 L/s。

6. 成绩评定

计时从"开始"的口令响起开始,直到 2 t 水罐消防车加满水后停止。在这个过程中,考核参训人员的操作速度和准确性,以及他们在操作过程中的协同配合能力。这一环节的训练能帮助参训人员熟练掌握操作手抬机动消防泵的技能,提高他们在实际灭火救援行动中的应对能力,同时也能增强参训人员之间的团队协作精神,提高整个团队的战斗力。

三、手抬机动消防泵耦合供水操作训练方法

1. 训练目的

通过训练,使参训人员熟练掌握利用多台手抬机动消防泵耦合向消防车供水的方法。在实际火灾救援中,有时需要迅速、高效地调动多台手抬机动消防泵,通过耦合方式将水源输送至消防车,以确保火场扑救工作的顺利进行。本训练旨在提高参训人员的操作技能和协同配合能力,确保在实际救援中能够迅速、准确地完成多台手抬机动消防泵的耦合操作。

2. 场地器材

在天然水源旁 5 m 处标出起点线,起点线放置 1 台手抬机动消防泵(1 号泵)、1 根 8 m 吸水管、5 盘 80 mm 水带。在距起点线 95 m 处放置 1 台手抬机动消防泵(2 号泵,进水口为 80 mm 公口)、5 盘 80 mm 水带。在距起点线 190 m 处标出终点线,终点线停放 1 辆 2 t 水罐消防车(空罐),进水口与终点线平齐,如图 2-1-3 所示。为保证训练效果,参训人员需熟悉各种器材的性能参数和使用方法,确保在实际操作中能够迅速掌握要领,提高训练效果。

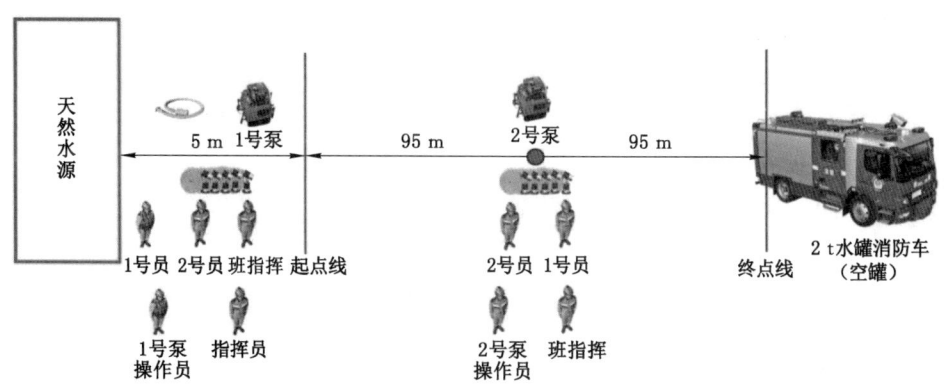

图 2-1-3　手抬机动消防泵耦合供水场地设置示意图

3. 人员设置

本项训练共设置 9 名参训人员,其中指挥员兼驾驶员 1 人,各泵配置班指挥 1 人、号员 2 人、操作员 1 人。在训练过程中,指挥员兼驾驶员负责组织协调、指挥及驾驶 2 t 水罐消防车,各泵的班指挥负责协同操作手抬机动消防泵及铺设水带、号员负责协助操作和监控、操作员负责操作手抬机动消防泵。全体人员着全套抢险救援防护装备。通

过明确分工和密切配合,可以提高训练的实际效果,确保应对紧急情况时的高效有序。

4. 操作程序

(1) 在听到"开始"的口令后,1号泵的操作员和1号员紧密配合,将吸水管一端连接至1号泵,另一端放入天然水源中。1号泵的操作员全权负责操作1号泵,以确保水源的稳定供应。与此同时,1号泵的班指挥和2号员迅速行动,负责铺设5盘80 mm的水带至2号泵的进水口,确保水流畅通无阻。

(2) 2号泵的操作员全神贯注地等待指挥员示意准备操作2号泵,确保其正常运行。同时,2号泵的班指挥和2名号员也要及时铺设5盘80 mm的水带至2 t水罐消防车的进水口,为消防车供水做好准备。

(3) 水带铺设完毕后,指挥员立即示意1号泵的操作员操作1号泵启动,待水流稳定流至2号泵后,再示意2号泵的操作员操作2号泵启动。这样,2台手抬机动消防泵协同工作,为2 t水罐消防车提供持续稳定的水源。

(4) 当1号泵的水流入2号泵后,指挥员示意2名操作员各自操作手抬机动消防泵配合缓慢加压,以确保2 t水罐消防车注水过程的顺利进行。待2 t水罐消防车加满水后,指挥员大声喊出"好",标志着整个供水过程的圆满结束。

5. 操作要求

(1) 操作手抬机动消防泵时,必须严格按照程序进行。操作前,1号泵的出水口、排水阀和冷却管路阀门应处于关闭状态;2号泵的出水口应处于开启状态,排水阀和冷却管路阀门应处于关闭状态。待1号泵的水流入2号泵后,才能启动2号泵,并开启冷却管路阀门进行冷却。

(2) 停水后,应先关闭2号泵,再关闭1号泵。

(3) 所有的器材都不得预先连接,80 mm的水带应该双卷立放。

(4) 消防车进水口的压力不得大于0.7 MPa。

(5) 2号泵的真空压力不得小于0.05 MPa。

6. 成绩评定

计时从"开始"的口令响起开始,直到2 t水罐消防车加满水后停止。在这个过程中,考核参训人员的操作速度和准确性,以及他们在操作过程中的协同配合能力。这一环节的训练能帮助参训人员熟练掌握操作手抬机动消防泵的技能,提高他们在实际灭火救援行动中的应对能力,同时也能增强参训人员之间的团队协作精神,提高整个团队的战斗力。

四、高层建筑手抬机动消防泵接力供水操作训练方法

1. 训练目的

通过训练,使参训人员熟练掌握利用移动水囊接驳口、手抬机动消防泵应对各类突发情况,确保供水不间断。在实际的火灾救援中,可能会遇到固定消防设施损坏,或者

供水高度超出泡沫消防车工作极限等突发情况。因此,参训人员需要掌握利用移动水囊接驳口、手抬机动消防泵的方法,以确保在各种复杂环境下都能为火场提供不间断的供水。

2. 场地器材

模拟该高层建筑固定消防设施损坏,火灾发生在10楼,供水高度超出泡沫消防车工作极限。在距建筑一楼楼梯出口20 m、3 m处分别标出起点线、分水器线,在起点线处停放1辆泡沫消防车,放置1台手抬机动消防泵、1根吸水管、1个1 t移动水囊、2只高压三分水器、1只常压三分水器、4盘立式双卷80 mm水带、1个装有50 m的80 mm水带的水带背囊、2盘65 mm水带、2把水枪,如图2-1-4所示。

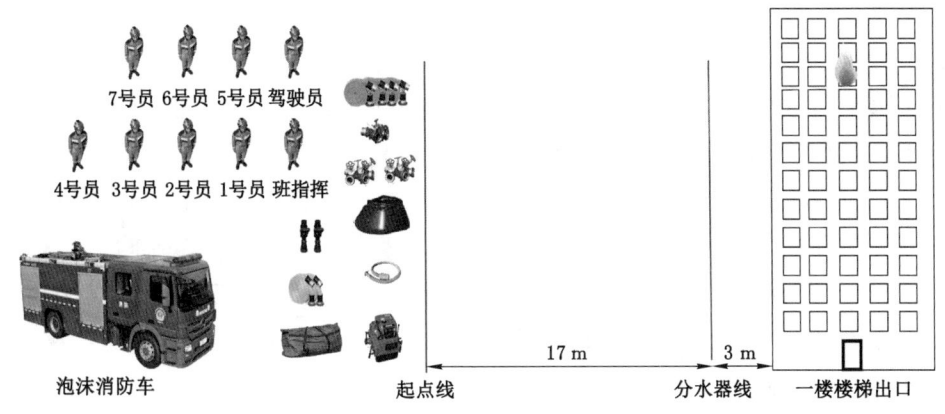

图 2-1-4 高层建筑手抬机动消防泵接力供水场地设置示意图

3. 人员设置

本项训练共设置9名参训人员,其中1名班指挥负责整体行动的指挥和协调,7名号员负责携带必要的供水器具并铺设供水路线,以及1名驾驶员负责操作泡沫消防车。全体人员着全套抢险救援防护装备。为了保证训练效果,所有参训人员都需要熟悉各种器材的性能参数和使用方法,确保在实际操作中能够迅速掌握要领,提高训练效果。

4. 操作程序

(1) 在听到"开始"的口令后,驾驶员负责打开1盘80 mm水带连接消防车出水口和高压三分水器,并操作消防车负责供水,同时将1号员留下的水带接口连接高压三分水器。

(2) 1号员携带2盘80 mm水带,沿楼梯铺设水带至4楼,连接2号员留下的水带背囊接口。

(3) 2号员携带水带背囊至4楼将水带放出,沿楼梯蜿蜒铺设至8楼,同时负责通知驾驶员操作供水。

(4) 3号员携带1只高压三分水器和水囊至8楼,负责将水囊在适当位置打开,将高压三分水器与2号员留下的水带接口连接放入水囊,并利用高压三分水器控制水囊内的水量。

(5) 4号员和5号员携带手抬机动消防泵和吸水管至8楼,4号员负责将吸水管与手抬机动消防泵连接,并将吸水管压入水囊,5号员负责将班指挥留下的水带接口与手抬机动消防泵连接,并等水囊水量充足时操作启动手抬机动消防泵进行供水。

(6) 班指挥负责携带1盘80 mm水带和低压三分水器至8楼,沿楼梯蜿蜒铺设水带至9楼,同时设置低压三分水器连接6号员和7号员留下的接口。

(7) 6号员和7号员各携带1盘65 mm水带和1把水枪至9楼,沿楼梯蜿蜒铺设水带至10楼,连接水枪向窗外射水。待全部水枪出水后,班指挥示意喊"好"。

5. 操作要求

(1) 严格按照程序操作手抬机动消防泵,携带手抬机动消防泵登楼时严禁倾斜机体,以免损坏设备。

(2) 水囊的蓄水量必须满足手抬机动消防泵的吸水量时,才能启动手抬机动消防泵进行吸水,确保水囊内的水能够满足手抬机动消防泵的供水需求。

(3) 操作手抬机动消防泵前应关闭泵的出水口、排水阀和冷却管路阀门,防止泵在启动时因未关闭阀门造成损坏。操作真空泵手柄吸水,待排水管有水流出才能打开出水阀,并开启冷却管路阀门进行冷却,确保手抬机动消防泵能够正常运行。

(4) 停水时,应先关闭手抬机动消防泵,再通知泡沫消防车停水,避免因突然停水造成水带破裂或者其他设备损坏。

(5) 泡沫消防车停水时,应先打开建筑外的高压三分水器进行泄压,再逐步降低压力,避免因压力突然降低造成水带破裂或者其他设备损坏。

6. 成绩评定

计时从"开始"的口令响起开始,直到水枪充实水柱超过终点线后停止。在这个过程中,考核参训人员的操作速度和准确性,以及他们在操作过程中的协同配合能力。这一环节的训练能帮助参训人员熟练掌握操作手抬机动消防泵和移动水囊的方法,提高他们在实际灭火救援行动中的应对能力。同时,通过这一训练,也能增强参训人员之间的团队协作精神,提高整个团队的战斗力。

五、供水消防车车载水供水操作训练方法

1. 训练目的

训练的主要目的是使参训人员深入理解和掌握利用供水消防车向泡沫消防车供水的操作方法。通过反复练习,使参训人员能够在实际的火场环境中迅速、准确地进行供水操作,为灭火工作提供有力的支持。此外,训练还能提高参训人员的团队协作能力和应急处理能力,增强其对消防工作的责任感和使命感。

2. 场地器材

训练场地设置在起点线处,停放着1辆空罐供水消防车,车上配备有10盘80 mm

水带。在距起点线 95 m 处,标出终点线,终点线处停放着 1 辆 6 t 泡沫消防车,如图 2-1-5 所示。泡沫消防车的配置为 4 t 水罐(空罐)、2 t 泡沫罐,其进水口与终点线平齐,以方便供水消防车进行供水操作。

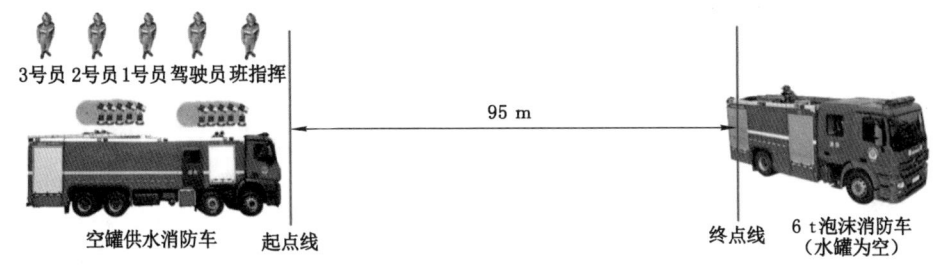

图 2-1-5　供水消防车车载水供水场地设置示意图

3. 人员设置

本项训练共设置 5 名参训人员,其中:班指挥 1 人,负责全班的指挥和协调工作;号员 3 人,负责供水操作和与驾驶员的沟通;驾驶员 1 人,负责车辆的驾驶和操控。全体参训人员需着全套抢险救援防护装备,确保训练过程中的安全。

在训练过程中,班指挥需要对整个供水过程进行详细的讲解和示范,确保每一位参训人员都理解和掌握供水操作的要领。号员需要与驾驶员保持紧密的沟通,确保供水过程的顺利进行。驾驶员则需要熟练掌握车辆的驾驶和操控技巧,确保供水过程中的安全。

4. 操作程序

(1) 在听到"开始"的口令后,驾驶员立即启动供水消防车,并开启车辆的上装电源和气路系统。同时,班指挥和 3 名号员利用准备好的 10 盘 80 mm 水带,共同协力将 2 条水带干线铺设至泡沫消防车的进水口处。在这个过程中,所有人员需要保持紧密的配合和高度的专注,确保水带的铺设工作顺利进行。

(2) 水带铺设完毕后,班指挥向驾驶员发出供水的示意。驾驶员收到示意后,立即开启进水开关,然后打开出水口阀门,启动水泵并逐渐加压供水。在这个过程中,驾驶员需要密切关注水泵的工作状态,确保供水的稳定性和安全性。

(3) 当泡沫消防车加满水后,班指挥示意喊"好",表示供水操作结束。此时,驾驶员停止供水,并关闭水泵,然后进行后续的设备检查和维护工作。

5. 操作要求

(1) 驾驶员在操作过程中,需要特别注意调节水泵出口的压力,确保压力不超过 1.0 MPa,以防止水压过大对设备造成损坏或者对操作人员造成伤害。

(2) 所有的器材在使用前都不能预先连接,80 mm 水带需要双卷立放,以确保其在使用时的灵活性和便捷性。

(3) 供水消防车在使用后,必须彻底冲洗干净,以防止设备内部滋生细菌或者堵塞管路。在冲洗过程中,需要使用水泵引清水进行循环,确保管路中的余水全部排出。

6. 成绩评定

计时从"开始"的口令响起开始,直到泡沫消防车加满水后停止。在这个过程中,对参训人员的操作速度、操作准确性和操作安全性进行全面的评估,从而得出最终的成绩。

六、供水消防车占据天然水源吸水供水操作训练方法

1. 训练目的

训练的主要目的是使参训人员熟练掌握利用供水消防车占据天然水源向泡沫消防车供水的方法。这项技能在实际的火灾救援行动中具有重要的应用价值,因为在许多情况下,火灾现场的水源供应可能非常有限,需要通过占据天然水源来保证消防车的供水需求。通过这样的训练,可以提高参训人员的操作技能和应急处理能力,从而更好地应对各种复杂的火场环境。

2. 场地器材

为了进行这项训练,需要在天然水源旁边设置1个训练场地。在场地的起点线处,需要停放1辆空罐供水消防车,并放置4根2 m长的吸水管、1个滤水器以及10盘80 mm的水带。在训练场地的终点线处,停放1辆6 t泡沫消防车,如图2-1-6所示。泡沫消防车的配置为4 t水罐(空罐)、2 t泡沫罐,其进水口需要与终点线保持平齐,以便于供水消防车将水源输送至泡沫消防车。这些器材将用于连接供水消防车和泡沫消防车,并保证水源的顺利输送。

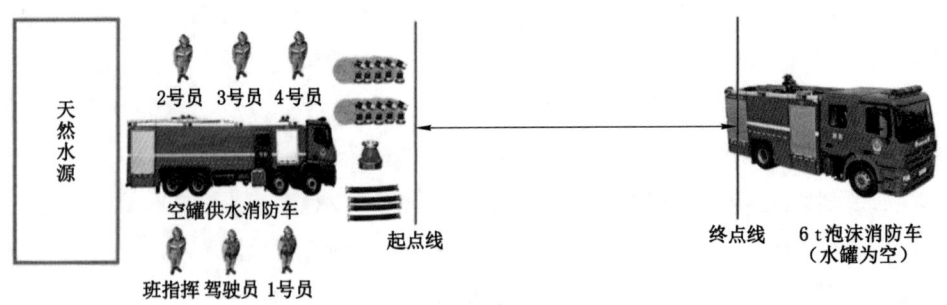

图 2-1-6 供水消防车占据天然水源吸水供水场地设置示意图

3. 人员设置

本项训练共设置6名参训人员,其中班指挥1人,号员4人,驾驶员1人。全体人员需要着全套抢险救援防护装备,以保证训练的安全性。

班指挥负责整个训练的组织和指挥,号员负责具体的操作和执行,驾驶员则负责供水消防车的驾驶和操作。通过这样的人员设置,可以确保训练的顺利进行,同时也可以提高参训人员的团队协作能力和应急处理能力。

4. 操作程序

在听到"开始"口令后,驾驶员启动供水消防车、开启上装电源和气路。1号员卸掉供水消防车 DN150 闷盖。驾驶员和1号员协力将供水消防车 DN150 进水口、4根2 m 吸水管、滤水器相互连接,滤水器端放至天然水源水面以下。驾驶员操作真空泵进行引水。班指挥和其余3名号员利用10盘80 mm水带协力铺设2条水带干线至泡沫消防车进水口。水带铺设完毕,班指挥示意驾驶员操作供水。待泡沫消防车加满水后,班指挥示意喊"好"。

5. 操作要求

(1) 在接好吸水管、滤水器与水泵的进水口连接后,需要认真检查密封圈是否完好,接头处是否拧紧。如果在 1 min 内无法引上水,需要停止水泵并检查系统是否存在漏气的情况。

(2) 在引水前,所有的阀和闷盖都应关闭。

(3) 驾驶员需要注意调节水泵出口的压力,不能超过 0.5 MPa。

(4) 在外部吸水过程中,需要注意防止滤水器周围存在大的漂浮物体,以免堵塞滤水器,影响吸水效率。

(5) 在进行大流量吸水时,还需要防止液面产生旋涡,吸进空气。因此,滤水器应保持一定的深度。

(6) 驾驶员需要正确处理供水消防车进水量和出水量的关系,以免产生气蚀,导致泵体损坏。

(7) 所有的器材都不能预先连接,80 mm 的水带应该双卷立放。

(8) 供水消防车在使用后,应该冲洗干净。在管路中,需要用水泵引清水进行循环冲洗,冲洗后需要将余水放净。

6. 成绩评定

成绩的评定从"开始"的口令响起开始,直到泡沫消防车加满水后停止。主要评定的内容包括操作的效率,以及操作的规范性。通过这样的评定,可以更好地反映出参训人员的实际操作能力,以及他们在面对实际火灾救援时的应变能力。

七、供水消防车占据消火栓供水操作训练方法

1. 训练目的

训练的主要目的是使参训人员熟练掌握利用供水消防车占据消火栓向泡沫消防车供水的方法。这项技能在实际的火场救援中至关重要,因为它能够确保泡沫消防车有足够的水源来扑灭火源。参训人员需要理解并掌握整个供水过程,包括如何连接水管、如何启动和操作供水消防车以及如何与其他队员协同工作等。

2. 场地器材

在消火栓旁 7 m 处标出起点线,起点线处停放1辆空罐供水消防车,放置4根2 m

长的吸水管以及 10 盘 80 mm 的水带。在距离起点线 95 m 处标出终点线,终点线处停放 1 辆 6 t 泡沫消防车,配置为 4 t 水罐(空罐)、2 t 泡沫罐,如图 2-1-7 所示。泡沫消防车的进水口需要与终点线平齐,以便于供水消防车向其供水。

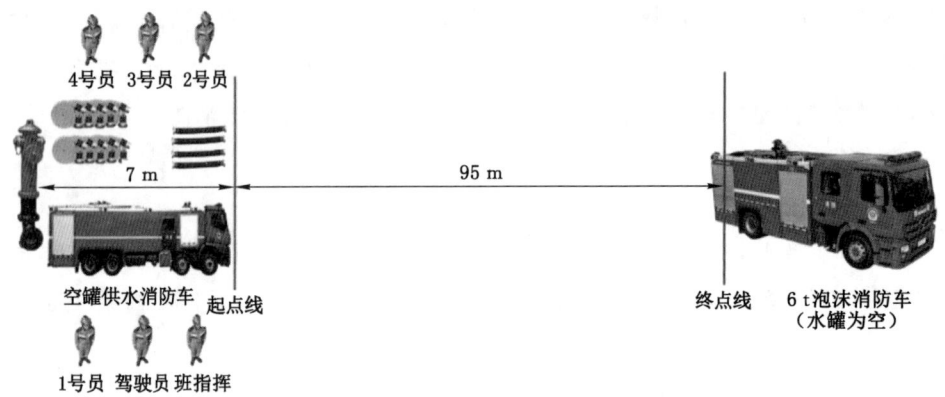

图 2-1-7 供水消防车占据消火栓供水场地设置示意图

3. 人员设置

本项训练共设置 6 名参训人员,其中班指挥 1 人,号员 4 人,驾驶员 1 人。所有的队员都需要着全套抢险救援防护装备,以确保他们的安全。班指挥负责整个训练的指挥和协调,号员负责与驾驶员配合,进行供水操作。驾驶员需要熟练掌握供水消防车的操作,以确保供水的稳定和有效。

4. 操作程序

(1) 在听到"开始"的口令后,驾驶员启动供水消防车,并开启上装电源和气路。接着,1 号员卸掉供水消防车 DN150 的闷盖。在闷盖卸掉之后,驾驶员和 1 号员开始协力将供水消防车的 DN150 进水口、4 根 2 m 长的吸水管以及消火栓相互连接。

(2) 班指挥和其余 3 名号员利用 10 盘 80 mm 的水带协力铺设 2 条水带干线,将其延伸至泡沫消防车的进水口。水带铺设完毕后,班指挥示意驾驶员启动车载泵,1 号员打开消火栓开关。

(3) 在泵启动后,班指挥示意驾驶员缓慢加压供水。这一过程需要驾驶员密切注意压力的变化,确保水压稳定,以免对设备造成损害。待泡沫消防车加满水后,班指挥示意喊"好",这标志着整个供水过程的结束。

5. 操作要求

(1) 在接好吸水管、滤水器与水泵的进水口连接后,需要认真检查密封圈是否完好,接头处是否拧紧,确保吸水管不漏水。

(2) 驾驶员在操作过程中需要注意调节水泵出口的压力,不得超过 0.5 MPa。过高的压力可能会对设备造成损害,影响供水效果。

(3) 在外部吸水过程中,需要注意防止滤水器周围存在大的漂浮物体,以免堵塞滤水器,影响吸水效率。

(4) 在进行大流量吸水时,还需要防止液面产生旋涡,吸进空气。因此,滤水器应保持一定的深度。

(5) 驾驶员需要正确处理供水消防车进水量和出水量的关系,以免产生气蚀,导致泵体损坏。

(6) 所有的器材都不能预先连接,80 mm 的水带应该双卷立放,以方便使用。

(7) 供水消防车在使用后,应该冲洗干净。在管路中,需要用水泵引清水进行循环冲洗,冲洗后需要将余水放净。

6. 成绩评定

成绩的评定从"开始"的口令响起开始,直到泡沫消防车加满水后停止。主要评定的内容包括操作的效率,以及操作的规范性。通过这样的评定,可以更好地反映出参训人员的实际操作能力,以及他们在实际火灾救援时的应变能力。

八、远程泵组 500 m 供水操作训练方法

1. 训练目的

训练的主要目的是使参训人员熟练掌握远程供水泵组消防车的操作和使用方法。在大型火场中,前方供水的连续性和稳定性至关重要。远程供水泵组消防车可以在火灾现场快速、高效地进行供水,为灭火工作提供有力的保障。通过本项训练,希望参训人员能够熟练掌握远程供水泵组消防车的操作技巧,提高他们在实际工作中的应对能力。

2. 场地器材

训练的场地器材主要包括远程供水泵组消防车、水带、水带护桥等。在天然水源侧 8 m 处标出起点线,并在起点线处停放 1 辆远程供水泵组消防车,其车尾与起点线平齐,以便进行供水操作。同时,在距起点线 200 m 处模拟道路主要路口,并标出水带护桥放置线,在距起点线 500 m 处标出终点线,如图 2-1-8 所示。

3. 人员设置

本项训练共设置 4 名参训人员,其中班指挥 1 人,号员 2 人,驾驶员 1 人。全体人员需要着全套抢险救援防护装备,并携带对讲机。驾驶员和班指挥还需要加着消防用救生衣,以确保他们的安全。所有人员需站在起点线后,等待训练开始。

在训练过程中,班指挥负责对整个训练过程进行指挥和协调,号员协助驾驶员进行设备的操作和使用,驾驶员则负责驾驶和操作远程供水泵组消防车。通过这样的人员设置,希望能够有效地提高参训人员的操作技能和协同作战能力,以便在实际的消防救援工作中更好地完成任务。

4. 操作程序

(1) 在听到"开始"口令后,班指挥打开尾灯锁紧搭扣,然后将尾灯架翻转到底,以

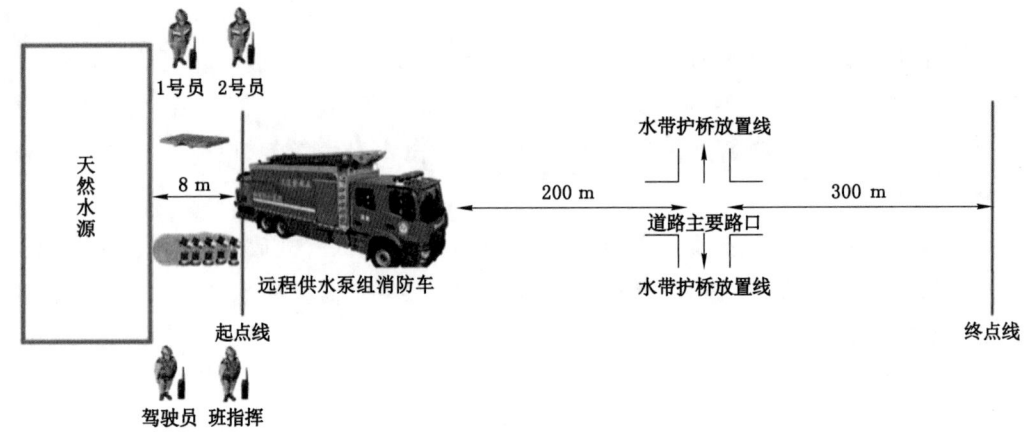

图 2-1-8　远程泵组 500 m 供水场地设置示意图

确保操作过程的安全。

（2）2 名号员分别抽出两侧的爬坡板放在平台尾部，并插好固定销，垫好爬坡板垫块，以便在需要时使用。

（3）班指挥和 2 名号员协力解开自走式取水模块上的固定钩，为后续操作做准备。

（4）驾驶员打开自走式取水模块总电源开关，打开自走式取水模块自动开关，打开遥控器电源，按下信号对接按钮，启动发动机。然后将自走式取水模块行驶速度调节到低速，将其缓慢驶离车尾下沉式平台，行驶至天然水源侧面适当位置。

（5）班指挥打开水带箱集装式后门，将其固定于两侧，为取水带做准备。

（6）驾驶员将 DN250-DN300 转换接口连接到流量计管泵出水口上，确保连接稳固。

（7）2 名号员取下车厢内部首根 DN300 水带末端的接口，手动拖拽将其连接到自走式取水模块的 DN250-DN300 转换接口。

（8）班指挥和驾驶员协力在器材箱内取出 1 盘 10 m DN250 水带放于自走式取水模块上浮艇泵侧面，为浮艇泵吸水做准备。

（9）驾驶员操作吊机按键将浮艇泵吊起，并将吊机臂伸出，同时释放绳索和液压软管将浮艇泵放到地面，确保浮艇泵能够顺利吸水。

（10）2 名号员将 DN250 水带接头一端接到流量计管进水口，另一端接到浮艇泵出水口，确保水带的连接正确无误。

（11）驾驶员操作吊机臂和浮艇泵卷扬机将浮艇泵放入水中，开始进行吸水操作。

（12）驾驶员驾驶远程供水泵组消防车靠右缓慢加速进行水带铺设作业（水带铺设速度 15 km/h）。

（13）2 名号员随车整理铺设后的水带，使水带靠道路边缘，尽可能减少对其他车辆通行的影响。

(14) 远程供水泵组消防车行驶至距起点线 200 m 处的主要路口时,2 名号员和驾驶员协力铺设 1 对水带护桥,用于保障现场主要交通。

(15) 远程供水泵组消防车行驶越过终点线后,2 名号员和驾驶员协力在器材箱内取出 1 个分水器放置于终点线处,并将 DN300 水带末端接口连接至分水器。

(16) 待分水器连接完毕后,打开分水器 4 个 80 mm 出水口释放 DN300 水带中的空气,驾驶员利用对讲机通知班指挥开始供水。班指挥打开自走式取水模块电源、启动发动机、按下浮艇泵供水按键开始供水,同时打开液压冷却水阀。待充实水柱从分水器 4 个 80 mm 出水口流出,驾驶员示意喊"好"。

5. 操作要求

(1) 参训人员需严格按照操作程序进行操作,严禁盲目追求速度,确保操作的安全性和稳定性。

(2) 在进行操作前,要认真检查路面状况,选择平整的路面停靠,确保斜坡坡角不超过 10°,并与高压电线保持安全距离,风速不大于 6 级,确保现场环境安全,符合操作要求。

(3) 在进行操作前,要评估水源深度和停靠位置,确保能进行供水作业,并确保取水环境符合供水条件。

(4) 在进行操作前,要检查自走式取水模块燃油箱内的燃油是否充足,检查自走式取水模块遥控器电池电量是否充足,检查液压油箱内液压油量是否满足工作要求,确保设备的正常运行。

(5) 加压供水时应注意查看各仪表读数是否正常,缓慢将转速加到需要的额定转速(1 500 r/min)并保持,确保供水的稳定。

(6) 在自走式取水模块驶上车尾下沉式平台时,要注意行驶方向,如发生跑偏,应缓慢微调方向,切记勿急转,以免造成事故。

6. 成绩评定

以操作时间为主要依据,从听到"开始"口令开始计时,到充实水柱从分水器 4 个 80 mm 出水口流出停止计时。操作过程中要求参训人员严格遵守操作规程,确保操作安全、迅速、准确。实际操作过程中,如遇突发情况,应及时调整操作策略,确保整个供水过程顺利进行。

九、远程泵组大口径水带收整操作训练方法

1. 训练目的

参训人员应该熟练掌握远程供水泵组消防车的操作和使用方法,这不仅包括对消防车的熟练驾驶和控制,还包括对水带的铺设、连接、自动回收等操作的熟练掌握。通过本项训练,希望参训人员能够在实际操作中安全、快速地自动收整水带,以此提高在远程供水泵组消防车操作方面的专业水平和应急响应能力。

2. 场地器材

在远程供水泵组消防车吸水操作训练方法的基础之上,将实现水带的自动回收。这就要求参训人员对吸水操作训练方法的每一个步骤都有深入的理解和熟练的操作。在训练过程中,远程供水泵组消防车的车头应朝向自走式取水模块,车厢尾门应呈关闭状态,确保水带内部余水能够顺利释放完毕,如图2-1-9所示。此外,还需要对场地和器材进行细致的检查和维护,确保训练的顺利进行。

图2-1-9 远程泵组大口径水带收整场地设置示意图

3. 人员设置

本项训练共设置4名参训人员,其中班指挥1人,号员2人,驾驶员1人。全体人员都需要着全套抢险救援防护装备,携带对讲机,确保在训练中的安全和沟通顺畅。对于驾驶员和班指挥,还要求他们加着消防用救生衣,以应对可能出现的紧急情况。希望通过这样的设置,确保训练的高效进行,同时也使参训人员能够在训练中提高自己的专业技能和应急响应能力。

4. 操作程序

(1) 在听到"开始"口令后,驾驶员进入驾驶室启动远程供水泵组消防车,按下取力器开关,并启动液压油泵。

(2) 1号员攀登到车厢顶部,拔出收带机固定架的固定插销,并手动取下固定架。

(3) 2号员为遥控器通电并按下"信号对接"按钮,然后将遥控器上"手动/自动"旋钮置于"手动"位置,使收带机前伸到位后停止。随后利用对讲机通知1号员再插上收带机固定插销,并将传感器支架和摆带机上面的随动杆竖起。

(4) 2号员将摆带机插销开关拨到"缩回"位置,再通过操作收带机遥控器上"左右移动"开关,使收带机与摆带机对齐后,再将摆带机向前移动到最前端。1号员将摆带机的移位机构竖起。

(5) 2号员按下"压辊"按钮,将收带机"压紧、打开"拇指开关推到"打开"位置。压辊张开后,按下"压辊"按钮,推动收带机"左移"拇指开关,向左移收带机。收带机带动摆带机向最左侧移动,移动到水带箱左侧外挡时,摆带机上的指示灯亮后,将摆带机插销开关拨到"伸出"位置。随后,再操作摆带机移到车厢中间位置。

(6) 1号员和班指挥协力将车厢内的引导水带接口置于收带机输送带上。2号员按下"收带"按钮,直至引导水带接口越过收带机压辊,再按下"压辊"按钮,使摆带机机械手夹紧水带,并将水带接口置于车头前方的地面。

（7）1号员和班指挥协力将路面上的水带接口与引导水带接口相连接。驾驶员驾驶远程供水泵组消防车朝自走式取水模块方向缓慢行驶。

（8）2号员将遥控器上"手动/自动"旋钮置于"自动"位置,开始操作"收带"按钮,执行自动收带。收带机持续收卷水带,摆带机反复执行自动回收水带和接口的动作。2号员可根据水带铺设状态通过"收带"按钮调节收带速度。

（9）在收带过程中,2号员操作遥控器上"清洗"按钮对水带上下表面进行清洗。当一个隔断水带摆放完毕后,1号员和班指挥解开水带接口并放到靠近车尾的位置,收带机上的水带移到邻近隔断后再将接口接上。

（10）2号员将摆带机移到车厢最前端,将摆带机插销开关拨到"缩回"位置,打开收带机压紧轮,收带机带动摆带机移动到下一个收带位置,当摆带机上的位置指示灯亮时,将摆带机插销开关拨到"伸出"位置。按下遥控器上的"压辊"按钮（灯亮）,推动摆带机拇指开关到"压紧"方向,再按下"压辊"按钮（灯灭）,再把遥控器上的功能按钮切换到"自动"模式继续收带。

（11）在接下来的操作中,重复以上动作,直到最后一个水带接口进入车厢内后放置于车厢后部。随后,2号员操作遥控器上"清洗"按钮停止清洗水带。

（12）收带完毕后,2号员操作遥控器,切换到"手动"模式,将摆带小车移到最前端,收带机压紧打开,将遥控器上的插销控制开关拨到"缩回"位置。收带机带动摆带机到车厢最左边位置,摆带机上的指示灯亮后,把摆带机移到最后面,再将收带机移至中间。

（13）1号员将传感器、摄像头支架及摆带机随动杆放倒,再到收带机右侧拔掉插销,然后将收带机尾部托架与车厢固定好。

（14）2号员按下收带机遥控器上的"伸缩"按钮（灯亮）,推动收带机伸缩开关,将收带机回收至收带机尾部托架上。1号员再将收带机前部插销插入固定孔内。

（15）当摆带机位置指示灯亮起时,2号员需操作遥控器将摆带机插销开关切换至"伸出"位置。

（16）完成操作后,2号员关闭遥控器。随后,驾驶员进入驾驶室,脱离离合器,准备开始行驶。

5. 操作要求

（1）严格执行操作程序,确保每个步骤都准确无误,严禁在操作过程中盲目追求速度,以免发生意外事故。

（2）在操作前,务必对车辆进行检查,确保各项条件均满足工作要求,具体包括:检查底盘燃油箱是否充足,以确保车辆有足够的燃料供应;检查收带机遥控器电池电量是否充足,确保遥控器正常工作;检查液压油箱内液压油量是否满足工作要求,以保证液压系统正常运行;检查有气体压力要求的管路气压是否满足工作要求,避免因气压不足影响操作;检查水箱内是否加满水,确保水带收放正常;检查车厢尾门是否关好,以防止在行驶过程中发生意外。

（3）在操作过程中，注意人工辅助稳定水带接口。特别是在最后一个水带接口进入收带机过程中，要避免水带接口撞击挡风玻璃，确保行驶安全。

（4）操作人员需密切关注高空跌落风险，严禁站在车头顶部进行操作。在车辆行驶过程中，应确保人员安全，避免发生意外伤害。

6. 成绩评定

计时从"开始"口令发出时开始，直至驾驶员上车脱离离合器停止。评定操作成绩时，以操作人员完成所有步骤所需的时间为基准，综合考虑操作的准确性、安全性等因素，给予相应的评分。通过这样的评定方式，既能确保操作人员熟练掌握操作程序，又能提高工作效率和安全意识。

十、远程泵组吸水模块收整操作训练方法

1. 训练目的

通过本项训练，旨在使参训人员深入理解和熟练掌握远程供水泵组消防车的操作和使用方法。这不仅能够提高他们在实际工作中的操作效率，而且能够在紧急情况下，快速、准确地实现吸水模块的复位，从而确保消防车的正常运行，为灭火救援工作提供强大的支持。

2. 场地器材

本项训练将在远程供水泵组消防车的基础上进行，参训人员需要掌握水带收整操作训练方法，并能够在此基础上实现吸水模块的收整，如图 2-1-10 所示。这需要他们在实际操作中，熟练掌握各种器材和设施的使用方法，包括但不限于水带、接口、液压系统等。

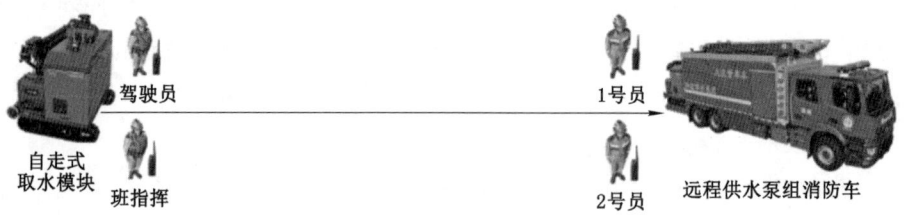

图 2-1-10　远程泵组吸水模块收整场地设置示意图

3. 人员设置

本项训练共设置 4 名参训人员，其中班指挥 1 人，号员 2 人，驾驶员 1 人。全体人员都需要着全套抢险救援防护装备，携带对讲机，确保在训练中能够及时、有效地进行沟通。对于驾驶员和班指挥，还需要加着消防用救生衣，以确保在紧急情况下能够迅速做出反应，保障自身安全。

在训练过程中，班指挥需要负责整个训练的组织和指挥，确保训练的顺利进行。号

员需要协助班指挥进行训练,并在实际操作中,负责具体的操作工作。驾驶员则需要负责驾驶消防车,确保训练的顺利进行。通过这样的职责分工,希望能够提高训练的效率,提升参训人员的操作技能。

4. 操作程序

(1) 准备工作。在听到"开始"口令后,驾驶员将自走式取水模块总电源开关打开,然后打开自走式取水模块自动开关。接着,打开遥控器电源,并按下信号对接按钮,启动发动机。

(2) 浮艇泵操作。驾驶员通过遥控器操作吊机,将浮艇泵从水面吊起。然后,按下吊机臂收缩按钮,同时收回绳索和液压软管,将浮艇泵放回地面。

(3) 器材整理。班指挥将流量计管泵出水口上的 DN250-DN300 转换接口卸下,并放回器材箱。接着,2 名号员协力将连接在自走式取水模块上浮艇泵侧面和计管泵进水口之间的 DN250 水带卸下,放回器材箱。

(4) 自走式取水模块移动。驾驶员操作遥控器行走系统,将自走式取水模块缓慢驶上车尾下沉式平台。停靠到位后,关闭自走式取水模块总电源开关和遥控器电源。

(5) 固定器材。2 名号员协力将两侧的爬坡板放回平台尾部,并做好固定。接着,班指挥和驾驶员协力用固定钩将自走式取水模块固定于车尾下沉式平台两侧。

(6) 确认操作。待自走式取水模块固定完毕后,班指挥示意喊"好",表示操作完成。

5. 操作要求

(1) 严格按照操作程序执行,严禁在操作过程中盲目追求速度,以确保操作安全。

(2) 在将浮艇泵放置到地面时,应及时清理浮艇泵滤网吸附的杂物,以保证水泵正常工作。

(3) 在将自走式取水模块驶上车尾下沉式平台前,应注意检查履带的松紧度。如果履带过松,应使用黄油枪加注润滑脂进行张紧。过松的履带可能导致履带脱落,影响操作安全。

(4) 在自走式取水模块驶上车尾下沉式平台时,应注意行驶方向,如发生跑偏现象,应缓慢微调方向,切记勿急转,以免造成事故。

6. 成绩评定

计时从"开始"口令发出时开始,直至自走式取水模块固定完毕停止。评定操作成绩时,以操作人员完成所有步骤所需的时间为基准,综合考虑操作的准确性、安全性等因素,给予相应的评分。通过这样的评定方式,既能确保操作人员熟练掌握操作程序,又能提高工作效率和安全意识。

十一、排涝抢险车展开操作训练方法

1. 训练目的

通过本项训练,旨在使参训人员深入理解和熟练掌握排涝抢险车的操作和使用方法,从而在实际工作中能够快速、准确地将洪水、积水排出,保障人民生命财产安全。此外,训练还能提高参训人员在紧急情况下的应变能力和团队协作精神,为抢险救援工作打下坚实基础。

2. 场地器材

本项训练在距离为 60 m 的场地上进行,场地上分别标出起点线、5 m×5 m 取水区(距起点线 5~10 m 处)、停车线(距起点线 15 m 处)、分水器线(距起点线 30 m 处)、终点线(距起点线 60 m 处),并设置排水区。起点线处停放 1 辆排涝抢险车,车头与起点线相齐。起点线后,取水区附近放置立式单卷 300 mm 水带 1 盘、100 mm 水带 2 盘、二分水器 1 只、吸水管扳手 2 把等器材,如图 2-1-11 所示。

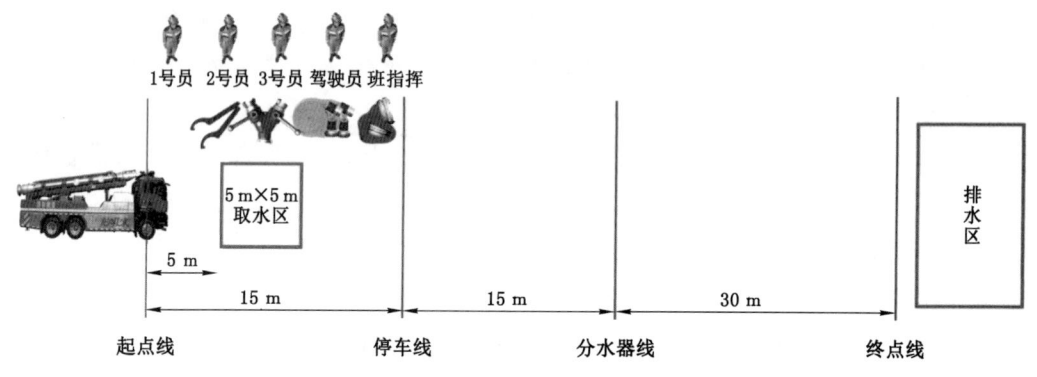

图 2-1-11 排涝抢险车展开场地设置示意图

3. 人员设置

本项训练共设置 5 名参训人员,其中班指挥 1 人,号员 3 人,驾驶员 1 人。驾驶员需要着全套抢险救援防护装备,以确保在训练过程中的安全。班指挥和其他 3 名号员则需要加着消防用救生衣,以应对各种可能的危险情况。班指挥负责指挥协调,并协助号员铺设排水线路;驾驶员负责操作排涝抢险车;号员负责携带排水器具并铺设排水线路。

通过这样的设置,希望能够为参训人员提供一个安全、真实的训练环境,让他们在训练中能够充分体验到实际工作中可能遇到的各种情况,从而提高他们的操作技能和应急处理能力。

4. 操作程序

(1) 准备就绪。参训人员在起点线后立正站好,当听到"预备"的口令后,参训人员做好准备,确保所有器材和人员都处于待命状态。

(2) 开始操作。当听到"开始"的口令后,驾驶员驾驶排涝抢险车迅速到达取水区。班指挥选择合适位置指挥驾驶员停放车辆并放置支腿踏板。驾驶员将车辆展开至吸水管取水口完全淹没后,立即返回。

(3) 设置分水器。班指挥和 3 号员携带二分水器至分水器线处,确保分水器安装在正确位置后返回。

（4）铺设水带。1号员和2号员携带300 mm水带至距起点线20 m处展开水带，连接出水口，确保水带向前延伸至分水器线处。然后，他们将水带收卷起来并返回。

（5）延伸水带。1号员和2号员以及班指挥和3号员分别携带100 mm水带至分水器线处，将水带展开并向终点线延伸。

（6）启动取水。驾驶员携带吸水管扳手至分水器线处，连接分水器处的出入水口。在确保所有水带都已铺设好后，操作车辆开始取水。

（7）排水作业。待两盘100 mm水带都出水、充实水柱进入终点线排水区后，班指挥示意喊"好"，表示操作完成。

5. 操作要求

（1）严格按照操作程序逐一实施，确保操作的顺利进行。

（2）起点线后的水带单卷立放，接口不能着地。吸水管扳手、分水器应逐一摆放，不得预先连接和接触，以确保操作的准确性。

（3）选取科学合理的车辆停放位置，确保驾驶员能够顺利操作车辆并完成取水任务。

6. 成绩评定

计时从"开始"口令发出时开始，直至充实水柱进入终点线排水区停止。评定操作成绩时，以操作人员完成所有步骤所需的时间为基准，综合考虑操作的准确性、安全性等因素，给予相应的评分。通过这样的评定方式，既能确保操作人员熟练掌握操作程序，又能提高工作效率和安全意识。

第二节　供液保障训练

一、泡沫输转泵供液操作训练方法

1. 训练目的

训练的主要目的是使战勤保障队员能够熟练掌握供液保障的程序和方法。在实际的火灾救援行动中，供液保障是保障消防员有效进行灭火救援的关键环节。通过训练，队员们可以提高对供液保障流程的理解和操作熟练度，从而在实际工作中能够快速、准确地完成供液保障任务，提高灭火救援效率。

同时，训练还能提高队员间的协同作战能力。在供液保障过程中，需要队员们密切配合，协同完成各项任务。通过训练，队员们可以提高彼此间的沟通协作能力，形成高效的战斗团队，为火灾救援工作提供有力的保障。

2. 场地器材

本项训练在一个长度为18 m的场地上进行。场地上标出起点线、器材放置线和终点线,如图 2-2-1 所示。在器材放置线前,放置泡沫液 1 t、泡沫输转泵 1 台、输转软管 1 根、20 m 水带 2 盘等器材。这些器材的设置可以为队员们提供实际操作的机会,使他们在训练中能够充分体验供液保障的各个环节。

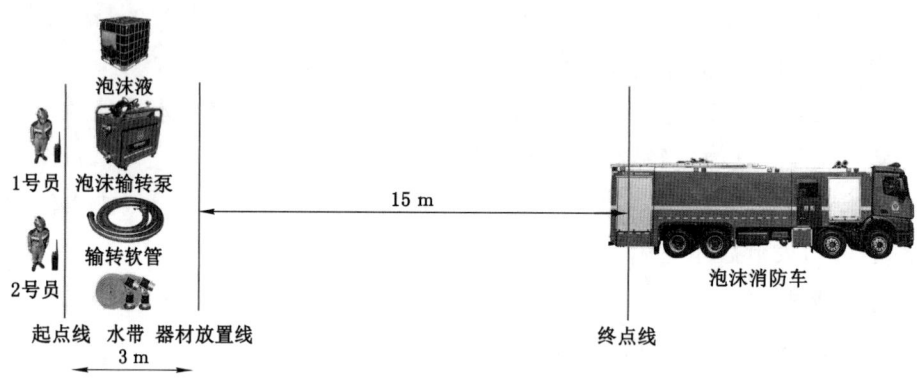

图 2-2-1 泡沫输转泵供液场地设置示意图

终点线上停放 1 辆待供液泡沫消防车,注液口与终点线相齐。这样的设置有助于队员们在训练中熟悉供液车的操作和使用,提高供液保障的实际操作能力。在训练过程中,队员们需要按照规定的程序和方法,完成泡沫液的输送和注入,确保供液保障任务的顺利完成。

3. 人员设置

本项训练的参与者包括 1 号员和 2 号员,他们需要着全套抢险救援防护装备,确保在训练过程中的安全。此外,队员们还需携带通信器材,确保在训练过程中能够进行有效的沟通与协作。

4. 操作程序

(1) 准备工作:1、2 号员在起点线前站成一列横队,保持整齐。当听到"准备器材"的口令时,队员们需检查全套抢险救援防护装备和通信器材是否齐全,确保训练的顺利进行。

(2) 启动供液操作:听到"开始"的口令后,1 号员迅速连接输转软管,启动泡沫输转泵。2 号员则需使用水带连接泡沫输转泵和待供液泡沫消防车的注液口,确保液体顺利输送。

(3) 供液操作:在连接好输转软管和水带后,2 号员示意开始供液。此时,泡沫液将通过输转软管和水带输送至待供液泡沫消防车。待供液完成后,2 号员需关闭输转泵,确保供液操作的结束。

(4) 结束训练:队员们在完成供液操作后,需迅速冲出终点线,并举手示意。当听到"好"的回应后,表明供液保障任务顺利完成。随后,听到"收操"的口令,队员们按相反顺序收整器材,结束本次训练。

5. 操作要求

(1) 战勤保障队员需严格按照要求着全套抢险救援防护装备,确保训练过程中的安全。同时,携带通信器材,确保训练过程中的有效沟通。

(2) 队员们在操作装备时,需遵循规范程序,防止因操作不当导致装备损坏。在训练过程中,要注重实际操作经验的积累,熟练掌握供液保障的各个环节。

(3) 在训练过程中,队员们应保持良好的团队协作精神,密切配合,确保供液保障任务的顺利完成。

6. 成绩评定

(1) 计时从"开始"口令发出时开始,直至喊"好"为止。通过计时,评估队员们完成供液保障任务的效率。

(2) 操作完全正确、程序熟悉,且能够熟练掌握供液保障各个环节的队员,将被评定为合格。

(3) 不符合操作要求、不按程序操作或超出操作时限的队员将被评定为不合格。在训练结束后,教练会对不合格队员进行针对性指导,帮助他们改进操作方法,提高训练成绩。

二、供液消防车供给泡沫液操作训练方法

1. 训练目的

本项训练的主要目的是使战勤保障队员熟练掌握现场供液消防车向泡沫消防车供给泡沫液的方式,以及直接向战斗车辆泡沫罐补充泡沫液的方法。这些技能是保障前方战斗车辆灭火剂充足的关键,对于提高火灾救援效率具有重要意义。

在实际的火灾救援行动中,供液消防车是保障灭火力量的重要环节。通过训练,队员们可以熟练掌握现场供液的操作方法,确保在实际工作中能够快速、准确地完成供液任务,为前方战斗车辆提供充足的灭火剂。

同时,训练还能提高队员间的协同作战能力。在供液过程中,需要队员们密切配合,协同完成各项任务。通过训练,队员们可以提高彼此间的沟通协作能力,形成高效的战斗团队,为火灾救援工作提供有力的保障。

2. 场地器材

本项训练在一个长度为 95 m 的场地上进行。场地上标出起点线和终点线,如图 2-2-2 所示。在起点线处,停放 1 辆大功率供液消防车,出液口与起点线相齐。此外,还摆放 5 盘 20 m 水带等器材。这些器材的设置可以为队员们提供实际操作的机会,使他们在训练中能够充分体验现场供液的各个环节。

终点线处停放 1 辆待供液泡沫消防车,注液口与终点线相齐。这样的设置有助于队员们在训练中熟悉供液消防车的操作和使用,提高现场供液的实际操作能力。在训练过程中,队员们需要按照规定的程序和方法,完成泡沫液的输送和注入,确保供液任

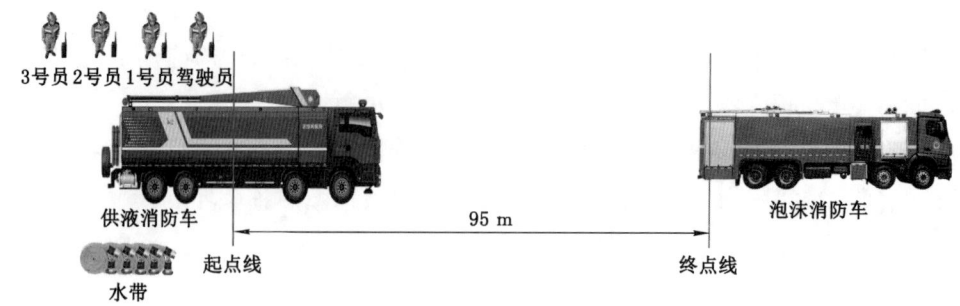

图 2-2-2　供液消防车供给泡沫液场地设置示意图

务的顺利完成。

3. 人员设置

本项训练的参与者包括供液消防车驾驶员以及1、2、3号员。他们需要着全套抢险救援防护装备,确保在训练过程中的安全。此外,队员们还需携带电台,确保在训练过程中能够进行有效的沟通与协作。

驾驶员负责驾驶供液消防车,并按照操作流程进行供液。1、2、3号员负责协助驾驶员进行供液干线的铺设和连接。通过队员们的密切配合,确保供液任务的顺利完成。

4. 操作程序

(1) 听到"开始"的口令后,1号员下车打开车厢,铺设1盘供液干线。同时,2号员和3号员分别负责铺设2盘供液干线。

(2) 在铺设供液干线的过程中,3号员需将2盘供液干线连接至泡沫加注口,并举手示意供液准备就绪。

(3) 驾驶员观察到3号员的示意后,按照操作流程进行供液。在供液过程中,驾驶员需根据前方供给距离对压力进行调整,保证泡沫液供给效果。

(4) 待供液完毕后,驾驶员关闭供液开关,3号员举手示意供液结束。此时,驾驶员可以开始驾驶供液消防车离开,结束本项训练。

5. 操作要求

(1) 战勤保障队员需严格按照要求着全套抢险救援防护装备,确保训练过程中的安全。同时,携带通信器材,确保训练过程中的有效沟通。

(2) 队员们在操作装备时,需遵循规范程序。驾驶员要按照供液流程操作供液消防车,确保供液过程顺利进行。

(3) 水带铺设要平直,不得缠绕,且水带连接处不得脱落,以防止供液过程中出现故障。

(4) 泡沫消防车补液完成后需静置,待加注过程中罐内产生的泡沫消失后才可继续进行本车供液,以防止泡沫溢出,确保灭火效果。

(5) 驾驶员应熟练掌握不同供液距离下的供液压力,可以根据前方供给距离对供液压力进行调整,保证泡沫液供给效果。

6. 成绩评定

(1) 计时从"开始"口令发出时开始,直至喊"好"为止。通过计时,评估队员们完成供液保障任务的效率。

(2) 操作完全正确、程序熟悉,且能够熟练掌握供液保障各个环节的队员,将被评定为合格。

(3) 不按程序操作、不符合操作要求或超出操作时限的队员将被评定为不合格。在训练结束后,教练会对不合格队员进行针对性指导,帮助他们改进操作方法,提高训练成绩。

三、供液消防车外吸泡沫液供液操作训练方法

1. 训练目的

本项训练是为了使参训人员熟练掌握供液消防车外吸泡沫液的操作方法,同时,他们还需要掌握向其他消防车供给泡沫液的操作技巧。在训练中,参训人员需要学习在不同供液距离下的供液压力控制,以确保泡沫液供给的效果。这项训练将提高参训人员在实际消防救援行动中的操作能力,提升消防救援效率,减少火灾造成的损失。

2. 场地器材

训练场地应标出起点线,供液消防车应停放在起点线上,其出液口应与起点线对齐。同时,需要在场地上设置1个泡沫吨桶,用于存储泡沫液。在距起点线95 m处应停放1辆泡沫消防车,其泡沫液容量不应少于1 t,如图2-2-3所示。这样的设置可以模拟实际的消防救援场景,使参训人员在训练中充分体验实际操作的过程。

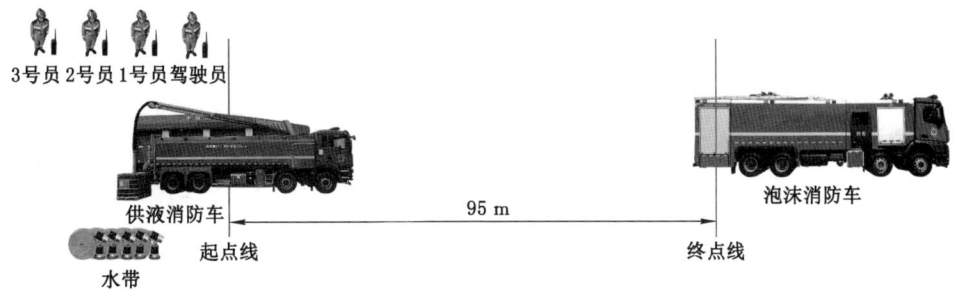

图2-2-3 供液消防车外吸泡沫液供液场地设置示意图

3. 人员设置

供液消防车的驾驶员,以及1、2、3号员,都应着全套抢险救援防护装备,以确保他们的安全。此外,他们还应携带电台,以便在训练中进行有效的沟通。驾驶员需要掌握供液消防车的驾驶技巧,同时了解泡沫液的性质和操作注意事项。1、2、3号员需要了解泡沫液的供给方法和注意事项,以便在实际救援中能够快速有效地进行操作。通过这

样的训练，可以提高参训人员的专业技能，提升他们在实际救援中的应对能力。

4．操作程序

（1）全体参训人员着全套抢险救援防护装备，准备好相关器材，站成一列横队，做好战斗展开准备。在训练开始前，驾驶员需要对供液消防车进行全面检查，确保车辆及器材状态良好。

（2）听到"开始"的口令后，驾驶员及1号员迅速合作将供液消防车吸液管取出并连接吸液口至泡沫吨桶。这个过程中，2人需要密切配合，确保连接稳固。

（3）2、3号员紧接着合作铺设5盘水带并连接泡沫消防车的泡沫液加注口。连接好后，他们需向驾驶员示意，表示已准备好，可以开始供泡沫液。待泡沫液加注完毕后，他们需喊"好"，告知驾驶员可以结束本次操作。

（4）听到"收操"的口令，参训人员将器材复位，并对场地进行整理，确保场地干净整洁。

5．操作要求

（1）参训人员着全套抢险救援防护装备，携带通信器材，确保在训练过程中能够有效沟通。

（2）按照操作规程操作，驾驶员按照供液流程操作供液消防车，时刻注意供液压力，确保泡沫液供给的稳定性。

（3）操作完毕后对车辆进行大循环清洗，保证外吸管路通畅，以备下次训练使用。

（4）水带铺设要平直，不得缠绕，且水带连接处不得脱落，以确保水带的稳定性和安全性。

（5）泡沫消防车补液完成后需静置，待加注过程中罐内产生的泡沫消失后才可继续进行本车供液，以防止泡沫溢出，确保操作的安全性。

（6）驾驶员应熟练掌握不同供液距离下的供液压力，可以根据前方供给距离对供液压力进行调整，保证泡沫液供给效果，提高灭火效率。

6．成绩评定

（1）计时从"开始"口令发出至喊"好"为止。通过计时，主要考察参训人员的操作速度和熟练程度。

（2）操作完全正确、程序熟悉为合格；不按程序操作、不符合操作要求或超出操作时限为不合格。通过成绩评定，可以有效检验参训人员的训练效果，为今后的训练提供参考。

四、远程供液系统供液保障操作训练方法

1．训练目的

通过训练，旨在提升战勤保障队员在灾害现场的供液保障能力。战勤保障队员在消防救援行动中扮演着极其重要的角色，他们需要确保消防车辆有足够的泡沫液供应，以便在火灾现场进行有效的灭火工作。通过模拟实际灾害现场的训练,战勤保障队员可以熟练掌握供液操作流程,提高其供液保障能力,从而在实际救援中能够快速、准确地完成供液任务,为灭火救援行动提供有力保障。

2. 场地器材

训练场地需要设置起点线,以便战勤保障队员明确开始供液的位置。在起点线前方 450 m 处设置二次加压处,以模拟实际灾害现场中可能遇到的复杂情况。在起点线前方 550 m 处停放 2 辆缺乏泡沫液的泡沫消防车,以模拟实际救援场景。在起点线后方 400 m 处停放 2 台装有泡沫液的运输车,用于给缺乏泡沫液的消防车补液,如图 2-2-4 所示。

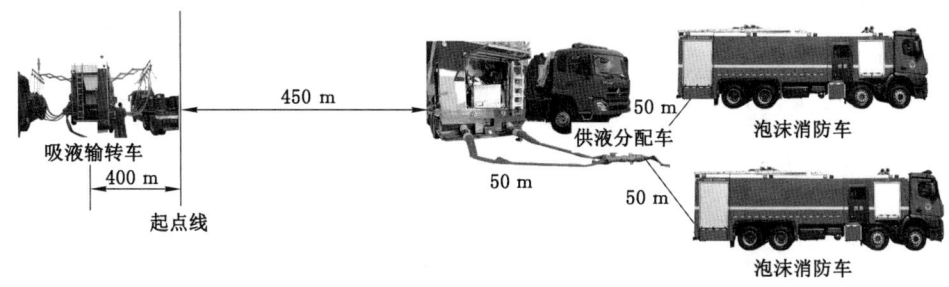

图 2-2-4　远程供液系统供液保障场地设置示意图

这样的场地设置可以真实地模拟实际灾害现场的情况,使参训人员在训练中充分体验实际供液保障的过程。通过反复练习,战勤保障队员可以熟练掌握供液操作流程,提高其供液保障能力,为实际救援行动做好充分准备。

3. 人员设置

参与训练的战勤保障队员需着全套抢险救援防护装备,并确保各项保护措施到位。

4. 操作程序

(1) 准备阶段。远程供液系统的 2 辆车应停在起点线位置,泡沫液运输车则应停靠在起点线后方 400 m 处。战勤保障队员需在起点线前一侧立正站好。

(2) 开始阶段。当听到"开始"的口令后,计时开始。战勤保障队员应迅速登车,并分别将车辆行驶至指定区域后迅速展开。同时,指挥泡沫液运输车停靠在吸液输转车旁。

(3) 操作阶段。吸液输转车、泡沫运输车停靠到位后,战勤保障队员需迅速展开吸液吊臂并连接好吸液管,在指定区域进行吸液。同时,铺设大口径水带干线至起点线前方 450 m 处,并与供液分配车的进液口连接。当吸液输转车内泡沫液达到输转标准后,使用车载加压泵向前方供液分配车进行供液。

(4) 供液阶段。战勤保障队员从供液分配车处迅速铺设大口径供液干线至其前方 50 m 处,并架设好分水器。然后使用 65 mm 口径水带连接分水器,并与缺乏泡沫液的泡沫消防车进行连接。待吸液输转车供液至供液分配车且达到输转标准后,供液分配车进行二次加压向前方缺乏泡沫液的泡沫消防车进行供液。

(5) 结束阶段。待前方泡沫消防车泡沫液加注满罐后,战勤保障队员报告操作完毕。当听到"收操"的口令后,战勤保障队员按要求收整器材与供液干线。

5. 操作要求

(1) 在操作区域操作时必须将车辆停靠到位后再展开。

(2) 操作时吸液输转车和供液分配车均须先吸取足够的泡沫液再往前方供液。

(3) 供液分配车必须进行二次加压后再向前方泡沫消防车进行供液保障。

6. 成绩评定

(1) 计时从"开始"口令发出至前方缺乏泡沫液的泡沫消防车的泡沫罐加满为止。

(2) 出现下列情况之一的加秒处理:未吸取足够的泡沫液前向前方供液的加 60 s;供液后未做好供液干线内泡沫残液回收的加 30 s;未按要求连接吸液口的每个加 30 s;吸液输转车、供液分配车的吸液泵、输转泵,有一个不能正常工作的加 60 s。

(3) 出现下列情况的不计成绩:车辆停靠不到位的;车辆未停稳前开始操作的;供液干线出现脱口的;10 min 内未能吸取泡沫液的。

第三节 应急装备物资保障训练

一、加油车补充油料操作训练方法

1. 训练目的

通过训练,旨在使驾驶员和操作人员熟练掌握加油车补充油料的操作程序和方法。在实际工作中,驾驶员和操作人员需要高效、准确地完成加油车的油料补充任务,以确保油料供应的及时性和稳定性。通过模拟实际场景的训练,可以帮助驾驶员和操作人员熟练掌握加油车补充油料的操作流程,提高其操作技能,从而在实际工作中能够迅速、准确地完成补充油料的任务。

2. 场地器材

(1) 油库:用于储存油料,为加油车提供补充油料的场所。在训练中,驾驶员和操作人员需要熟悉油库的布局、油料种类及储存情况,以便在实际工作中能够快速找到合适的油料补充来源。

(2) 加油车(油罐车)1 辆:作为训练的主要设备,用于模拟实际加油车补充油料的操作过程。驾驶员和操作人员需要在训练中掌握加油车的结构、操作方法和安全注意事项,以确保在实际工作中能够安全、有效地操作加油车进行油料补充。

场地设置如图 2-3-1 所示,驾驶员和操作人员需要根据场地条件和设备要求进行实际操作,以提高其应对不同场景下的加油车补充油料操作能力。通过反复练习,驾驶员和操作人员可以熟练掌握加油车补充油料的操作技能,为实际工作做好充分准备。

3. 操作程序

(1) 2 名油料保障队员(1 名驾驶员和 1 名押运员)在车前站成一列横队。

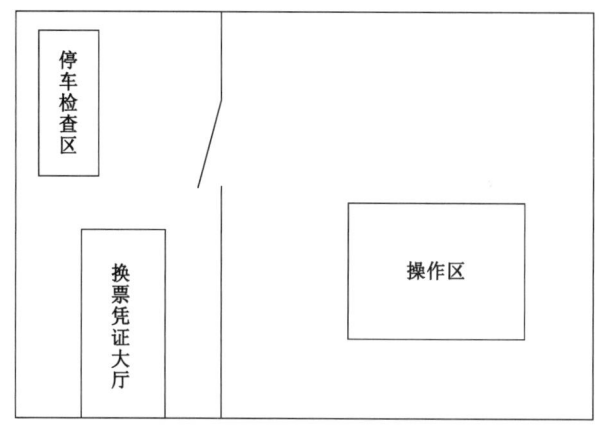

图 2-3-1 加油车补充油料场地设置示意图

(2) 在听到"开始"的口令后,驾驶员启动车辆并驶至油库前,同时配合油库安全员进行车辆检查。押运员则前往服务大厅,换取票据并刷卡过账。车辆检查完毕后,驾驶员拿着押运员换取的票证,驾驶车辆进入库区,而押运员则在门口的休息区等待。

(3) 驾驶员进入库区后,严格遵循发油员的指令,驶入相应的油品发货位,车头朝向发车场的出口。发油员会引导油罐车安全停靠在准确的位置。驾驶员停车后,应确保位置准确且安全,拉起手刹,熄火。发油员将挡车牌推至车前中央,且距离车头不小于 2 m 的位置,然后驾驶员将车钥匙交给发油员。驾驶员凭着凭证,在换票室刷卡确认发油信息。确认完毕后,驾驶员将静电接地线、油气回收鹤管、加油鹤管与油罐车罐体直接相连的有效附件连接。在发油员检查所有连接是否有效后,驾驶员与发油员在监护下,共同核对发货品名、装载数量是否正确,然后才能在下位机刷卡发油。

(4) 在装油作业过程中,发油员和驾驶员必须全程在场,严密监控巡视,密切关注作业状态,观察下位机屏幕上显示的密度、温度以及字码数等有无异常,油罐车有无异常情况。严格控制输油速度,禁止喷溅式作业。如果遇到雷鸣电闪、发生火警等异常情况,应立即停止收发作业,按照发油员的指令,采取相应的安全措施。发货现场禁止使用手机、禁止修车作业。隔仓车作业时,应按照先前仓再后仓的装油顺序。实行油气回收的下装式油罐车装油过程中,禁止打开罐顶仓口盖。如果出现罐顶溢油、底阀跑油等情况,应立即关闭应急切断阀、关闭油罐车海底阀、关闭平台下管线阀门,停止作业,设立警戒线,回收油品,清理现场,周围车辆禁止发动。如果出现发油口闪爆着火,应立即关闭应急切断阀,用石棉被覆盖发油口,使用灭火器灭火,关闭平台下和泵棚阀门,停止所有发货作业,疏散车辆和人员,启动火灾、跑冒油等相关应急预案进行扑救。

(5) 装油完毕后,驾驶员将加油鹤管与罐口连接阀分离,同时关闭油罐车海底阀。如果使用油气回收,驾驶员将油气回收管线与油罐车油气回收管线分离,取下防静电溢油连锁装置,取下静电接地线并复位,然后绕车一周检查油罐车是否与油库发货设施相脱离。发油员检查确认设备均复位后,将挡车牌移放到原位,将车辆钥匙交驾驶员,待发油员发出指令后,驾驶员方可发动油罐车以限速 5 km/h 的车速驶离发货位。

(6) 出库后,驾驶员熄火下车,举手喊"好"。

4. 操作要求

(1) 操作人员必须穿防静电服,戴防静电手套及安全头盔。这些装备都是为了保证操作人员的人身安全,防止静电引起的火灾,以及保护头部不受到意外伤害。

(2) 驾驶员和押运员必须取得相应资格的有效证件。这是对他们专业技能的认可,也是对他们责任心的考验。只有具备相关资格的驾驶员和押运员,才能保证油罐车的安全运行。

(3) 在进库前,必须配合油库工作人员的检查。这些检查包括:检查 2 只 4 kg 以上的干粉灭火器是否有效,以防火灾发生时无法及时扑灭;检查排气管是否破裂,防止尾气泄漏引发火灾;检查防静电接地拖带是否有效拖地,防止静电引发火灾;检查罐体是否有影响强度的损伤、变形、锈蚀、渗漏,保证油罐车的正常运行;检查电路系统是否有切断总电源装置,防止电火花引发火灾;检查驾驶员是否穿防静电服,押运员是否在岗,保证操作人员的安全;检查香烟、火种、手机、老花镜等火种类物品是否寄存,防止火灾发生;检查有关证件是否齐全,保证油罐车的合法运行。对不符合安全条件的油罐车,禁止入库作业。

(4) 进入库区后,必须严格按照发油流程及安全操作规程操作。这是保证油罐车作业顺利进行的关键,任何违反操作规程的行为都要被严肃处理。

(5) 发油时,必须全过程在场严密监控巡视车辆和各连接附件的情况。这是为了及时发现并解决可能出现的问题,保证发油过程的安全和顺利。

(6) 发油结束后,各连接附件按需复位。这是为了保证油罐车的下次运行能够顺利进行,同时也是对设备的维护和保养。

(7) 车速应严格控制在 5 km/h 内,严禁在库区超速行驶、鸣号。这是为了保证库区内的安全和安静,防止可能的意外事故发生。

5. 成绩评定

(1) 计时从"开始"口令发出至喊"好"为止,操作时限为 30 min。超出操作时限的,将被视为不合格。

(2) 未按照安全操作规程及要求的,将被视为不合格。

(3) 进入库区后,未按照工作人员要求的,将被视为不合格。

(4) 在库区超速行驶的,将被视为不合格。

二、油料运输与补充操作训练方法

1. 训练目的

通过训练,旨在使战勤保障队员熟练掌握油料运输与保障的程序和方法,提高队员间协同保障能力。在实际的战斗中,油料保障是至关重要的一环,它关系到战斗力的持续和发挥。因此,对于战勤保障队员来说,掌握油料运输与保障的程序和方法,提高队员间的协同保障能力,是提高整体战斗力的重要手段。

2. 场地器材

在长100 m的场地上分别标出起点线、终点线,设置一个清晰的训练场景。在距离起点线两端50 m处各停靠1辆待加注油料的消防车,作为训练的实际操作对象。起点线处停放1辆油料保障车,这是队员们需要操作的主要设备。同时,场地上还准备了2个不小于4 kg装的灭火器,以应对可能出现的火灾情况。场地设置如图2-3-2所示。

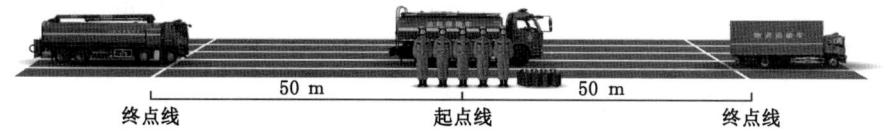

图2-3-2 油料运输与补充场地设置示意图

此外,还有2辆运输工具车,这是队员们进行油料运输的重要工具。运输车上分别放置4个30 L待加注的空油桶,队员们需要利用这些设备进行油料的加注和运输。这样的设置,可以模拟真实的油料保障场景,让队员们在训练中熟悉并掌握实际操作的流程和技巧。

总的来说,通过这样的训练设置,可以提高队员们的油料保障能力,增强队员间的协同配合能力,为实际的战斗提供有力的保障。同时,这也是对队员们应对突发情况(如火灾等)能力的一种锻炼和提高。

3. 操作程序

(1) 5名油料保障队员(1名班指挥、1名驾驶员和3名号员)在车前站成一列横队,等待指令。当听到"准备器材"的口令时,他们应立即行动,做好器材准备,并报告"准备完毕"。

(2) 当听到"开始"的口令后,驾驶员登车启动油料保障车,挂油泵取力器,班指挥则跑至油料保障车后依次打开气源阀、油路阀。驾驶员开启油料供应装置,1、2号员利用运输工具车携带4只30 L油桶至加油机处,同时驾驶员做好加注油料准备。在这个过程中,班指挥在车尾10 m外,设置"严禁烟火"警示牌、携带灭火器,并观察周边情况。在确认安全后,班指挥发出"现场环境安全、可以加注油料"的口令,1、2号员打开油桶盖,驾驶员开始加注油料。

(3) 油料灌装完毕后,驾驶员读取加油机数据进行登记,然后将油料保障车熄火。此时,3号员和班指挥携带灭火器,分别协助1、2号员利用油料运输工具车向各自待加注消防车方向运送,同时观察现场环境,告知驾驶员将待加注消防车熄火。

(4) 在确认安全后,1、2号员向各自车辆加注100 L油料,加完后,1、2号员喊"好"。这一系列动作完成后,操作队员会听到"收操"的口令,然后各号员收整器材,返回起点线。

4. 操作要求

（1）在进行油料保障行动时，操作人员需要着抢险救援防护装备、戴防静电手套。操作人员必须严格按照操作规程进行，同时要远离火源。

（2）在操作过程中，加油管不得全部拖出，以防出现故障。操作完毕后，要做好登记工作，同时在操作时放置危险警示牌和灭火器等。燃油不能洒出或溢出，加油时待加注消防车必须熄火。

5. 成绩评定

（1）对于操作成绩的评定，计时从"开始"口令发出至喊"好"为止，超出操作时限（30 min）视为不合格。

（2）未按要求着装的，一项加30 s；未放置危险警示牌和灭火器等，视为不合格；运输过程中，如果油桶未做固定或掉落，视为不合格；加注过程中，燃油洒出或溢出，视为不合格；现场未排除危险环境，视为不合格，如未远离火源、雷雨天气防护不当等；加油时待加注消防车未熄火，视为不合格。

三、供气消防车气瓶充填操作训练方法

1. 训练目的

供气消防车的气瓶充填是保障消防员在执行任务过程中能够持续获得干净空气的重要环节。通过训练，旨在使战勤保障队员熟练掌握供气消防车气瓶充填的程序和方法，提高队员间协同配合能力。在实际的灭火救援行动中，气瓶的及时充填能够保证消防员的呼吸安全，提高救援效率。

2. 场地器材

在长20 m的场地上分别标出起点线、终点线、待充区和已充区，如图2-3-3所示，以便于队员们明确各自的操作区域。同时在距起点线18 m处标出停车线，以引导供气消防车准确停放。起点线前停放一辆供气消防车，车头与起点线相齐。待充区预先放置队员们需要充填的气瓶。

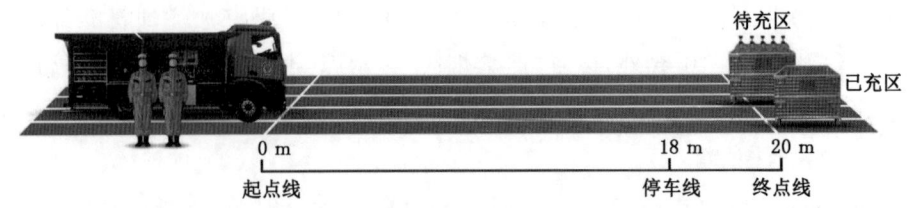

图2-3-3　供气消防车气瓶充填场地设置示意图

这样的设置可以模拟真实的气瓶充填场景，让队员们在训练中熟悉并掌握实际操作的流程和技巧。通过反复练习，队员们可以提高气瓶充填的速度和准确性，为实际的灭火救援行动提供有力的保障。

3. 操作程序

(1) 2名战勤保障队员(1名驾驶员和1名号员)需要在车前站成一列横队。这是为了确保队员们在操作过程中能够保持整齐的队形,同时也有利于队员们之间的沟通和协作。

(2) 当听到"准备器材"的口令时,队员们需要迅速做好器材准备,并报告"准备完毕"。这是为了确保所有的器材都已经准备妥当,可以开始接下来的操作。然后,当听到"开始"的口令后,队员们需要迅速登车。驾驶员负责启动车辆,将车行驶至停车线处停好后,驾驶员打开取力器开关。同时,1号员下车将待充气瓶依次递交给驾驶员。这一步骤是为了确保气瓶能够被顺利地充气。

(3) 驾驶员接过待充气瓶后,将其放入防爆充气箱、连接充气接头、打开空冷器、空滤器开关。随后,驾驶员打开进气阀、关闭防爆充气箱、打开充气开关对气瓶进行充气。在充气过程中,驾驶员需要时刻关注压力表,待气瓶充满后,驾驶员打开防爆充气箱、关闭进气阀、关闭充气开关、卸下充气接头,依次将已充气瓶交给1号员。1号员接过已充气瓶后将气瓶搬运至已充区,举手示意喊"好"。这一步骤是为了确保气瓶已经被充分充气,可以投入使用。

(4) 当听到"收操"的口令,队员们需要按相反顺序收整器材。这是为了确保所有的器材都能够被妥善地收好,以便下一次操作使用。

4. 操作要求

(1) 操作人员需要着全套抢险救援防护装备。这是为了确保操作人员的安全。

(2) 操作人员需要按规定程序正确操作车辆装备,防止损坏。这是为了确保车辆装备能够被妥善地操作,防止因为操作不当导致损坏。

(3) 充装过程中防爆充气箱必须关闭。这是为了确保充装过程的安全。

(4) 操作过程中系统压力不高于 32 MPa。这是为了确保操作过程的安全。

(5) 待充区的气瓶压力表压力不高于 5 MPa,已充区气瓶冷却后气瓶压力表显示压力不低于 25 MPa。这是为了确保气瓶能够被充分充气,同时也为了确保气瓶的使用安全。

5. 成绩评定

(1) 计时从"开始"口令发出至喊"好"为止,操作时限为 10 min。这是为了确保操作的效率。

(2) 不按程序操作、不符合操作要求或超出操作时限,视为不合格。这是为了确保操作的质量。

(3) 车辆未停稳开车门下车,视为不合格。这是为了确保操作的安全。

(4) 穿着不统一、穿着不全,有一项加 60 s。这是为了确保操作人员的安全。

(5) 待充区的气瓶压力表显示压力高于 5 MPa,每高 1 MPa 加 30 s。这是为了确保气瓶的使用安全。

(6) 已充区气瓶冷却后气瓶压力表显示压力低于 25 MPa,视为不合格。这是为了确保气瓶的使用安全。

(7) 充装过程中防爆充气箱未关闭,视为不合格。这是为了确保充装过程的安全。

四、气瓶运输与更换操作训练方法

1. 训练目的

战勤保障队员在执行任务过程中,掌握气瓶运输与更换的程序和方法至关重要。通过训练,旨在使队员们熟练掌握气瓶的运输和更换技巧,提高队员间的协同配合能力。在实际的灭火救援行动中,气瓶的及时更换能够保证消防员的呼吸安全,提高救援效率。

2. 场地器材

在长 50 m 的场地上分别标出起点线、停车线和终点线,如图 2-3-4 所示,以便于队员们明确各自的操作区域。起点线处停放器材装备保障车或物资保障车 1 辆,车头与起点线相齐;终点线处放置 2 具等待更换气瓶的空气呼吸器。这样的设置可以模拟真实的气瓶更换场景,让队员们在训练中熟悉并掌握实际操作的流程和技巧。通过反复练习,队员们可以提高气瓶更换的速度和准确性,为实际的灭火救援行动提供有力的保障。

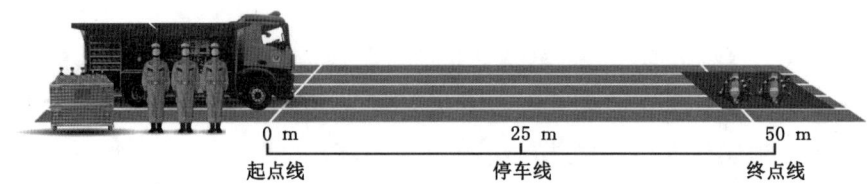

图 2-3-4　气瓶运输与更换场地设置示意图

3. 操作程序

(1) 3 名战勤保障队员(1 名驾驶员和 2 名号员)需要站在车前,组成一列横队。当听到"准备器材"的口令时,他们需要迅速做好器材准备,并报告"准备完毕"。然后,当听到"开始"的口令后,他们需要迅速登车,然后由驾驶员启动车辆,将车行驶至停车线停稳后,全员下车。在这个过程中,驾驶员需要在车后 10 m 处放置危险警示牌,并负责做好登记工作。

(2) 下车后,1 号员需要打开器材箱门,与 2 号员合力将备用气瓶和气瓶更换防护垫取下。然后,他们需要利用运输工具车,将气瓶和气瓶更换防护垫运送至终点线处。在这个过程中,1 号员需要迅速将防护垫铺好,并将需要更换的空气呼吸器拿到防护垫上。2 号员则需要将备用气瓶拿到待更换气瓶的空气呼吸器旁,关闭需要更换的气瓶开关,打开余气阀,余气放净后,关闭余气阀,逆时针旋转空气呼吸器的手轮,同时调松瓶箍带,将气瓶卸下。

(3) 2号员需要拿起备用气瓶由下向上将气瓶插入瓶箍内,将气瓶阀口背拖手轮接口对正。旋转手轮使气瓶与背拖连接可靠,调整收紧带。然后,按照此操作更换另一具空气呼吸器的气瓶。在这个过程中,1号员需要打开气瓶阀,检查气瓶压力,并戴上面罩呼吸1~2次。呼吸正常后,关闭气瓶阀,摘下面罩打开余气阀。然后,按照此操作检查另一具空气呼吸器。

(4) 全部完成后,队员们需要站成一列横队,1号员举手示意喊"好"。整个过程需要队员们严格按照操作规程进行,且需要配合默契、动作协调。

4. 操作要求

在这个过程中,操作人员需要着全套抢险救援防护装备。同时,他们必须确保车辆处于安全禁止状态后才能下车。而且,他们需要严格按照操作规程进行,做好登记工作,确保更换的气瓶压力不低于25 MPa。

5. 成绩评定

计时从"开始"口令发出至喊"好"为止,操作总时限为10 min,气瓶更换单独计时,时限为120 s。其中如果穿着不统一、穿着不全,有一项加60 s。而且,如果有下列情况之一,将视为不合格:气瓶未连接好;气瓶开关未旋转3圈以上;更换过程中垫圈发生掉落未报告;更换的气瓶压力未达到25 MPa;车辆未停稳开车门下车;不按程序操作、不符合操作要求或超出操作时限。

五、车用尿素运输与补充操作训练方法

1. 训练目的

战勤保障队员在执行任务过程中,掌握车用尿素运输与补充操作训练方法的程序和方法至关重要。通过训练,旨在使队员们熟练掌握车用尿素的运输与补充技巧,提高队员间的协同保障能力。在实际的灭火救援行动中,车用尿素的及时补充能够保证消防车辆的正常运行,提高救援效率。

2. 场地器材

在长50 m的场地上分别标出起点线、停车线和终点线,如图2-3-5所示,以便于队员们明确各自的操作区域。起点线处停放1辆器材装备保障车,车头与起点线相齐,作为训练的主要设备,并在车上设置模拟仓库。终点线处停放2辆战斗车辆(可添加尿素车辆),车尾与终点线相齐。这样的设置可以模拟真实的车用尿素补充场景,让队员们在训练中熟悉并掌握实际操作的流程和技巧。通过反复练习,队员们可以提高车用尿素补充的速度和准确性,为实际的灭火救援行动提供有力的保障。

3. 操作程序

(1) 4名战勤保障队员(1名班指挥、1名驾驶员和2名号员)在起点线前站成一列横队,准备开始操作。

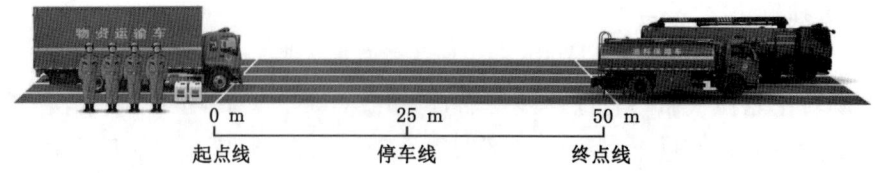

图 2-3-5　车用尿素运输与补充场地设置示意图

（2）听到"准备器材"的口令后，班指挥带领队员到模拟仓库领取车用尿素，查看保质期并装车。这一步是为了确保车用尿素的质量和安全性，避免因为使用过期或损坏的尿素而影响车辆的运行。班指挥在分工任务后登车，并报告"准备完毕"。

（3）听到"开始"的口令后，驾驶员将车辆行驶至停车线处停稳，并在车辆正后方10 m处放置危险警示牌。这一步是为了保障操作的安全性，防止因为操作过程中的突发情况而引发事故。班指挥打开车厢侧板并将运输工具车取下放至停车线处，1号员进入车厢，将车用尿素传递给2号员，2号员将其摆放至运输工具车上并做好固定。这一步是为了确保车用尿素在运输过程中的稳定性，防止因运输过程中的晃动或颠簸而损坏尿素桶。

（4）班指挥携带登记簿与2名号员将车用尿素运向终点线处，1号员打开尿素箱盖，2号员将尿素桶盖打开，两人协作将战斗车辆的尿素加满，班指挥做好登记。这一步是为了确保每一辆车都能得到充分的尿素补充，保证车辆的正常运行。所有车辆补充完毕后，队员们站成一列横队，班指挥举手示意喊"好"。

（5）听到"收操"的口令时，队员们将车辆器材恢复原位。这一步是为了确保场地的清洁和整齐。

4．操作要求

（1）操作人员需要着全套抢险救援防护装备。这是为了保障操作人员的安全。

（2）车辆停放后必须摆放危险警示牌。这是为了保障操作的安全性。

（3）必须严格按照操作规程进行，领用尿素时必须查看保质期。这是为了确保尿素的质量和安全性。

（4）尿素运输过程中要做好固定，防止损坏。这是为了保障尿素的完整性。

（5）车用尿素在运输和补充时不能洒出或溢出。这是为了防止对环境造成污染。

5．成绩评定

（1）计时从"开始"口令发出至喊"好"为止。

（2）操作时限为20 min。

（3）穿着不统一、穿着不全，有一项加60 s。

（4）未放置危险警示牌的，视为不合格。

（5）运输中尿素桶未做固定或掉落的，一项加30 s。

（6）补充尿素时，未加满尿素，或尿素洒出、溢出的，一项加30 s。

(7) 不按程序操作、不符合操作要求或超出操作时限的,视为不合格。

六、工具车转运器材装备操作训练方法

1. 训练目的

战勤保障队员在执行任务过程中,掌握器材装备保障的程序和方法至关重要。通过训练,旨在使队员们熟练掌握器材装备保障的各个环节,提高队员间的协同保障能力。在实际的灭火救援行动中,器材装备的及时补充和高效保障能够提高救援效率,确保作战任务的顺利完成。

2. 场地器材

为了进行有效的训练,需要在长 50 m 的场地上分别标出起点线、停车线和终点线,如图 2-3-6 所示,以便于队员们明确各自的操作区域。起点线处停放 1 辆器材装备保障车,车头与起点线相齐,作为训练的主要设备,并在车上设置模拟仓库。终点线处停放 2 辆战斗车辆(可添加器材装备),车尾与终点线相齐。这样的设置可以模拟真实的器材装备保障场景,让队员们在训练中熟悉并掌握实际操作的流程和技巧。通过反复练习,队员们可以提高器材装备保障的速度和准确性,为实际的灭火救援行动提供有力的保障。

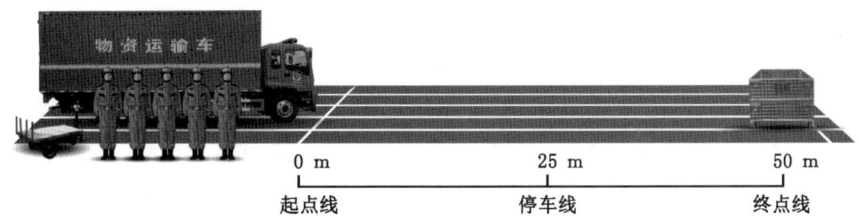

图 2-3-6　工具车转运器材装备场地设置示意图

3. 操作程序

(1) 在起点线前,5 名战勤保障队员(1 名班指挥、1 名驾驶员和 3 名号员)需迅速站成一列横队,保持整齐,等待下一步的指令。这一步骤主要考察队员们的团队协作精神和快速反应能力,为后续的操作打好基础。

(2) 听到"准备器材"的口令后,队员们需迅速领取器材需求清单,并对清单上的器材进行确认,确保清单无误。确认无误后,队员们需要做好准备,如检查装备是否齐全、车辆是否正常等。最后,队员们需乘车就位,准备开始下一步的操作。

(3) 听到"开始"的口令后,驾驶员将器材装备保障车行驶至停车线处停稳。班指挥和 1 号员分别打开左侧和右侧车厢,确保车厢门完全开启。2 号员和 3 号员分别放下左侧和右侧的楼梯,并登上车厢。同时,班指挥和 1 号员需各自取下运输工具车,2 号员和 3 号员则按照"器材需求清单"的要求,各自分工,向班指挥和 1 号员传递器材,并将其摆放至运输工具车上,做好固定。之后,班指挥带领号员协力将器材运送至终点线,

为战斗车辆补充装备器材。在这一过程中,驾驶员需做好登记,确保器材的补充情况清晰明了。

(4) 当器材补充完毕,车厢门关好,驾驶员需举手示意,并喊出"好",表示操作结束。

(5) 听到"收操"的口令后,驾驶员需将车辆器材复位,恢复至初始状态,确保器材装备保障车的正常使用。

4. 操作要求

(1) 操作人员需着全套抢险救援防护装备。这一要求主要是为了保障操作人员的安全,防止在操作过程中受到伤害。

(2) 器材需求清单上,每辆车至少需要补充5件套器材,共计补充器材不少于10种20件套。这一要求主要是为了确保操作的实际效果,让队员们在实际操作中熟悉并掌握器材的补充流程。

(3) 在器材补充过程中,操作人员需轻拿轻放,防止损坏器材。这一要求主要是为了保护器材,确保其在后续的灭火救援行动中能够正常使用。

5. 成绩评定

(1) 计时从"开始"口令发出至喊"好"为止。这一要求主要是为了考核队员们的操作速度和效率。

(2) 操作时限为5 min。超过时限的操作,视为不合格。

(3) 器材需求清单上,每辆车至少需要补充5件套器材,共计补充器材不少于10种20件套。每缺少一种器材,操作时间增加60 s;每缺少一件套器材,操作时间增加30 s。

(4) 在器材补充过程中,如果器材掉落地面,每件套增加60 s的操作时间。

(5) 如果车厢门每少关一扇,操作时间增加30 s。

(6) 如果在运输过程中造成器材损坏,视为不合格。

(7) 如果不按程序操作、不符合操作要求,视为不合格。

七、叉车转运器材装备操作训练方法

1. 训练目的

战勤保障队员在执行任务过程中,掌握器材装备保障的程序和方法至关重要。通过训练,旨在使队员们熟练掌握器材装备保障的各个环节,提高队员间协同保障能力。在实际的灭火救援行动中,器材装备的及时补充和高效保障能够提高救援效率,确保作战任务的顺利完成。此外,通过训练还能培养队员们的团队协作精神和面对突发情况时的应对能力,使他们在今后的工作中能够更好地为灭火救援事业贡献力量。

2. 场地器材

为了进行有效的训练,需要在长50 m的场地上分别标出起点线、停车线和终点线,如图2-3-7所示。以便于队员们明确各自的操作区域。起点线处停放1辆器材装备保障车,车头与起点线相齐,作为训练的主要设备,并在车上设置模拟仓库。停车线停放

1辆叉车,叉齿与停车线相齐,方便将器材装备从保障车转移至叉车。

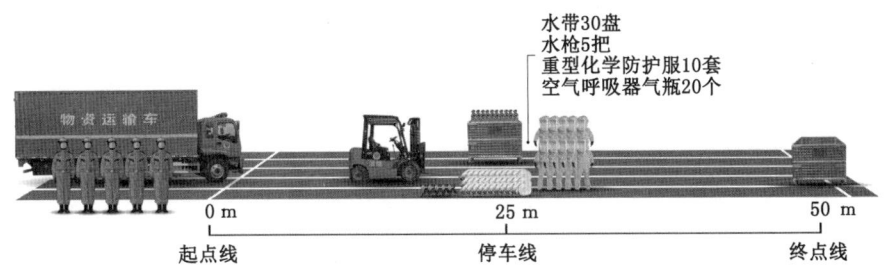

图 2-3-7　叉车转运器材装备场地设置示意图

停车线旁分开放置模块箱若干,用于模拟实际场景中的器材堆放。此外,还需放置水带 30 盘、水枪 5 把、重型化学防护服 10 套、空气呼吸器气瓶 20 个(压力不低于 25 MPa),以满足训练中对各类器材的需求。这些器材的设置可以模拟真实的器材装备保障场景,让队员们在训练中充分体验实际操作过程。

终点线处设置器材保障点,该保障点需要配备相应的器材,如消防水带、灭火器、消防水枪等,以便在训练中让队员们实际操作,提高保障能力。同时,终点线附近还需设置评估区域,以便教练员观察和评估队员们的操作过程,为训练提供有针对性的指导。

通过这样的场地设置和器材配置,队员们可以在训练中充分体验实际的器材装备保障场景,提高队员间的协同保障能力,为今后的灭火救援工作打下坚实的基础。

3. 操作程序

(1) 5 名战勤保障队员(1 名班指挥、1 名驾驶员和 3 名号员)需站在起点线前,组成一列整齐的队伍。这一步是为了确保队员们具备良好的团队协作精神和快速反应能力,为后续操作打下基础。

(2) 当听到"准备器材"的口令时,队员们需确认器材、确保乘车就位并做好准备。这包括检查装备是否齐全、车辆是否正常等。确认无误后,队员们需登上车辆,准备开始下一步操作。

(3) 当听到"开始"的口令时,驾驶员启动车辆,将器材装备保障车行驶至停车线处并停稳。此时,班指挥和 3 名号员需齐心协力迅速将器材装入模块箱,并盖好盖子。驾驶员操作叉车将模块箱装车。所有战勤保障队员登车后,驾驶员将器材装备保障车行驶至终点线处并停稳,同时设立器材保障点,举手示意并喊"好"。

(4) 当听到"收操"的口令时,驾驶员需将车辆和器材恢复至原始状态。

4. 操作要求

(1) 操作人员需着全套抢险救援防护装备。

(2) 在操作过程中,务必遵守各项安全规范。

(3) 车辆行驶时必须按照规定路线行驶,车速不得超过 40 km/h。

(4) 在器材补充过程中,操作人员需轻拿轻放,防止损坏器材。

(5) 将器材放入指定位置时,必须确保摆放整齐。

(6) 更换完空气呼吸器气瓶后,确保其完整且可用。

5. 成绩评定

(1) 计时从"开始"口令发出至喊"好"为止。

(2) 操作时限为 10 min。

(3) 如果车头行驶至停车线和终点线时,车头超出线 1 m,加时 60 s。

(4) 器材必须全部运送至器材放置区,每缺少一套器材,加时 30 s。

(5) 在器材搬运过程中,如器材摔落地面,每套器材加时 60 s。

(6) 如空气呼吸器出现漏气现象,每个漏气的呼吸器加时 120 s。

(7) 如器材装备未按要求摆放,每发现一处问题,加时 30 s。

(8) 如未使用叉车装卸器材,加时 300 s。

(9) 如在运输过程中造成器材损坏或存在安全隐患,不计成绩。

(10) 如操作不按程序进行、不符合操作要求或超出操作时限,视为不合格。

八、器材装备补充操作训练方法

1. 训练目的

通过进行这样的训练,目标是让战勤保障队员能够熟练地掌握器材装备补充的程序和方法。这不仅包括如何正确地操作和使用这些器材,还包括如何有效地协同工作,提高整个团队的保障能力。在实际的抢险救援工作中,时间就是生命,因此,提高队员们的操作效率和协同能力,能够在关键时刻挽救更多的生命。

2. 场地器材

为了进行这项训练,需要在物资库前的合适场地上标出起点线和终点线,如图 2-3-8 所示。起点线处需要停放 1 辆器材装备保障车和 1 辆叉车,车头需要与起点线对齐。这样可以确保在训练开始时,队员们能够迅速地找到需要的器材,并开始进行操作。

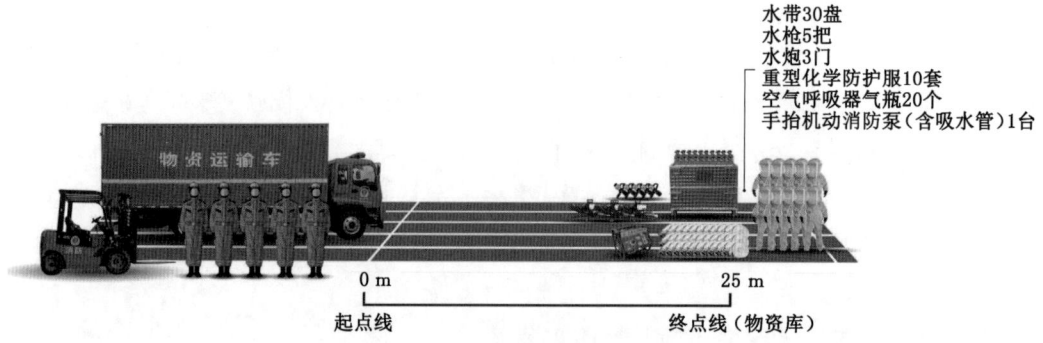

图 2-3-8　器材装备补充场地设置示意图

物资库内,需要分别放置一些模块箱和托盘,以及 30 盘水带(包括 65 mm 和 80 mm

水带各15盘)、5把水枪、10套重型化学防护服、3门水炮、1台手抬机动消防泵(需要带有吸水管)、20个空气呼吸器气瓶(压力不能低于25 MPa)。这些器材都是在实际抢险救援工作中可能需要使用的,因此,队员们需要熟练掌握它们的使用方法。

起点线处是队员们开始进行训练的地方。在这里,他们会开始进行器材装备补充的操作,并通过这个过程,提高他们的操作效率和协同能力。

3. 操作程序

(1) 5名战勤保障队员(1名器材装备保障车驾驶员、1名叉车驾驶员、1名班指挥和2名号员)需站在起点线前,组成一列整齐的队伍。

(2) 当听到"准备器材"的口令时,队员们需要确认器材、确保乘车就位并做好准备。

(3) 当听到"开始"的口令时,2名驾驶员分别启动器材装备保障车和叉车,将车辆行驶至终点线处。驾驶员打开器材箱侧门,班指挥带领1、2号员迅速进入物资库,合力将器材装入模块箱并盖好盖子。对于体积过大无法装入模块箱的器材,可以放置在托盘上并进行固定。叉车驾驶员负责操作叉车将模块箱和托盘装车,同时1名队员需做好出库登记。待所有队员登上器材装备保障车后,关闭车门,并喊"好"。

(4) 当听到"收操"的口令时,驾驶员需将车辆和器材恢复至原始状态。

4. 操作要求

(1) 操作人员需着全套抢险救援防护装备。

(2) 在操作过程中,务必遵守各项安全规范。

(3) 车辆行驶时必须按照规定路线行驶,车速不得超过40 km/h。

(4) 在器材补充过程中,操作人员需轻拿轻放,防止损坏器材。

(5) 将器材装箱上车时,必须确保摆放整齐。

5. 成绩评定

(1) 计时从"开始"口令发出至喊"好"为止。

(2) 操作时限为10 min。

(3) 器材必须全部运送至器材放置区,每缺少一套器材,加时120 s。

(4) 在器材搬运过程中,如器材摔落地面,每套器材加时120 s。

(5) 如器材装备未按要求摆放,每发现一处问题,加时30 s。

(6) 如未使用叉车装卸器材,加时300 s。

(7) 如叉车中途熄火,每次加时30 s。

(8) 如货叉进出模块箱、托盘时,模块箱、托盘移动大于0.2 m,每次加时30 s。

(9) 如叉车行驶过程中,货叉拖地运行或者离地超出0.2~0.3 m,每次加时30 s。

(10) 如叉车使用完成后,未停放指定位置加时120 s,叉齿未落地加时120 s,未脱挡熄火加时120 s。

(11) 如操作过程中违反操作规定,存在安全隐患,或在运输中造成器材损坏,或叉车装卸过程中未盖上箱盖,或托盘装卸器材时未对器材进行固定,或未完成指定科目操作,或超出操作时限,均视为不合格。

九、拖挂车装卸操作训练方法

1. 训练目的

本项训练旨在使战勤保障队员熟练掌握拖挂车的装卸程序和方法,提高队员间的协同作战能力。通过训练,队员将能够迅速、准确地完成拖挂车的装卸任务,为战场上的物资运输提供有力保障。

2. 场地器材

本项训练的场地为长 100 m 的平整场地,在场地上分别标出起点线、检查线和终点线,如图 2-3-9 所示。在起点线处停放 1 辆拖挂车,旁边配备 1 台挖掘机。拖挂车应具备良好的工作状态,挖掘机也应准备完毕,等待队员进行装卸操作。

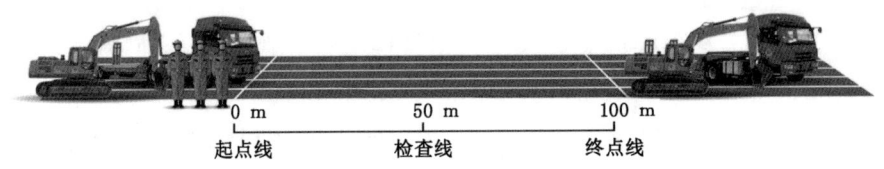

图 2-3-9　拖挂车装卸场地设置示意图

3. 操作程序

(1) 在起点线前,3 名战勤保障队员整齐地站成一列横队,他们身着全套抢险救援防护装备,等待命令的下达。其中一名队员是拖挂车驾驶员,负责拖挂车的操作;另一名队员是挖掘机驾驶员,负责挖掘机的操作;还有一名队员是指挥员,负责整个操作过程的安全警戒和指挥。

(2) 当听到"准备器材"的口令后,拖挂车驾驶员迅速跑到拖挂车旁,对车辆进行仔细的检查,确认一切正常后,做好操作准备。同时,挖掘机驾驶员也走到挖掘机旁,做好操作准备。指挥员则跑至操作区前方,做好安全警戒和指挥准备。

(3) 当听到"开始"的口令后,挖掘机驾驶员按照指令将挖掘机稳稳地装上拖挂车,并配合拖挂车驾驶员做好安全固定。随后,拖挂车驾驶员将拖挂车缓缓驶向检查线。指挥员在车辆经过时,对车辆进行仔细的安全检查,确认一切安全后,向拖挂车驾驶员发出继续前行的信号。拖挂车驾驶员收到信号后,将拖挂车驶出终点线。此时,挖掘机驾驶员按照指令将挖掘机稳稳地卸下,并停放在指定位置。

(4) 整个操作过程完成后,全部车辆都制动熄火,队员们都举手示意喊"好"。这表示他们已经完成了任务,并且一切都在规定的程序和要求中进行。

(5) 当听到"收操"的口令后,所有队员都迅速行动起来,将车辆器材复位。

4. 操作要求

在这项训练中,战勤保障队员需要满足以下操作要求:首先,他们需要着全套抢险救援防护装备,指挥员还需要加着安全背心,并携带口哨和发令旗;其次,他们需要按照程序正确操作车辆装备,防止损坏;再次,他们需要安全驾驶车辆,时速不得超过40 km/h,并将车辆停放在合适的位置;此外,在障碍物附件内严禁站人;最后,拖挂车行驶过程中需要在车尾设置警示标志。

5. 成绩评定

计时从"开始"口令发出至喊"好"为止,操作时限为 20 min。如果操作完全正确、程序熟悉、符合要求且在规定时限内完成则为合格;如果不按程序操作、不符合操作要求或超出操作时限则为不合格。

十、手动叉车保障操作训练方法

1. 训练目的

本项训练的主要目的是使战勤保障队员熟练掌握手动叉车的使用方法,提高其综合保障能力。通过训练,队员将能够正确操作手动叉车,完成物资的快速、准确搬运,为战场上的物资保障提供有力支持。

2. 场地器材

本项训练的场地为长 50 m 的平整场地,在场地上分别标出起点线和终点线,如图 2-3-10 所示。在起点线前放置 1 台手动叉车,供队员进行操作练习。此外,每隔 10 m 放置 1 个警戒桶和 1 个泡沫桶。警戒桶用于标识搬运路线,泡沫桶用于模拟搬运物资。这些器材的准备旨在模拟实战环境,使训练更加贴近实际作战需求。

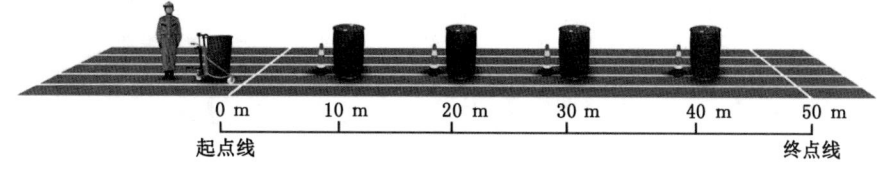

图 2-3-10 手动叉车保障场地设置示意图

3. 操作程序

(1) 在起点线前,1 名战勤保障队员身着全套抢险救援防护装备,等待命令的下达。

(2) 当听到"准备器材"的口令后,战勤保障队员迅速走向手动叉车,对其进行仔细的检查,确认一切正常后,做好操作准备。

(3) 当听到"开始"的口令后,战勤保障队员迅速走向手动叉车,稳稳地将其启动。他使用手动叉车将泡沫桶稳稳地起运,通过规定的路线向终点线驶去。在运输过程中,他应保持匀速平稳的速度,确保货物不会掉落。到达终点线后,他应稳稳地将泡沫桶卸载,退出手动叉车,然后迅速跑出终点线,举手示意并喊"好"。

(4) 当听到"收操"的口令后,战勤保障队员迅速将车辆器材复位。

4. 操作要求

首先,战勤保障队员需要着全套抢险救援防护装备;其次,在操作过程中需要确保手动叉车任何部位不得压线或撞杆;最后,需要保持货物装卸、运输过程的匀速平稳,确保货物不会掉落。这些要求都是为了确保操作的安全和有效。

5. 成绩评定

计时从"开始"口令发出至喊"好"为止,操作时限为 3 min。如果操作过程中手动叉车任何部位压线或撞杆则加 30 s;如果货物装卸、运输过程中货物掉落则加 60 s;如果不按程序操作、不符合操作要求或超出操作时限则视为不合格。这些评定标准都是为了确保操作的规范和有效。

十一、机械叉车保障操作训练方法

1. 训练目的

本项训练旨在使战勤保障队员熟练掌握机械叉车保障的程序和方法,提高其协同保障能力。通过训练,队员将能够迅速、准确地完成机械叉车操作任务,为灾害现场上的物资运输和保障提供有力支持。

2. 场地器材

本项训练的场地为长 20 m 的平整场地,在场地上分别标出起点线、停车线和终点线,如图 2-3-11 所示。在起点线处停放 1 辆机械叉车,供队员进行操作练习。在停车线处放置 1 个泡沫吨桶,模拟需要运输的物资。在终点线处停放 1 辆泡沫供液车,模拟物资运输的目的地。这些器材的准备旨在模拟实战环境,使训练更加贴近实际作战需求。

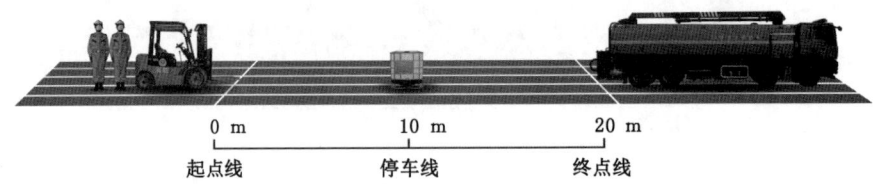

图 2-3-11 机械叉车保障场地设置示意图

3. 操作程序

(1) 在起点线前,2 名战勤保障队员(1 名班指挥和 1 名驾驶员)整齐地列队站立。他们身着全套抢险救援防护装备,准备随时投入操作。班指挥还需要加着安全背心,负责整个操作过程的安全警戒和指挥。

(2) 当听到"开始"的口令后,驾驶员迅速走向机械叉车,启动车辆。在班指挥的电台引导下,驾驶员驾驶机械叉车稳稳地驶向 10 m 处的泡沫吨桶。到达指定位置后,驾驶员稳稳地将泡沫吨桶叉起,然后运送至终点线处的泡沫供液车旁。到达目的地后,驾驶员稳稳地将泡沫吨桶放下。整个操作过程完成后,驾驶员熄火下车,举手示意并喊"好"。

班指挥在整个操作过程中始终保持着高度的警惕,对驾驶员的操作进行了仔细的观察和记录。他应注意驾驶员是否按照操作规程进行,是否认真有序地执行各项操作,以及是否按照安全操作规程进行作业等细节。这些细节都是评定操作成绩的重要因素。

4. 操作要求

首先,战勤保障队员需要着全套抢险救援防护装备,班指挥还需要加着安全背心;其次,必须严格按照操作规程进行,同时要认真有序;再次,需要按照安全操作规程进行作业;最后,操作完毕后,需要确保车辆处于安全禁止(叉齿落地)状态后驾驶员才能下车。这些要求都是为了确保操作的安全和有效。

5. 成绩评定

计时从"开始"口令发出至喊"好"为止,操作时限为 5 min。如果操作完全正确、程序熟悉则为合格;如果不按程序操作、不符合操作要求或超出操作时限则为不合格。这些评定标准都是为了确保操作的规范和有效。

第四节 卫勤保障训练

一、心肺复苏＋自动体外除颤器的使用操作训练方法

1. 训练目的

训练目的是确保战勤保障队员能够熟练掌握心肺复苏的操作要点和规程,以便在紧急情况下提供及时的急救处置。

在训练过程中,队员需要按照心肺复苏的操作规程进行操作,包括评估患者状况、进行胸外按压、人工呼吸等步骤。通过不断练习,队员将能够熟练掌握心肺复苏的操作要点,提高急救处置能力。在实际急救情况下,这些技能能够帮助队员迅速有效地实施急救措施,为患者争取宝贵的生命时间。

2. 场地器材

训练器材包括垫子 1 张、心肺复苏假人 1 具、自动体外除颤器(AED)1 个、医疗箱 1 个。这些器材能够提供实际场景下的操作体验,让队员更好地掌握心肺复苏的操作要点和技巧。垫子能够提供稳定的支撑和保护,心肺复苏假人能够让队员进行实际操作,AED 和医疗箱则是必要的急救设备和工具。这些器材能够为训练提供完整的场景和实际操作体验,让队员更好地掌握心肺复苏的操作技能。

3. 人员设置

本项训练需要 1 名操作人员。操作人员需要内着全套作训服,外着白大褂,并佩戴

医用手套。作训服能够提供必要的保护和舒适度,而白大褂和医用手套则能够确保操作人员的手部卫生和安全。

4. 操作程序

操作人员在训练场地上立正站好,听到"开始"的口令后,按照以下步骤开始执行。

(1) 确认现场环境安全。

在评估患者前,请确认现场是安全的。检查附近是否有任何可能伤及自己的东西。如果自己受伤了,也无法帮助别人。

(2) 轻拍并呼唤患者。

拍打、轻摇病人双肩并大声呼喊病人,触摸大动脉,10 s 内完成。同时观察呼吸状态,确认意识、呼吸丧失,报告结果。紧急呼救,报告抢救开始时间。

(3) 实施高质量心肺复苏。

将患者安置于硬板床,仰卧位,去枕,头、颈、躯干在同一轴线上,双手放于两侧,身体无扭曲(口述),卫生员立于病人右侧。解开衣领,腰带,暴露病人胸腹部。

手掌与手背重叠,手掌根部按在胸骨中、下 1/3 交界处。两肘关节绷直,借助双臂和躯体重量向脊柱方向垂直下压,使之下陷至少 5 cm(口述)后迅速放松,按压频率为每分钟 100~120 次(口述)。手掌根部不能离开胸壁,以免移位。

(4) 开放气道。

判断颈部有无损伤,检查并清除口、鼻腔异物。判断有无义齿,有则取出(口述)。开放气道,采用抬头仰颌(颏)法(一只手放在前额,另一只手的手指放在下颏的骨性部位,使头部后仰并抬起下颏)。

(5) 人工呼吸。

在实施 30 次按压后,操作人员需要给予患者 2 次人工呼吸。用手捏住病人鼻孔,深吸一口气,屏气,双唇包住病人口部(不留空隙),用力吹气 1 s,观察胸部上抬起,吹气毕。

(6) AED 的使用。

打开 AED 的电源,并给患者在右胸上部和左胸乳头外侧分别贴上电极片。将电极板插头插入 AED 主机插孔。遣离现场人员以进行心律分析,并安全实施电击。按下按钮以放电,立即继续进行胸外按压。

(7) 判断复苏效果。

操作 5 个复苏循环后,报告复苏效果(口述),如颈动脉搏动恢复,自主呼吸恢复,瞳孔缩小并对光反射存在,面部、口唇、甲床和皮肤色泽转红等。

正确完成 5 个复苏循环,人工呼吸与心脏按压指标有效,复苏成功(口述),送入 ICU 进一步救治。

5. 操作要求

(1) 操作人员内着全套作训服,外着白大褂,并佩戴医用手套。

(2) 胸外按压必须与人工呼吸同步进行。

(3) 按压部位和动作准确，以免影响效果或造成其他伤害。

(4) 随时观察效果，按压无效应注意是否有气胸、心包填塞、胸廓畸形、脊柱侧后凸及血容量过低等。

(5) 严重张力性气胸、广泛肋骨骨折、血气胸、心包填塞、胸廓畸形或脊柱严重畸形、晚期妊娠、有大量腹水者禁忌行胸外心脏按压。

(6) 婴幼儿可用食指和中指的指端压迫胸骨，使其下陷 1～2 cm 即可。

(7) 对小儿呼气量不可过大，胸腹轻微升起即可，以免肺泡破裂。

(8) 胸外心脏按压的频率为成人 60～80 次/min、婴幼儿 100～120 次/min，直至心跳恢复。

(9) AED 分析心律时，必须停止心脏按压和人工呼吸，停止接触或移动患者，以免影响分析结果。

(10) 正确使用电极片，确保患者胸部皮肤清洁干燥，电极片与皮肤要紧密贴合。

6. 成绩评定

在进行成绩评定时，以 100 分为基准分。训练考核操作是否规范、准确，操作成绩在基准分的基础上进行扣减，得分低于 92 分为不合格。具体的扣分项目如下：

(1) 未按要求着装的扣 2 分。

(2) 未判断意识或操作不规范的扣 2 分。

(3) 观察呼吸未报告结果的扣 2 分。

(4) 病人安置不规范的扣 2 分。

(5) 心脏按压不正确、不规范的扣 2 分。

(6) 开放气道前未检查或操作不规范的扣 2 分。

(7) 人工呼吸不正确、不规范的扣 2 分。

(8) 未判断复苏效果的扣 2 分。

(9) AED 电极片位置未贴正确的扣 2 分。

(10) AED 分析心律、除颤时未遣离现场人员的扣 2 分。

二、止血包扎操作训练方法

1. 训练目的

训练目的是确保战勤保障队员能够在紧急情况下迅速、准确、有效地实施止血。止血是现场救护中的首要步骤，因为它能够直接影响受伤者的生命安全。在训练中，将模拟各种可能的伤情和环境，让操作人员熟悉并掌握各种止血方法，包括使用绷带、橡皮止血带、三角巾等器材进行止血。同时，他们还将学习如何在紧急情况下对受伤者进行有效的包扎，以防止伤情恶化。

2. 场地器材

训练场地应设置在止血包扎操作区,这里需要放置 1 套桌椅,以便操作人员进行模拟操作。此外,还需要 1 个医疗箱,里面应包含无菌辅料、绷带、橡皮止血带、三角巾、标记牌、记号笔、棉垫、夹板等止血和包扎所需的器材。这些器材将帮助操作人员在训练中更好地掌握各种止血和包扎技巧。

3. 人员设置

本项训练需要 1 名操作人员。同时,还需要 1 名配合人员,他将扮演受伤者,协助操作人员进行训练。操作人员需要内着全套作训服,外着白大褂,并佩戴医用手套,以确保操作过程中的卫生和安全。此外,为了确保训练的真实性,操作人员还需要配备相应的头盔、护目镜等防护装备。

4. 操作程序

操作人员在起始位置站好,听到"预备"的口令后,做好处理准备,听到"开始"的口令后,按照以下步骤开始执行。

(1) 评估现场环境安全。

环顾四周,评估环境安全并报告。缓解病患情绪,与其沟通,取得配合。

(2) 处理步骤。

① 在上止血带前,先将病肢抬高 2~3 min 增加回心血量。

② 止血带位置:右上肢在上臂 1/3 处。绕扎止血带,在止血带处置棉垫,将止血带适当拉紧拉长,缠绕肢体 2~3 周,松紧程度以控制出血。远端浅表动脉触摸不到为宜,止血带末端紧压在另一端下。

③ 在标记牌上记录使用止血带的开始时间、部位。

④ 充分暴露右前臂,伤口创面用无菌纱布或棉垫覆盖并固定。

⑤ 夹板长度超过肘关节和腕关节,置于前臂四侧。

⑥ 固定前用毛巾等软物铺垫在夹板与肢体间。

⑦ 用绷带固定夹板,上端固定至肘部,下端固定至手掌。

⑧ 用绷带或三角巾悬吊于胸前。

⑨ 先捆扎骨折下部,松紧度以绷带上下可移动 1 cm 为宜。

5. 操作要求

(1) 严格按照步骤执行。

(2) 防护装备自带(符合标准要求),配合人员及医疗箱由训练组织者统一安排。

(3) 动作要迅速准确,不能加重病患的疼痛、出血和污染伤口。

(4) 包扎不宜太紧,以免影响血液循环;包扎太松会使敷料脱落或移动。

6. 成绩评定

在进行成绩评定时,以 100 分为基准分。训练考核操作是否规范、准确,操作成绩在基准分的基础上进行扣减,得分低于 92 分为不合格。具体的扣分项目如下:

(1) 未按要求着装的扣 2 分。
(2) 未评估环境安全并报告的扣 2 分。
(3) 未检测患者主要生命体征、检查伤情和出血情况的扣 2 分。
(4) 上止血带前未将病肢抬高的扣 2 分。
(5) 止血带位置绕扎不正确、操作不规范的扣 2 分。
(6) 未在标记牌上记录使用止血带的开始时间、部位的扣 2 分。
(7) 伤口创面未使用无菌纱布或棉垫覆盖并固定的扣 2 分。
(8) 夹板使用不正确的扣 2 分。
(9) 固定前未使用毛巾等软物铺垫在夹板与肢体间的扣 2 分。
(10) 绷带或三角巾使用不正确、捆扎不规范的扣 2 分。

三、锁骨骨折固定操作训练方法

1. 训练目的

训练目的是确保战勤保障队员在救援过程中能够尽可能地减轻受伤者的痛苦。为此,需要通过严格的训练,使战勤保障队员熟练掌握各种搬运与运送技巧,以避免在救援过程中因操作不当而增加受伤者的痛苦。训练的重点包括提高战勤保障队员的应急反应能力、增强其对受伤者病情的判断力以及提升其在复杂环境中的应对能力。

2. 场地器材

训练器材包括 1 张椅子和 2 条三角巾。椅子给受伤者提供舒适的急救环境,模拟受伤者的配合人员坐在椅子上,便于操作人员进行实际操作;三角巾是一种常用的急救器材,可用于固定伤口、止血等。通过这些器材的配合使用,战勤保障队员可以更好地掌握各种搬运与运送技巧,提高救援效率。

3. 人员设置

在训练过程中,需要 1 名操作人员和 1 名配合人员。操作人员负责实际操作,配合人员则扮演受伤者。为了确保训练的安全性和专业性,所有参训人员均需内着全套作训服,外着白大褂,并佩戴医用手套。作训服能够提供良好的保护,避免训练过程中可能发生的意外伤害;白大褂和医用手套可以确保操作人员在处理伤口时能够做到无菌操作,防止交叉感染。

4. 操作程序

操作人员在起始线就位,听到"准备"的口令后,做好执行准备,听到"开始"的口令后,操作人员按照以下步骤开始执行。

(1) 评估现场环境安全性,询问患者:"我是急救人员,请问您现在哪里不舒服……"(口述患受伤者意识清晰,主诉上胸部疼痛,怀疑锁骨骨折)

(2) 检查伤情并报告结果。

(3)口头安抚患者,将患者置于适当体位。

(4)处理步骤。

① 在两侧腋下各放置1块棉垫。

② 将三角巾折叠成4横指宽的带子,以横"8"字形绕过两肩。

③ 将两肩尽量向后伸展,胸部向前挺,在背部交叉处固定。

④ 两肘关节弯曲,两腕在胸前交叉,再用1条三角巾,从上臂肱骨下端处绕过胸部,两端相遇时打结。

5. 操作要求

(1)严格按照步骤执行。

(2)防护装备自带(符合标准要求),配合人员及三角巾由训练组织者统一安排。

(3)动作要迅速准确,不能加重患者的疼痛。

(4)包扎要轻柔、不宜过紧,以免影响血液循环。

6. 成绩评定

在进行成绩评定时,以100分为基准分。训练考核操作是否规范、准确,操作成绩在基准分的基础上进行扣减,得分低于92分为不合格。具体的扣分项目如下:

(1)未按要求着装的扣2分。

(2)未观察环境、表明身份的扣2分。

(3)未检查伤情并报告结果的扣2分。

(4)未安抚患者的扣2分。

(5)未在两侧腋下放棉垫的扣2分。

(6)未将三角巾折成4横指宽的带子的扣2分。

(7)未以横"8"字形绕过两肩的扣2分。

(8)未在背部交叉处固定的扣2分。

(9)未将两肘关节弯曲、两腕在胸前交叉的扣2分。

(10)动作不轻柔、包扎不整齐美观的扣2分。

四、股骨(大腿)骨折固定操作训练方法

1. 训练目的

训练目的是确保战勤保障队员在救援过程中能够尽可能地减轻受伤者的痛苦。为此,需要通过严格的训练,使战勤保障队员熟练掌握各种搬运与运送技巧,以避免在救援过程中因操作不当而增加受伤者的痛苦。训练的重点包括提高战勤保障队员的应急反应能力、增强其对受伤者病情的判断力以及提升其在复杂环境中的应对能力。

2. 场地器材

训练器材包括2块夹板和7条三角巾。夹板用于固定骨折部位,以便于运送;三角

巾是一种常用的急救器材,可用于固定伤口、止血等。通过这些器材的配合使用,战勤保障队员可以更好地掌握各种搬运与运送技巧,提高救援效率。

3. 人员设置

在训练过程中,需要 1 名操作人员和 1 名配合人员。操作人员负责实际操作,配合人员则扮演受伤者。为了确保训练的安全性和专业性,所有参训人员均需内着全套作训服,外着白大褂,并佩戴医用手套。作训服能够提供良好的保护,避免训练过程中可能发生的意外伤害;白大褂和医用手套可以确保操作人员在处理伤口时能够做到无菌操作,防止交叉感染。

4. 操作程序

操作人员在起始位置站立,听到"准备"的口令后,做好操作准备,听到"开始"的口令后,操作人员按照以下步骤开始执行。

(1) 评估现场环境安全,向患者询问:"我是医疗人员,请问您现在哪里不舒服……"(口述受伤者意识清晰,主诉左大腿部疼痛,怀疑左侧股骨骨折)

(2) 检查病情并报告结果。

(3) 口头安抚患者,将患者置于仰卧位,受伤腿伸直。

(4) 处理步骤。

① 用两块夹板置于大腿内、外侧。外侧由肩部到脚跟,内侧由腹股沟到脚跟,将健康腿靠近受伤腿,使两下肢并列,两脚对齐。

② 关节及空隙部位加垫,用 5～7 条三角巾或布带将骨折上下两端先固定。

③ 分别在肩部、腰部及膝、踝关节等处扎牢固定。

④ 固定时,使脚掌与小腿呈垂直,用"8"字形包扎固定。同时,脱去受伤腿的鞋袜,以便随时观察血液循环。

5. 操作要求

(1) 严格按照步骤执行。

(2) 防护装备自带(符合标准要求),配合人员及夹板、三角巾由训练组织者统一安排。

(3) 动作要迅速准确,不能加重患者的疼痛。

(4) 包扎要轻柔、不宜太紧,以免影响血液循环。

6. 成绩评定

在进行成绩评定时,以 100 分为基准分。训练考核操作是否规范、准确,操作成绩在基准分的基础上进行扣减,得分低于 92 分为不合格。具体的扣分项目如下:

(1) 未按要求着装的扣 2 分。

(2) 未观察环境、表明身份的扣 2 分。

(3) 未检查病情并报告结果的扣 2 分。

(4) 未安抚患者的扣 2 分。

（5）未正确安置患者体位的扣2分。

（6）未在大腿内、外侧放置夹板的扣2分。

（7）未使两下肢并列、两脚对齐的扣2分。

（8）未用"8"字形包扎的扣2分。

（9）未脱去受伤腿的鞋袜的扣2分。

（10）动作不轻柔、包扎不整齐美观的扣2分。

五、脊柱板搬运操作训练方法

1. 训练目的

训练的主要目的是确保战勤保障队员在救援过程中能够尽可能地减少受伤者的痛苦。为此，他们需要通过严格的训练，熟练掌握各种搬运与运送的技巧，以便在救援过程中能够有效地避免因操作不当而增加受伤者的痛苦。这项训练的重点包括提高战勤保障队员的应急反应能力、增强其对受伤者病情的判断力以及提升其在复杂环境中的应对能力。

2. 场地器材

训练器材包括1套脊柱板和1个颈托。脊柱板用于固定受伤者的脊柱，以便于运送；颈托用于保护受伤者的颈椎，防止在搬运过程中因颈椎受到不当的压力而造成进一步的伤害。通过这些器材的配合使用，战勤保障队员可以更好地掌握各种搬运与运送的技巧，提高救援效率。

3. 人员设置

在训练过程中，需要3名操作人员和2名配合人员。3名操作人员中1人担任指挥员，另2人分别担任一助和二助。2名配合人员中1人负责观察和协助，另1人负责扮演受伤者。为了确保训练的安全性和专业性，所有参训人员均需内着全套作训服，外着白大褂，并佩戴医用手套。作训服能够提供良好的保护，避免训练过程中可能发生的意外伤害；而白大褂和医用手套则可以确保操作人员在处理伤口时能够做到无菌操作，防止交叉感染。

4. 操作程序

操作人员在起点线站好，听到"准备"的口令后，做好操作准备，听到"开始"的口令后，按照以下步骤开始执行。

（1）评估现场环境安全，询问受伤者："我是急救人员，请问您现在哪里不舒服……"（口述受伤者是高处坠落，神志清楚，主诉颈部疼痛，下肢感觉障碍，怀疑脊柱损伤）

（2）调整头部位置。

指挥员按脊柱损伤处理，二助准备颈托及脊柱板（告知受伤者配合），指挥员右手食指、无名指分别在受伤者左右两侧胸锁关节处，并用中指判断气管有无偏移等。（口述无颈静脉怒张、气管偏移）

(3) 上头锁。

一助上头锁固定受伤者头颈部,指挥员检查受伤者头颈部。(口述无浣熊征、耳后淤血斑、耳鼻漏)

(4) 上颈托。

二助检查测量受伤者颈部的长度,调整所需尺寸,正确上颈托。

(5) 全身检查。

指挥员检查受伤者全身判断伤情。(口述未发现其他伤情)

(6) 上脊柱板。

① 指挥员上头胸锁固定受伤者,一助将头锁更换为头肩锁,指挥员解除头胸锁,配合人员准备脊柱板及约束带。

② 指挥员指挥整体侧翻受伤者,指挥员和二助左右手交叉抱受伤者的肩、髋和膝部,将受伤者轴位整体侧翻于侧卧位,保持脊柱在同一轴线。指挥员检查受伤者背部及脊柱。

③ 指挥员将脊柱板摆放在受伤者背部合适的位置,并和二助一起将受伤者轴位放置回仰卧位。

④ 指挥员用头胸锁固定头颈部,一助将头肩锁更换为双肩锁,并将伤者在仰卧位平移,推至脊椎板合适位置。

(7) 上头部固定器。

指挥员上头胸锁,一助将双肩锁更换为头锁,指挥员解除头胸锁,指挥员与二助配合,上头部固定器。

(8) 约束带固定。

按胸部、髋关节、膝关节、踝关节的顺序以约束带固定受伤者。

(9) 再次检查受伤者。

口述脊柱损伤,未发现其他病情。

(10) 搬运受伤者。

指挥员平稳抬起受伤者,足先行,指挥员在受伤者头侧,同时观察其头颈部情况。指挥员口述语言简洁,整体配合。

5. 操作要求

(1) 三人用手分别托住受伤者的头、肩、臀和下肢,动作一致地将受伤者托起,平放在脊柱板上。

(2) 翻身时一定要头、颈、躯干、下肢上下一致同轴翻转,绝不可"扭麻花"式地翻身。那样会损伤受伤部位的脊髓,导致或加重损伤。

(3) 给受伤者翻身时要 3 人上下同时用力,让其脊柱保持在轴线位置,同速翻转体位。

6. 成绩评定

在进行成绩评定时,以 100 分为基准分。训练考核操作是否规范、准确,操作成绩在基准分的基础上进行扣减,得分低于 92 分为不合格。具体的扣分项目如下:

(1) 未按要求着装的扣 2 分。
(2) 未评估环境安全、询问伤员病情并报告的扣 2 分。
(3) 未调整头部位置的扣 2 分。
(4) 未头颈检查并报告的扣 2 分。
(5) 全身检查不规范的扣 2 分。
(6) 上脊柱板时三人未一致进行操作的扣 2 分。
(7) 颈托固定不规范的扣 2 分。
(8) 将受伤者整体侧翻时,未将受伤者脊柱保持在同一轴线上的扣 2 分。
(9) 约束带固定不规范的扣 2 分。
(10) 未 2 次检查患者身体情况的扣 2 分。

六、卫勤保障车展开操作训练方法

1. 训练目的

训练目的是确保战勤保障队员能够熟练掌握卫勤保障车展开的操作要点和规程,以便在实际救援任务中能够快速、准确地将受伤者顺利转移。为此,需要对操作人员进行专门的训练,让他们掌握相关的技能和知识,并能够在实际操作中灵活运用。

2. 场地器材

在长 50 m 的场地上标出起点线、停车线和终点线,如图 2-4-1 所示,以便进行相关的训练操作。起点线处停放 1 辆卫勤保障车,车头与起点线相齐,以便操作人员能够快速将车辆移动到受伤者所在的位置。停车线处需要有 1 名受伤者,以便操作人员能够对其进行转移操作。同时,在训练过程中,还需要设置相应的障碍物,以模拟实际救援环境中可能遇到的各种情况。

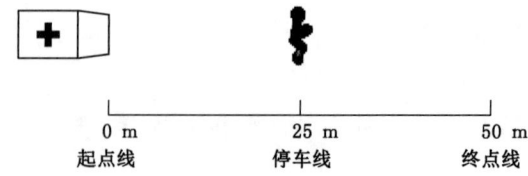

图 2-4-1　卫勤保障车展开场地设置示意图

3. 人员设置

本项训练需要 4 名操作人员和 1 名配合人员,其中 4 名操作人员分别担任驾驶员、安全员、1 号员、2 号员。4 名操作人员均需要内着全套作训服,外着白大褂,并佩戴医用手套和口罩,以确保操作过程中的卫生和安全。

4. 操作程序

(1) 4名操作人员搭乘卫勤保障车就位。

(2) 听到"开始"的口令后,操作人员根据各自职责展开行动。

(3) 驾驶员驾驶卫勤保障车,并开启警示灯和警示器,将其驶到指定停车区域。

(4) 安全员下车检查现场环境并设置警戒区。

(5) 1、2号员利用车载担架将受伤者转移到卫勤保障车上。

(6) 救助完成后,全体队员上车,驾驶员将车驶出终点线,下车举手示意喊"好"。

(7) 听到"收操"的口令后,将车辆设备复位。

5. 操作要求

(1) 4名操作人员需内着全套作训服,外着白大褂,并佩戴医用手套和口罩。

(2) 驾驶车辆前必须开启警示灯和警示器。

(3) 安全驾驶车辆,时速不得超过 40 km/h,并停靠在适宜位置。

(4) 安全员需设置警戒桶和警戒带,保证安全警戒距离。

(5) 救助受伤者时,1、2号员到场先询问受伤者状况,安抚受伤者。

(6) 利用担架进行救助时需确保稳定可靠。

(7) 所有操作需在 3 min 内完成。

6. 成绩评定

在进行成绩评定时,以 100 分为基准分。训练考核操作是否规范、准确,操作成绩在基准分的基础上进行扣减,得分低于 92 分为不合格。具体的扣分项目如下:

(1) 未按要求着装的扣 2 分。

(2) 安全员未评估环境安全的扣 2 分。

(3) 操作人员未询问受伤者病情并报告的扣 2 分。

(4) 卫勤保障车时速超过 40 km/h 的扣 2 分。

(5) 卫勤保障车未停靠在规定区域的扣 2 分。

(6) 执行时间超过 3 min 的扣 2 分。

(7) 未开启警示灯和警示器的扣 2 分。

(8) 未按要求设置警戒的扣 2 分。

(9) 抬担架时动作不轻柔、未按要求固定受伤者的扣 2 分。

(10) 车门未完全关闭时驾驶车辆的扣 2 分。

第三章

营地保障技能训练

第一节 饮食保障训练

一、饮食保障车的应用展开操作训练方法

1. 训练目的

饮食保障车是保障消防员在执行任务过程中能够得到及时、充足的营养补给的重要工具。因此,训练战勤保障队员熟练掌握饮食保障车的操作方法,是确保消防员在执行任务时能够得到有效保障的关键。此次训练的目的是通过模拟实际操作,让战勤保障队员掌握饮食保障车的操作流程,提高其操作熟练度,保证在实际应急救援任务中能够快速、高效地完成饮食保障任务。

2. 场地器材

为了保证训练的质量和效果,在长 20 m、宽 15 m 的平地上停放 1 辆饮食保障车,如图 3-1-1 所示。场地要求平坦、宽敞,能够满足饮食保障车的操作要求。此外,还需准备一些必备的器材和工具,如炊具、餐具、燃料等,以保证训练的顺利进行。

3. 人员设置

本项训练需要 1 名驾驶员、1 名炊事员和 2 名器材操作员。驾驶员负责驾驶饮食保障车,熟悉车辆的操作性能和行驶路线;炊事员负责准备和烹饪食物,保证消防员的营养需求得到满足;器材操作员负责操作炊具、餐具等器材,协助炊事员完成饮食保障任务。在训练过程中,队员需要密切配合,协同完成各项操作,确保训练的效果和质量。

4. 操作程序

(1)4 名队员在起点线一侧 3 m 处站成一列横队,等待口令。听到"开始"的口令后,2 名器材操作员迅速行动,将饮食保障车车厢内的帐篷支架和帐篷布拿出,放在

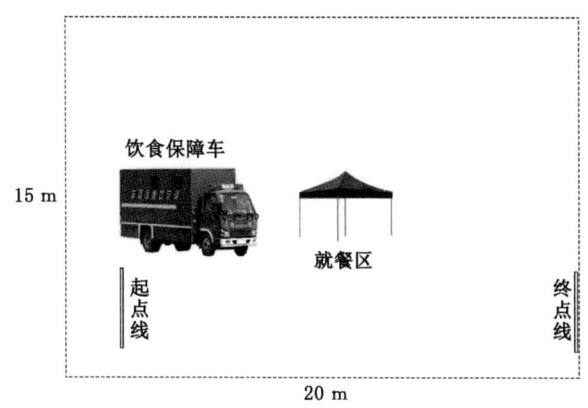

图 3-1-1　饮食保障车的应用展开场地设置示意图

左侧。

(2) 器材操作员开始着手搭建帐篷,将帐篷杆支起。在这个过程中,驾驶员和炊事员需要协助器材操作员将帐篷杆支起,并将帐篷布连接好,确保帐篷稳固、整齐。

(3) 驾驶员启动发电机,为接下来的饮食保障工作提供电力。同时,器材操作员打开照明灯,为帐篷内提供充足的光线。

(4) 在确保帐篷内的基本设施完善后,炊事员开始准备饮食。将折叠座椅放置在帐篷内,以便消防员在用餐时能够舒适地坐下。然后,炊事员启动燃油气灶,开始煮饭。饭煮好后,炊事员喊"好",表示饮食准备完毕。

5. 操作要求

(1) 炊事员需着厨师服,佩戴厨师帽、口罩、袖套、围裙,以保证个人卫生和食品安全。其余人员需着抢险救援服、抢险救援头盔、抢险救援靴,确保在操作过程中的安全。

(2) 各个连接螺栓要连接牢固,确保饮食保障车的稳定性和安全性。在操作过程中,要严格按照操作程序进行操作,避免因操作不当导致危险发生。

(3) 队员们要做好协同配合,提高操作效率。例如,在帐篷搭建过程中,驾驶员和炊事员需要协助器材操作员完成任务。

(4) 完成后,要进行清洁整理工作。清洗餐具、厨具,打扫车内卫生,妥善处置废水,收集残余垃圾。这些工作不仅能确保饮食保障车的正常使用,还有利于保持环境卫生。

6. 成绩评定

(1) 计时从"开始"口令发出至喊"好"为止,以评估操作团队的效率。

(2) 操作时限为 60 min,超过时限则视为不合格。

(3) 操作完全正确、程序熟悉的为合格;不按程序操作、不符合操作要求或超出操作时限的为不合格。通过成绩评定,可以检验战勤保障队员对操作程序的掌握程度,以及实际操作中的应变能力。

二、饮食保障操作训练方法

1. 训练目的

饮食是维持生命活动、保持战斗力的重要保障,因此,提高战勤保障队员的炊事技能,增强其饮食保障能力是战勤保障训练的重要内容。通过训练,使炊事员能够熟练掌握各种炊具的使用方法,熟练烹饪各种菜品,并能够根据实际情况调整烹饪方法和食材,以满足不同的饮食需求。同时,训练还能提高炊事员的团队协作能力和应对突发情况的应变能力,确保在任何情况下都能提供及时、充足的饮食保障。

2. 场地器材

为了使训练更加贴近实际,在长 15 m 的场地上分别标出起点线、材料区和终点线,如图 3-1-2 所示。材料区内按照 30 人饮食保障标准放置"四菜一汤"所需食材、配料、调料等,包括蔬菜、肉类、粮油等各类食材,以及盐、糖、酱油、味精等各种调料。在起点线附近停放 1 辆饮食保障车,车上配备有炊具、餐具、燃料等必备的器材和工具,以保证训练的顺利进行。

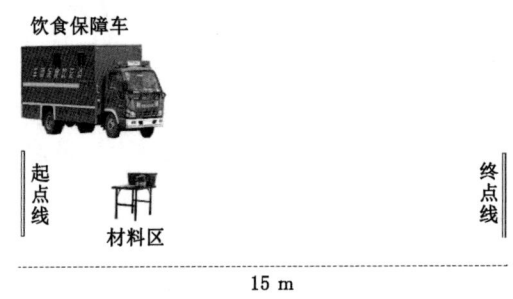

图 3-1-2　饮食保障场地设置示意图

3. 人员设置

本项训练需要 3 名炊事员。他们将分别负责烹饪"四菜一汤",以及处理食材、清理炊具等工作。炊事员需要具备一定的烹饪技能和经验,能够熟练使用炊具,懂得食材的搭配和烹饪技巧。同时,他们还需要有良好的团队协作精神,能够有效地与队友配合,共同完成训练任务。

4. 操作程序

(1) 3 名队员在起点线一侧站成一列横队,等待口令。听到"开始"的口令后,队员们迅速行动,操作饮食保障车。他们需要按照 30 人饮食保障标准,利用提供的食材等在饮食保障车内的操作区中进行烹饪。

(2) 在烹饪过程中,队员们要熟练地操作炊具,按照菜谱进行烹饪。他们需要密切合作,确保各个菜品能够同时完成。例如,切配菜人员要迅速将食材切配好,交给烹饪人员进行烹饪。烹饪人员需要掌握好火候,确保菜品的口感和味道。

(3)烹饪完毕后,将饭菜分类盛装。全部队员冲出终点线后,举手喊"好",表示操作完成。

5. 操作要求

(1)烹饪及切配菜人员需着厨师服,佩戴厨师帽、口罩、袖套、围裙,以保证个人卫生和食品安全。其余人员需着抢险救援服、抢险救援头盔、抢险救援靴,确保在操作过程中的安全。

(2)队员们需要在饮食保障车内的操作区中利用提供的食材等进行操作,确保实际操作与实际需求相符合。

(3)操作过程中要做好卫生防疫工作,如佩戴口罩、保持手部清洁等。同时,要确保饮食保障车的清洁卫生,避免食品污染。

(4)操作完成后,队员们需要清洗餐具、厨具,打扫车内卫生,妥善处置废水,收集残余垃圾。这些工作不仅能确保饮食保障车的正常使用,还有利于保持环境卫生。

(5)备选食谱包括主食类、菜品类和汤类。主食类如大米、面条、馒头等;菜品类如青椒肉丝、回锅肉、木耳肉片、胡萝卜烧牛肉、土豆烧排骨、卤牛肉、凉拌黄瓜、清炒时蔬、土豆丝、糖醋莲白、番茄炒蛋等;汤类如番茄鸡蛋汤、紫菜蛋花汤、绿豆南瓜汤等。队员们可以根据实际情况选择合适的菜品进行烹饪。

6. 成绩评定

(1)计时从"开始"口令发出至喊"好"为止,以评估操作团队的效率。

(2)操作时限为 60 min,超过时限则视为不合格。

(3)操作完全正确、程序熟悉的为合格;不按程序操作、不符合操作要求或超出操作时限的为不合格。通过成绩评定,可以检验战勤保障队员对操作程序的掌握程度,以及实际操作中的应变能力。

三、冷藏车的应用展开操作训练方法

1. 训练目的

冷藏车是保障一线指战员饮食的重要装备,具有低温储存和转运功能,对于确保食品的新鲜和营养具有重要作用。通过训练,希望战勤保障队员能够全面掌握冷藏车的操作程序和方法,包括启动、行驶、停止、冷藏、解冻等各个环节,从而提高他们在实际工作中的操作能力。

2. 场地器材

为了使训练更加贴近实际,在长 20 m 的场地上分别标出起点线和终点线,如图 3-1-3 所示。起点线和终点线之间停放 1 辆冷藏车,车辆应保持良好的运行状态,以保证训练的顺利进行。在训练过程中,战勤保障队员需要按照规定的操作程序和方法,对冷藏车进行实际操作。

图 3-1-3　冷藏车的应用展开场地设置示意图

3. 人员设置

本项训练设置了 3 名战勤保障队员,其中 2 名操作人员负责冷藏车的实际操作,1 名安全员负责监督整个训练过程,确保训练的安全进行。操作人员需要熟悉冷藏车的操作程序和方法,而安全员则需要对整个训练过程进行监控,确保训练的顺利进行。通过这样的设置,希望战勤保障队员能够更好地掌握冷藏车的操作技能,提高他们的实际操作能力。

4. 操作程序

(1) 2 名操作人员(1 号员和 2 号员)和 1 名安全员在起点线一侧站成一列横队。他们需要全神贯注,等待口令。听到"开始"的口令后,3 名队员迅速行动。

(2) 1 号员负责启动制冷机,调节车厢所需的温度,并打开冷藏间排风扇。他需要确保制冷机正常工作,以便为食品提供恒定的低温环境。同时,他还要检查车厢内是否有积水,防止结冰影响食品的质量。

(3) 2 号员负责打开车厢侧门,安装登车梯。他需要确保车厢侧门的安全性,以及登车梯的稳定性,以便于食品的装卸和转运。

(4) 安全员绕冷藏车一圈查看,并负责周边警戒。他需要确保训练场地的安全,避免无关人员进入,保证训练的顺利进行。

(5) 全部操作完毕后,全部队员冲出终点线,举手示意,并喊"好"。

(6) 听到"收操"的口令后,队员们开始将车辆器材复位。他们需要确保冷藏车恢复到初始状态,以便于下次训练或实际任务的使用。

5. 操作要求

(1) 操作人员需着抢险救援服、抢险救援头盔、抢险救援靴,以确保安全。

(2) 制冷设备要保持正常工作,以确保食品在新鲜和营养的状态下进行低温储存和转运。

(3) 车厢内要保持干燥,无积水,防止结冰影响食品质量。

(4) 定期检查出风口,手动除霜,确保制冷效果。

6. 成绩评定

(1) 计时从"开始"口令发出至喊"好"为止,以评估操作团队的效率。

(2) 操作时限为 10 min,超过时限则视为不合格。

(3)操作完全正确、程序熟悉的为合格;不按程序操作、不符合操作要求或超出操作时限的为不合格。通过成绩评定,可以检验战勤保障队员对操作程序的掌握程度,以及实际操作中的应变能力。

四、净水车的应用展开操作训练方法

1. 训练目的

净水车是保障一线指战员生活用水和直饮水的重要装备,对于维护消防救援队伍战斗力具有重要作用。通过训练,希望战勤保障队员能够全面掌握净水车的操作程序和方法,包括启动、运行、停止、净水、储水等各个环节,从而提高他们在实际工作中的保障能力。

2. 场地器材

为了使训练尽可能贴近实际,在长 20 m 的场地上分别标出起点线、器材区和终点线,起点线和终点线之间停放 1 辆净水车,如图 3-1-4 所示。这辆净水车应保持良好的运行状态,以保证训练的顺利进行。在训练过程中,战勤保障队员需要按照规定的操作程序和方法,对净水车进行实际操作。

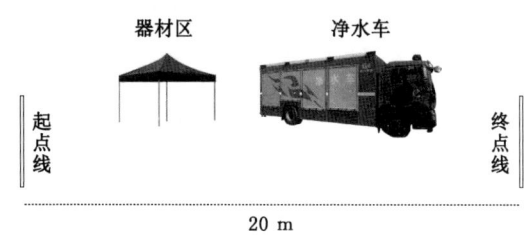

图 3-1-4 净水车的应用展开场地设置示意图

3. 人员设置

本项训练设置了 3 名战勤保障队员,其中 2 名操作人员负责净水车的实际操作,1 名安全员负责监督整个训练过程,确保训练的安全进行。操作人员需要熟悉净水车的操作程序和方法,而安全员则需要对整个训练过程进行监控,确保训练的顺利进行。通过这样的设置,希望战勤保障队员能够更好地掌握净水车的操作技能,提高他们的实际操作能力。

4. 操作程序

(1)2 名操作人员(1 号员和 2 号员)和 1 名安全员在起点线一侧站成一列横队,全神贯注,等待口令。听到"开始"的口令后,3 名队员迅速行动。

(2)1 号员负责展开两侧展板,连接供水管路和排水管路。他需要确保管路连接稳固,无渗漏现象,以便于净水车正常进行水处理作业。

(3)2 号员负责启动发电机或接入市电电源,检查管路阀门开关,启动控制面板开始净水。他需要熟悉发电机和市电电源的切换操作,掌握管路阀门的开关顺序,以保证

净水车顺利进行净水作业。

（4）安全员绕净水车一圈查看，并负责周边警戒，确保训练场地的安全，避免无关人员进入，保证训练的顺利进行。

（5）全部操作完毕后，全部队员冲出终点线，举手喊"好"。

（6）听到"收操"的口令，队员们开始将车辆器材复位，整理设备，确保净水车恢复到初始状态，以便于下次训练或实际任务的使用。

5. 操作要求

（1）操作前必须检查原水箱是否为满水位状态，确保有足够的水源进行处理。

（2）生活用水液位大于二分之一即可净化直饮水。队员需要密切关注水箱液位变化，确保直饮水的供应。

（3）净化废水排放设置合理，避免对环境造成污染。队员需要掌握废水排放的相关规定，确保排放设置的合理性。

（4）管路阀门必须按照操作程序开关，确保水处理过程的正常进行。队员需要熟悉管路阀门的操作顺序，确保各阀门在正确的时机开关。

6. 成绩评定

（1）计时从"开始"口令发出至喊"好"为止，以评估操作团队的效率。

（2）操作时限为 60 min，超过时限则视为不合格。

（3）操作完全正确、程序熟悉的为合格；不按程序操作、不符合操作要求或超出操作时限的为不合格。通过成绩评定，可以检验战勤保障队员对操作程序的掌握程度，以及实际操作中的应变能力。

五、综合饮食保障操作训练方法

1. 训练目的

本项训练的主要目的是检验战勤保障队员在极端环境下，如断水、断电、断气、断粮的情况下，为一线指战员快速提供饮食保障服务的能力。通过这样的训练，可以提升战勤保障队员在应对突发状况时的应变能力和饮食保障以及物资快速投送的水平。

2. 场地器材

为了模拟真实的战场环境，在场地内停放了 1 辆饮食保障车，用于制作和提供食物，同时在距饮食保障车 10 m 处停放了 1 辆冷藏车，用于储存食物。场地上标有起点线、发电机放置区、材料区、污水废水收集区、垃圾处理区、就餐区和终点线，以模拟真实的战场生活环境，如图 3-1-5 所示。在材料区，按照 50 人饮食标准放置了"四菜一汤"所需的食材、配料、调料等，以保证训练的顺利进行。

3. 人员设置

本项训练共设置了 8 名战勤保障队员。他们将分别扮演驾驶员、厨师、卫生员等角色，共同完成训练任务。驾驶员负责驾驶饮食保障车和冷藏车，确保车辆的正常运行；

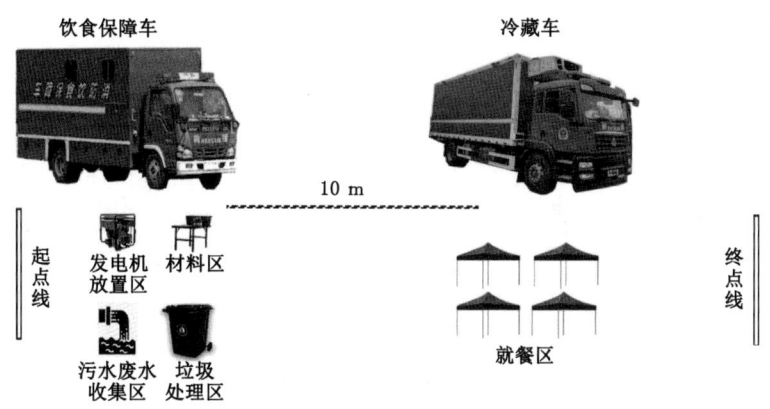

图 3-1-5　综合饮食保障场地设置示意图

厨师负责根据提供的食材,制作出符合饮食标准的饭菜;卫生员负责处理垃圾,保持环境的清洁卫生。通过这样的设置,希望能够提高战勤保障队员在极端环境下的饮食保障和物资快速投送能力。

4．操作程序

(1) 8 名队员在起点线一侧 3 m 处站成一列横队,全神贯注,等待裁判给出的"两荤两素"菜谱。听到"开始"的口令后,各队员迅速行动,开始协同搭建就餐区帐篷,确保帐篷内能够摆放不少于 50 人同时就餐需求的折叠桌椅。

(2) 部分队员启动发电机,保证电力供应,同时打开饮食保障车侧板并整理车内器材和厨具,全程保障发电机和车辆的稳定运行。

(3) 其余队员将所需要的蔬菜、肉类等食材搬运至材料区,同时设置污水废水收集、垃圾回收等设施,确保环境卫生。在规定的 2.5 h 内,队员需完成所有相关烹饪作业,包括食材的洗、切、配、烧等步骤。

(4) 全部操作完成后,全部队员需跑至终点线,举手示意喊"好",表示任务完成。

5．操作要求

(1) 烹饪及切配菜人员需着厨师服,佩戴厨师帽、口罩、袖套、围裙,确保个人卫生。其余人员需着抢险救援服、抢险救援头盔、抢险救援靴,保障自身安全。

(2) 食材加工必须在饮食保障车内的操作区中完成,且食材必须保持原始状态,不得提前洗、切、配、烧,以确保食材的新鲜和卫生。

(3) 饮食帐篷不得使用简易天幕,不得提前展开,同时需做好相关固定措施,确保帐篷的稳定性和安全性。

(4) 操作过程中要做好卫生防疫工作,避免食物污染和传染病传播。

(5) 饮食保障车内的操作区以及就餐区设施配备齐全,具备方便快捷、安全卫生、污水排放和泔水收集等要求,确保部队的生活环境和饮食安全。

6. 成绩评定

(1) 计时从"开始"口令发出至喊"好"为止,以评估操作团队的效率。

(2) 操作时限为 2.5 h,超过时限则视为不合格。

(3) 操作完全正确、程序熟悉的为合格;不按程序操作、不符合操作要求或超出操作时限的为不合格。通过成绩评定,可以检验战勤保障队员对操作程序的掌握程度,以及实际操作中的应变能力。

第二节 生活保障训练

一、淋浴车的应用展开操作训练

1. 训练目的

本项训练的目的是让战勤保障队员能够熟练掌握淋浴车的应用展开操作程序和方法。在灾害现场为一线指战员提供淋浴保障,有助于提高他们的生活质量,保持良好的战斗力。掌握这项技能,对于提高战勤保障队员的综合素质和应对突发事件的能力具有重要意义。

2. 场地器材

为了使训练更加真实,在长 15 m 的场地上分别标出起点线和终点线,这 2 条线之间停放 1 辆淋浴车,如图 3-2-1 所示。这种设置模拟了真实的战场环境,让队员能够在实际操作中学习掌握淋浴车的使用技巧。

图 3-2-1 淋浴车的应用展开场地设置示意图

3. 人员设置

本项训练共设置 3 名战勤保障队员,其中 2 名负责操作淋浴车,1 名担任安全员。操作人员需要熟练掌握淋浴车的展开、使用和收起等操作,以确保一线战斗人员能够得到及时、有效的淋浴保障。安全员则需要负责监督整个训练过程,确保操作的安全性和训练的顺利进行。通过这种设置,可以提高队员的操作技能和安全意识,为实际任务做好充分准备。

4. 操作程序

(1) 2名操作人员(1、2号员)和1名安全员在起点线一侧站成一列横队,精神饱满,等待口令。

(2) 听到"开始"的口令后,1号员迅速行动,负责接入市电电源,并熟练操作热水器控制面板,确保热水器能够正常工作。同时,2号员开始铺设供水管路和排污水带,取下登车梯,并进行安全固定,保证淋浴车的正常供水和排水。安全员则开始绕淋浴车一圈查看,并负责周边警戒,确保训练的顺利进行。

(3) 在操作完毕后,全部队员冲出终点线后,举手喊"好",表示任务完成。这时,他们已经为一线战斗人员提供了有效的淋浴保障。

(4) 听到"收操"的口令后,队员们开始将车辆器材复位,整理好所有设备,确保场地的清洁和整齐。

5. 操作要求

(1) 战勤保障队员需着抢险救援服、抢险救援头盔、抢险救援靴,保障自身的安全。

(2) 当冷水箱液位低于20%时,应及时补水,保证淋浴的持续进行。

(3) 如果热水机油量低于20%,也应及时补油,确保热水器的正常运行。

(4) 在操作过程中,污水排放必须合理处置,防止对环境造成污染。

(5) 为防止意外触电,需要做好电源线防漏电措施。

6. 成绩评定

(1) 计时从"开始"口令发出至喊"好"为止,以评估操作团队的效率。

(2) 操作时限为30 min,超过时限则视为不合格。

(3) 操作完全正确、程序熟悉的为合格;不按程序操作、不符合操作要求或超出操作时限的为不合格。通过成绩评定,可以检验战勤保障队员对操作程序的掌握程度,以及实际操作中的应变能力。

二、盥洗车的应用展开操作训练方法

1. 训练目的

本项训练的目的是让战勤保障队员熟练掌握盥洗车(厕所车)的应用展开操作程序和方法。在灾害现场为一线指战员提供盥洗、如厕服务保障,有助于提高他们的生活质量,保持良好的战斗力。掌握这项技能,对于提高战勤保障队员的综合素质和应对突发事件的能力具有重要意义。

2. 场地器材

为了使训练更加真实,在长15 m的场地上分别标出起点线和终点线,这2条线之间停放1辆盥洗车,如图3-2-2所示。这种设置模拟了真实的灾害现场环境,让队员能够在实际操作中学习掌握盥洗车的使用技巧。

图 3-2-2　盥洗车的应用展开场地设置示意图

3. 人员设置

本项训练共设置 3 名战勤保障队员,其中 2 名负责操作盥洗车,1 名担任安全员。操作人员需要熟练掌握盥洗车的展开、使用和收起等操作,以确保一线战斗人员能够得到及时、有效的盥洗保障。安全员则需要负责监督整个训练过程,确保操作的安全性和训练的顺利进行。通过这种设置,可以提高队员的操作技能和安全意识,为实际任务做好充分准备。

4. 操作程序

(1) 2 名操作人员(1、2 号员)和 1 名安全员在起点线一侧站成一列横队,精神饱满,等待口令。

(2) 听到"开始"的口令后,1 号员迅速行动,打开车辆侧板,启动发电机和真空集便器。同时,2 号员打开车厢门并架设登车梯,进入车厢内打开换气扇和厕所门,为盥洗操作做好准备。安全员则开始绕盥洗车一圈查看,并负责周边警戒,确保训练的顺利进行。

(3) 操作完毕后,全部队员冲出终点线,举手示意喊"好",表示任务完成。这时,他们已经为一线战斗人员提供了有效的盥洗、如厕服务保障。

(4) 听到"收操"的口令后,队员们开始将车辆器材复位,整理好所有设备,确保场地的清洁和整齐。

5. 操作要求

(1) 战勤保障队员需着抢险救援服、抢险救援头盔、抢险救援靴,保障自身的安全。

(2) 操作真空集便器系统及电源系统时,必须按照技术要求进行,确保设备的正常运行。

(3) 电气设备要保持正常工作状态,确保盥洗、如厕服务保障的顺利进行。

(4) 要保障真空集便器、洗手台水源充足,方便一线战斗人员使用。

(5) 在操作过程中,污水排放必须合理处置,防止对环境造成污染。

6. 成绩评定

(1) 计时从"开始"口令发出至喊"好"为止,以评估操作团队的效率。

(2) 操作时限为 15 min,超过时限则视为不合格。

(3) 操作完全正确、程序熟悉的为合格；不按程序操作、不符合操作要求或超出操作时限的为不合格。通过成绩评定,可以检验战勤保障队员对操作程序的掌握程度,以及实际操作中的应变能力。

三、宿营车的应用展开操作训练方法

1. 训练目的

本项训练的目的是让战勤保障队员熟练掌握宿营车的应用展开操作程序和方法。在灾害现场为一线指战员提供高质量的宿营保障,有助于提高他们的生活质量,保持良好的战斗力。掌握这项技能,对于提高战勤保障队员的综合素质和应对突发事件的能力具有重要意义。

2. 场地器材

为了使训练更加真实,在长15 m的场地上分别标出起点线和终点线,这2条线之间停放1辆宿营车,如图3-2-3所示。这种设置模拟了真实的灾害现场环境,让队员能够在实际操作中学习掌握宿营车的使用技巧。

图 3-2-3　宿营车的应用展开场地设置示意图

3. 人员设置

本项训练共设置3名战勤保障队员,其中2名负责操作宿营车,1名担任安全员。操作人员需要熟练掌握宿营车的展开、使用和收起等操作,以确保一线战斗人员能够得到及时、有效的宿营保障。安全员则需要负责监督整个训练过程,确保操作的安全性和训练的顺利进行。通过这种设置,可以提高队员的操作技能和安全意识,为实际任务做好充分准备。

4. 操作程序

(1) 2名操作人员(1、2号员)和1名安全员在起点线一侧站成一列横队,精神饱满,等待口令。听到"开始"的口令后,队员们按照各自的分工开始操作。安全员开始设置警戒区域,确保训练的安全进行,同时支好支腿,展开车厢,做好安全支架,为宿营车的使用做好准备。

(2) 1号员启动发电机,确保车辆的电源供应。2号员打开车内电气设备,确保车辆的电气系统正常运行。随后,他们开始将床铺展开,被褥、枕头摆放到位,为战斗人员提

供一个舒适的休息环境。

（3）操作完毕后，全部队员冲出终点线，举手示意喊"好"，表示任务完成。这时，他们已经为一线战斗人员提供了有效的宿营保障。

（4）听到"收操"的口令后，队员们开始将车辆器材复位，整理好所有设备，确保场地的清洁和整齐。

5. 操作要求

（1）战勤保障队员需着抢险救援服、抢险救援头盔、抢险救援靴，保障自身的安全。

（2）车厢必须充分展开，确保宿营车的空间利用率。

（3）电气设备要保持正常工作状态，确保宿营车的正常使用。

（4）支撑设备必须安装到位，确保宿营车的安全稳固。

（5）卫生间、淋浴间水源要充足，确保战斗人员的生活需求得到满足。

6. 成绩评定

（1）计时从"开始"口令发出至喊"好"为止，以评估操作团队的效率。

（2）操作时限为 20 min，超过时限则视为不合格。

（3）操作完全正确、程序熟悉的为合格；不按程序操作、不符合操作要求或超出操作时限的为不合格。通过成绩评定，可以检验战勤保障队员对操作程序的掌握程度，以及实际操作中的应变能力。

四、被服洗涤车的应用展开操作训练方法

1. 训练目的

本项训练的目的是让战勤保障队员熟练掌握被服洗涤车的应用展开操作程序和方法。在灾害现场为一线指战员提供高质量的被服洗涤保障，有助于提高他们的生活质量，保持良好的战斗力。掌握这项技能，对于提高战勤保障人员的综合素质和应对突发事件的能力具有重要意义。

2. 场地器材

为了使训练更加真实，在长 20 m 的场地上分别标出起点线和终点线，并在这 2 条线之间停放 1 辆被服洗涤车，如图 3-2-4 所示。起点线和终点线之间还设置了器材区，以便队员们在训练中能够更好地掌握被服洗涤车的使用技巧。

3. 人员设置

本项训练共设置 3 名战勤保障队员，其中 1 名负责操作被服洗涤车，2 名担任整理衣物人员。操作人员需要熟练掌握被服洗涤车的展开、使用和收起等操作，以确保一线战斗人员能够得到及时、有效的被服洗涤保障。整理衣物人员则需要负责将被洗涤的衣物整理好，以便操作人员进行洗涤。通过这种设置，可以提高队员的操作技能和协作意识，为实际任务做好充分准备。

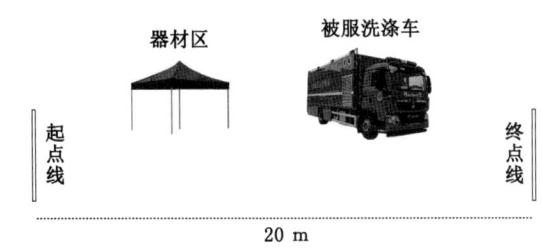

图 3-2-4　被服洗涤车的应用展开场地设置示意图

4．操作程序

（1）1 名操作人员（1 号员）和 2 名整理衣物人员（2、3 号员）在起点线一侧站成一列横队，精神饱满，等待口令。听到"开始"的口令后，队员们按照各自的分工开始操作。1 号员负责切换油门开关，打开两侧侧板，为被服洗涤车的使用做好准备。2、3 号员负责安装支腿，确保车辆的稳定性。

（2）队员们将洗涤所需物品摆放至器材区，开始清洗被服。在清洗过程中，他们严格按照操作规程进行，确保被服的清洁度。清洗完成后，队员们将干净的被服晾晒在指定区域，以确保其干燥。

（3）操作完毕后，全部队员冲出终点线，举手示意喊"好"，表示任务完成。这时，他们已经为一线战斗人员提供了有效的被服洗涤保障。

（4）听到"收操"的口令后，队员们开始将车辆器材复位，整理好所有设备，确保场地的清洁和整齐。

5．操作要求

（1）战勤保障队员需着抢险救援服、抢险救援头盔、抢险救援靴，保障自身的安全。

（2）必须按技术要求操作两侧平台及展板的展开，确保被服洗涤车的空间利用率。

（3）固定桩及各连接处要保证牢固，确保被服洗涤车的安全稳固。

（4）洗涤前被服要做好分类标签、填好登记表，以便于管理和发放。

（5）污水排放必须合理处置，确保环境卫生和战斗人员的生活需求得到满足。

6．成绩评定

（1）计时从"开始"口令发出至喊"好"为止，以评估操作团队的效率。

（2）操作时限为 30 min，超过时限则视为不合格。

（3）操作完全正确、程序熟悉的为合格；不按程序操作、不符合操作要求或超出操作时限的为不合格。通过成绩评定，可以检验战勤保障队员对操作程序的掌握程度，以及实际操作中的应变能力。

五、电源车的应用展开操作训练方法

1．训练目的

本项训练的目的是让战勤保障队员熟练掌握电源车（发电车）的应用展开操作程序

和方法,提高队员间协同保障能力。在灾害现场为一线指战员提供高质量的电力保障,有助于提高他们的生活质量,保持良好的战斗力。掌握这项技能,对于提高战勤保障队员的综合素质和应对突发事件的能力具有重要意义。

2. 场地器材

为了使训练更加真实,在长 30 m 的场地上分别标出起点线和终点线,并在这 2 条线之间停放 1 辆电源车和 1 辆用电设备车,如图 3-2-5 所示。起点线和终点线之间还设置了器材区,以便队员们在训练中能够更好地掌握电源车的使用技巧。

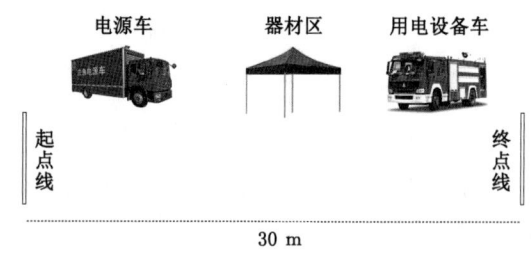

图 3-2-5　电源车的应用展开场地设置示意图

3. 人员设置

本项训练共设置 2 名操作人员,他们将负责电源车的操作和维护。操作人员需要熟练掌握电源车的启动、切换、停止等操作,以确保一线战斗人员能够得到及时、有效的电力保障。在实际任务中,操作人员还需要密切关注电源车的运行状态,及时处理可能出现的问题,确保电力保障的稳定性。通过这种设置,可以提高队员的操作技能和协作意识,为实际任务做好充分准备。

4. 操作程序

(1) 2 名操作人员(1、2 号员)在起点线一侧站成一列横队,精神饱满,等待口令。听到"开始"的口令后,1、2 号员迅速行动,跑至电源车处,开始铺设电缆,将电源输送至用电设备车。他们小心翼翼地操作,确保电缆连接牢固,避免出现短路或其他安全问题。

(2) 电缆铺设完毕后,1、2 号员启动发电机,电源车开始为用电设备车供电。他们密切关注电源车的运行状态,确保电力供应稳定。待用电设备车正常工作后,全部队员一起冲出终点线,举手示意喊"好"。

(3) 听到"收操"的口令后,队员们开始将车辆器材复位,整理好所有设备,确保场地的清洁和整齐。他们应严格按照操作程序进行,以保证设备在下次训练或实际任务中的正常使用。

5. 操作要求

(1) 战勤保障队员需着抢险救援服、抢险救援头盔,保护自身的安全。同时,他们需着绝缘胶靴、戴绝缘手套,确保在操作过程中不会触电。

(2) 在电路接通前,禁止打开供电开关,避免发生意外触电事故。

(3) 在搬运器材时,严防掉落、损坏器材,确保设备的完好无损。

(4) 严禁在湿滑地面操作,以免发生滑倒等安全事故。

(5) 在电缆周围架设警示标志,提醒其他队员注意电缆位置,避免误踩或绊倒。

6. 成绩评定

(1) 计时从"开始"口令发出至喊"好"为止,以评估操作团队的效率。

(2) 操作时限为 10 min,超过时限则视为不合格。

(3) 操作完全正确、程序熟悉的为合格;不按程序操作、不符合操作要求或超出操作时限的为不合格。通过成绩评定,可以检验战勤保障队员对操作程序的掌握程度,以及实际操作中的应变能力。

六、照明车的应用展开操作训练方法

1. 训练目的

本项训练的目的是让战勤保障队员熟练掌握照明车的应用展开操作程序和方法,提高队员间协同作战能力。在灾害现场为一线指战员提供高质量的照明保障,有助于提高他们的工作效率和安全性。掌握这项技能,对于提高战勤保障队员的综合素质和应对突发事件的能力具有重要意义。

2. 场地器材

为了使训练更加真实,在长 100 m 的场地上分别标出起点线、照明区、停车线和终点线,如图 3-2-6 所示。起点线处停放 1 辆照明车,车头与起点线相齐,以便于操作人员快速展开照明车;照明区内放置 1 个警戒桶,用于提醒队员注意安全。这种场地器材布置有助于队员们更好地理解操作流程。

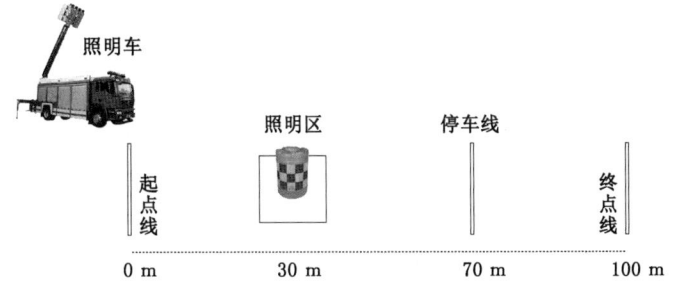

图 3-2-6 照明车的应用展开场地设置示意图

3. 人员设置

本项训练共设置 2 名操作人员,他们将负责照明车的操作和维护。操作人员需要熟练掌握照明车的展开、收起等操作,以确保一线指战员能够得到及时、有效的照明保障。在实际任务中,操作人员还需要密切关注照明车的运行状态,及时处理可能出现的问题,确保照明保障的稳定性。通过这种设置,可以提高队员的操作技能和协作意识,为实际任务做好充分准备。

4. 操作程序

(1) 2名操作人员(1号员和驾驶员)在起点线一侧站成一列横队,他们全副武装,精神饱满,等待口令。听到"开始"的口令后,1号员迅速开始设置警戒,同时协助驾驶员将照明车展开。如果有支撑系统,必须将其展开,确保照明车的稳定。

(2) 1号员连接地线,保证操作的安全性。然后,驾驶员启动发电机,为照明车提供电力。随着发电机的轰鸣声,大灯缓缓升起,照明区内的景象逐渐明亮起来。1号员根据需要调整照明方向,确保照明效果达到最佳。当所有操作完成后,他们举手示意喊"好"。

(3) 听到"收操"的口令后,队员们开始将车辆器材复位,整理好所有设备,确保场地的清洁和整齐。他们应严格按照操作程序进行,以保证设备在下次训练或实际任务中的正常使用。

5. 操作要求

(1) 战勤保障队员需着抢险救援服、抢险救援头盔,保护自身的安全。同时,他们需着绝缘胶靴、戴绝缘手套,确保在操作过程中不会触电。

(2) 发电机工作前必须有效接地,避免因漏电导致触电事故发生。

(3) 操作过程中发动机不能熄火,以确保照明车的正常运行。

(4) 单个照明灯关闭后再次开启间隔不小于 5 min,以避免灯具过热,从而延长使用寿命。

6. 成绩评定

(1) 计时从"开始"口令发出至喊"好"为止,以评估操作团队的效率。

(2) 操作时限为 10 min,超过时限则视为不合格。

(3) 操作完全正确、程序熟悉的为合格;不按程序操作、不符合操作要求或超出操作时限的为不合格。通过成绩评定,可以检验战勤保障队员对操作程序的掌握程度,以及实际操作中的应变能力。

第四章

应急维修技术保障技能训练

第一节 机动类装备器材故障诊断与排除训练

一、机动链锯故障诊断与排除操作训练方法

1. 训练目的

本项训练旨在使装备维护员熟练掌握机动链锯的故障诊断与排除方法,提高其技术保障能力。通过训练,队员将能够迅速、准确地诊断和解决机动链锯出现的故障,为战场上的装备保障提供有力支持。

在训练过程中,队员需要在规定时间内完成机动链锯的故障诊断和维修。他们需要按照规定的步骤和方法进行操作,确保维修质量和安全。同时,他们还需要注意操作过程中的细节,如工具的使用、零件的更换等,以确保维修效果符合要求。

2. 场地器材

本项训练的场地为长 15 m 的平整场地,在场地上分别标出起点线、操作区、测试区和终点线,如图 4-1-1 所示。在操作区设置一个维修操作台,放置一台带有故障的机动链锯及一套维修工具。同时在操作区设置一个固定架,架上放置一根直径约 10 cm 的圆木,供队员进行维修操作练习。这些器材的准备旨在模拟实战环境,使训练更加贴近实际作战需求。

图 4-1-1 机动链锯故障诊断与排除场地设置示意图

3. 操作程序

（1）在起点线一侧，参训人员整齐地列队站立。他们身着全套抢险救援防护装备，准备随时投入操作。当听到"开始"的口令后，参训人员迅速跑向操作区。

（2）在操作区，参训人员首先对带故障的机动链锯进行测试，通过仔细检查和分析，迅速判断出故障部位及原因。

（3）参训人员利用提供的工具和配件，对机动链锯进行维修或组装。在维修过程中，他们严格按照操作规程进行，确保每一个步骤都准确无误。

（4）完成维修后，参训人员实施圆木切割操作。他们稳稳地将机动链锯启动，然后对准圆木进行切割。在切割过程中，他们始终保持专注和谨慎，确保操作的安全和有效。

（5）完成切割后，参训人员举手示意并高喊"好"，表示操作已完成。整个操作过程完成后，他们会听到"收操"的口令，然后迅速将器材复位。

4. 操作要求

首先，参训人员需要着全套抢险救援防护装备；其次，他们必须在操作区地面启动机动链锯；再次，他们需要注意在停机状态下检查测试链条松紧度；此外，重要零部件未安装完毕时不得进行切割作业；最后，如果在切割中出现链条打滑、晃动、发动机异响等情况，他们应当立即停止操作，返回操作区进行检查。这些要求都是为了确保操作的安全和有效。

5. 成绩评定

计时从"开始"口令发出至喊"好"为止；操作时限为 15 min。如果操作完全正确、程序熟悉则为合格；如果不按程序操作、不符合操作要求或超出操作时限则为不合格；切割时未佩戴防护手套和护目镜的也为不合格。这些评定标准都是为了确保操作的规范和有效。

二、无齿锯故障诊断与排除操作训练方法

1. 训练目的

本项训练的目的是使装备维护员掌握无齿锯的故障诊断与排除方法，提高其技术保障能力。通过训练，队员将能够迅速、准确地诊断和解决无齿锯出现的故障，为灾害现场上的装备保障提供有力支持。

2. 场地器材

本项训练的场地为长 15 m 的平整场地，在场地上分别标出起点线、操作区、测试区和终点线，如图 4-1-2 所示。在操作区设置一个维修操作台，放置一台被分解的无齿锯及一套维修工具。同时在操作区设置一个固定架，架上放置一根直径约 15 mm 的钢筋，供队员进行维修操作练习。这些器材的准备旨在模拟实战环境，使训练更加贴近实际作战需求。

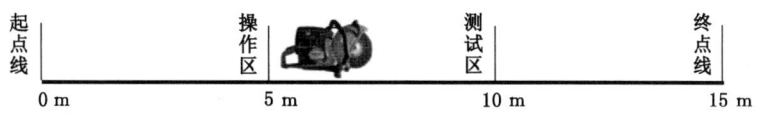

图 4-1-2　无齿锯故障诊断与排除场地设置示意图

3．操作程序

（1）在起点线一侧，参训人员整齐地列队站立。他们身着全套抢险救援防护装备，准备随时投入操作。当听到"开始"的口令后，参训人员迅速跑向操作区。

（2）在操作区，参训人员首先对带故障的无齿锯进行故障诊断和排除。他们仔细检查每一个部件，查找故障的原因。然后，他们利用提供的工具和配件，对无齿锯进行组装维修。在维修过程中，他们严格按照操作规程进行，确保每一个步骤都准确无误。

（3）完成维修后，参训人员实施钢筋切割操作。他们稳稳地将无齿锯启动，然后对准钢筋进行切割。在切割过程中，他们始终保持专注和谨慎，确保操作的安全和有效。

（4）完成切割后，参训人员举手示意并高喊"好"，表示操作已完成。整个操作过程完成后，他们会听到"收操"的口令，然后迅速将器材复位。

4．操作要求

首先，参训人员需要着全套抢险救援防护装备；其次，他们必须在操作区地面启动无齿锯；再次，他们需要注意在停机状态下检查测试皮带松紧度；此外，重要零部件未安装完毕时不得进行切割作业；最后，如果在切割中出现皮带打滑、锯片晃动、发动机异响等情况，他们应当立即停止操作，返回操作区进行检查。这些要求都是为了确保操作的安全和有效。

5．成绩评定

计时从"开始"口令发出至喊"好"为止；操作时限为 15 min。如果故障排除、操作完全正确、程序熟悉则为合格；如果不按程序操作、不符合操作要求或超出操作时限则为不合格；切割时未佩戴防护手套和护目镜的也为不合格。这些评定标准都是为了确保操作的规范和有效。

三、手抬机动消防泵故障诊断与排除操作训练方法

1．训练目的

通过训练，可以使装备维护员掌握手抬机动消防泵的一般故障排除方法，提高其技术保障能力。装备维护员需要学习手抬机动消防泵的结构原理、操作和维护方法，掌握各种维修工具和设备的使用方法，以及对常见故障进行诊断和排除。通过实践操作，装备维护员可以熟练掌握各种维修技能，如更换零部件、检查电路、水路、油路等，从而提高自己的技术保障能力，为部队和应急救援队伍提供更好的装备保障服务，确保在执行

任务时能够更加顺利地完成各项任务。

2. 场地器材

本项训练的场地为长 5 m 的平整场地，在场地上分别标出起点线和操作区，如图 4-1-3 所示。在操作区放置一台带故障的手抬机动消防泵及一套维修工具，配件若干。同时在操作区放置一个 1 m³ 的水箱，水箱内放入已连接好的吸水管，手抬机动消防泵出水口连接一把直流水枪。这些器材的准备旨在模拟实战环境，使训练更加贴近实际作战需求。

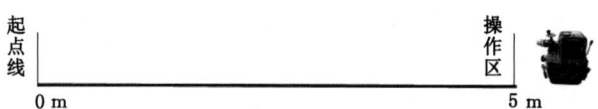

图 4-1-3　手抬机动消防泵故障诊断与排除场地设置示意图

3. 操作程序

(1) 参训人员需在起点线一侧站立，保持端正姿势。

(2) 在听到"开始"的口令后，参训人员需迅速奔向操作区，对手抬机动消防泵进行故障检查和处理，维修完成后，启动手抬机动消防泵进行吸水排水操作，保持排水压力在 0.3 MPa 以上或 15 m 以上的水柱高度，并举手示意高喊"好"。

(3) 在听到"收操"的口令后，参训人员需关闭手抬机动消防泵，并将工具和配件归位。

4. 操作要求

(1) 参训人员需着全套抢险救援防护装备。

(2) 在操作过程中，要爱护设备和工具，轻拿轻放，不可无故拆卸和更换。

(3) 在进行吸水操作时，真空泵的连续工作时间不得超过 60 s。

5. 成绩评定

(1) 计时从"开始"口令发出至喊"好"为止。

(2) 操作的总时限为 15 min。

(3) 故障排除，操作完全正确，且对程序熟悉，评定为合格。

(4) 若不按照程序操作，或操作不符合规定，或超出操作时限，评定为不合格。

第二节　电动类装备器材故障诊断与排除训练

一、雷达生命探测仪故障诊断与排除操作训练方法

1. 训练目的

通过训练，可以使装备维护员掌握雷达生命探测仪的故障诊断与排除方法，提高其

技术保障能力。在训练中,装备维护员需要学习雷达生命探测仪的结构原理、操作和维护方法,掌握各种维修工具和设备的使用方法,以及对常见故障进行诊断和排除。通过实践操作,装备维护员可以熟练掌握各种维修技能,如更换零部件、拆卸与组装、调试方法、检查电路等,从而提高自己的技术保障能力,为消防救援队伍提供更好的装备保障服务,确保在执行任务时能够更加顺利地完成各项任务。

2. 场地器材

在长 10 m 的场地上清晰地标出了起点线、操作区和测试区,如图 4-2-1 所示。在操作区放置了一台出现故障的雷达生命探测仪,旁边摆放着一套专业的维修工具,等待装备维护员的检查和修复。

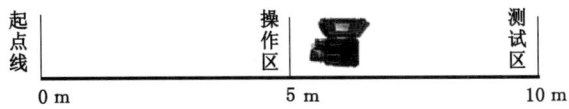

图 4-2-1　雷达生命探测仪故障诊断与排除场地设置示意图

3. 操作程序

(1) 参训人员需在起点线一侧站立,保持端正姿势。

(2) 在听到"开始"的口令后,参训人员需迅速奔向操作区,对带故障的雷达生命探测仪进行测试,分析故障部位和原因,使用提供的工具和配件进行维修或组装。

① 故障 1:雷达生命探测仪主机无法开启,指示灯不亮。

解决方法:检查电池是否有电量,若电量不足,请连接充电器充电一段时间后再尝试开机。

② 故障 2:雷达生命探测仪主机开启后,"电源"指示灯亮,"通信"指示灯不亮。

解决方法:等待系统启动,启动过程大约需要 30 s。如果"通信"指示灯长时间不亮,可以尝试用手持终端连接,若连接成功,"运行"指示灯会闪烁一次,这表示"通信"指示灯可能损坏,但系统仍能正常使用。

③ 故障 3:雷达生命探测仪主机正常启动,手持终端与其连接不上。

解决方法:检查手持终端中的 Wi-Fi 是否开启,并进入系统设置界面,选择待连接的 Wi-Fi 名进行连接。检查手持终端 Wi-Fi 名是否设置成功,并查看网络密钥是否设置为"1111111111"。检查手持终端 IP 地址是否设置为"192.168.4.118",网关是否设置为"192.168.4.1"。检查手持终端 Wi-Fi 名与雷达生命探测仪主机是否匹配,若以上问题都已排除,可尝试退出软件,重启 Wi-Fi 后,再进行连接操作。

④ 故障 4:雷达生命探测仪主机无法探测到目标。

解决方法:确保雷达生命探测仪主机底面(天线端面)指向待测区域。检查雷达探测参数是否设置正确。操作人员和无关人员与雷达生命探测仪主机的距离是否大于 5 m。

(3) 维修完成后,参训人员将雷达生命探测仪搬至测试区,进行开机使用操作,操作完成后,举手示意并高喊"好"。在听到"收操"的口令后,参训人员需将器材归位。

4. 操作要求

(1) 参训人员需着全套抢险救援防护装备。

(2) 在维修过程中,要爱护设备,不得无故拆卸和更换。

(3) 训练过程中,需确保器材不受损坏。

5. 成绩评定

(1) 计时从"开始"口令发出至喊"好"为止。

(2) 操作的总时限为 15 min。

(3) 若操作完全正确,且对程序熟悉,评定为合格。

(4) 若不按照程序操作,或操作不符合规定,或超出操作时限,评定为不合格。

二、充电式移动照明灯故障诊断与排除操作训练方法

1. 训练目的

本项训练的主要目的是使装备维护员能够全面理解和掌握充电式移动照明灯的故障诊断与排除方法和技巧,以此提升其技术保障能力。充电式移动照明灯在野外执行任务时起着至关重要的作用,因此,装备维护员必须熟练掌握充电式移动照明灯的维修技术,确保其在任何情况下都能正常运行,从而为队伍提供有效的照明保障。

2. 场地器材

在长 10 m 的场地上清晰地标出了起点线、操作区和测试区,如图 4-2-2 所示。在操作区放置了一台出现故障的充电式移动照明灯,旁边摆放着一套专业的维修工具,包括万用表、镊子、内六角扳手、十字螺丝刀、尖嘴钳、绝缘胶布以及电烙铁等,等待装备维护员的检查和修复。

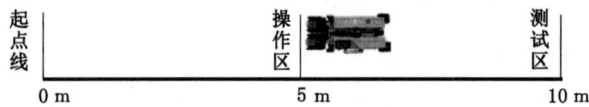

图 4-2-2 充电式移动照明灯故障诊断与排除场地设置示意图

3. 操作程序

(1) 参训人员需在起点线一侧站立整齐。

(2) 当听到"开始"的口令后,参训人员需迅速跑至操作区,对存在故障的充电式移动照明灯进行检测,分析故障的位置和原因,然后利用配备的工具和配件进行维修。

① 故障 1:需更换警示灯灯板。

解决办法:使用十字螺丝刀拆下固定透明件的螺钉;按下接线端子,松开警示灯灯板的线材;使用十字螺丝刀拆下固定警示灯组件的螺钉;拆下警示灯底盖的螺钉;使用

十字螺丝刀拆下警示灯灯板的固定螺钉,并更换警示灯灯板。

② 故障2:需更换光源板。

解决方法:使用十字螺丝刀拆下固定透明件的螺钉;按下接线端子,松开光源板上的线材;使用十字螺丝刀拆下光源板的固定螺钉,并更换光源板。

③ 故障3:需更换升降杆组件。

解决方法:使用十字螺丝刀拆下透明件固定螺钉,按压接线端子座,松开取出弹弓线;使用十字螺丝刀拆下警示灯透明件及灯头转轴的固定螺钉,卸下灯头组件;使用内六角扳手拆下拉杆组件的内六角螺钉并取下;拆下固定底部脚垫、灯头橡胶垫、上壳和电池腔盖板的螺钉;拆下固定驱动的螺钉,按压驱动上的接线端子,松开取出弹弓线;撕开显示屏的PVC(聚氯乙烯)面板,并用十字螺丝刀拆下控制显示屏,将显示屏从上壳穿过,取出上壳;使用十字螺丝刀及活动扳手,松开弹弓线的压线片及防水接头;拆下升降杆组件底座的螺钉,取下并更换升降杆组件。

④ 故障4:需更换显示屏组件。

解决方法:使用内六角扳手拆下拉杆组件的内六角螺钉并取下;拆下固定底部脚垫、灯头橡胶垫、上壳和电池腔盖板的螺钉;拆下固定驱动及电池组的螺钉,松开取出显示屏端子线;撕开显示屏的PVC面板,并用十字螺丝刀拆下控制显示屏,将显示屏从上壳穿过,取出上壳;使用活动扳手松开防水接头并将显示屏对插端子线松开;拆下固定显示屏线材的螺钉,并更换显示屏组件。

⑤ 故障5:需更换电池组。

解决方法:使用内六角扳手拆下拉杆组件的内六角螺钉并取下;拆下固定底部脚垫、灯头橡胶垫、上壳和电池腔盖板的螺钉;拆下固定电池组的螺钉,松开电池组的接线端子并完成电池组的更换。

⑥ 故障6:需更换驱动。

解决方法:使用内六角扳手拆下拉杆组件的内六角螺钉并取下;拆下固定底部脚垫、上壳和电池腔盖板的螺钉;拆下固定驱动的螺钉,松开驱动上的接线端子并完成驱动的更换。

⑦ 故障7:需更换喇叭。

解决方法:使用十字螺丝刀拆下灯具侧边的喇叭筛网固定环;拆下固定喇叭的螺钉;使用电烙铁取下喇叭并完成喇叭的更换。

⑧ 故障8:需更换接口安装座。

解决方法:使用内六角扳手拆下拉杆组件的内六角螺钉并取下;拆下固定底部脚垫、灯头橡胶垫、上壳和电池腔盖板的螺钉;拆下固定电池组的螺钉并将接口安装座的对插端子松开;撕开显示屏的PVC面板,并用十字螺丝刀拆下控制显示屏,将显示屏从上壳穿过,取出上壳;松开接口安装座线材的配线固定钮及防水接头;拆下接口安装座的固定螺钉,完成接口安装座的更换。

⑨ 故障9：灯具不亮。

解决方法：检查电池是否损坏或电量不足，取出电池测量电压（电池标示的正极和负极），若电池电压输出为 0 V，或电压小于 21.6 V，更换电池。检查驱动板是否损坏，如损坏则要更换驱动板。

（3）维修完成后，参训人员将充电式移动照明灯搬至测试区，进行开机使用的操作，操作完成后，需举手示意并喊出"好"。当听到"收操"的口令后，参训人员需将所有器材归位。

4. 操作要求

（1）参训人员需着全套抢险救援防护装备。

（2）在进行维修训练时，必须爱护器材，不得无故拆卸和更换。

（3）在训练过程中，不得损坏任何器材。

（4）在进行维修测试时，必须做好防触电保护措施。

（5）在拆卸和更换零配件时，必须先关闭总电源开关。

5. 成绩评定

（1）计时从"开始"口令发出至喊"好"为止。

（2）操作的时限为 15 min。

（3）如果操作完全正确，且对操作程序熟悉，则评定为合格。

（4）如果操作不按照程序进行，或者不符合操作规定，或者超出操作时限，则评定为不合格。

三、无线遥控消防炮故障诊断与排除操作训练方法

1. 训练目的

通过这样的训练，装备维护员将能够熟练掌握无线遥控消防炮的故障诊断与排除方法，为队伍在执行消防救援任务时提供有力的技术保障。同时，训练也将提高队员之间的团队协作能力，使他们在实际任务中能够更好地配合，确保任务的顺利完成。

2. 场地器材

在长 10 m 的场地上标出起点线、操作区和测试区，在操作区放置一台带有故障的无线遥控消防炮，如图 4-2-3 所示。此外，还需准备以下维修工具：万用表、镊子、内六角扳手、十字螺丝刀、尖嘴钳、绝缘胶布、电烙铁等。这些器材将帮助装备维护员在训练过程中对无线遥控消防炮进行全面的检测和维修。

在训练开始前，教练会对装备维护员进行理论讲解，使他们了解无线遥控消防炮的基本原理、结构和操作方法。随后，教练将指导装备维护员如何使用所提供的维修工具，对存在故障的无线遥控消防炮进行检测和维修。

在操作区，装备维护员需要仔细检查无线遥控消防炮的各个部分，如电源、遥控器、水泵、喷水装置等，找出故障原因并进行修复。完成维修后，参训人员需将无线遥控消

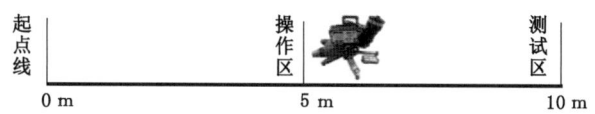

图 4-2-3　无线遥控消防炮故障诊断与排除场地设置示意图

防炮搬至测试区进行测试,确保设备已恢复正常运行。

3. 操作程序

(1) 参训人员需在起点线一侧整齐地站立。

(2) 当听到"开始"的口令后,参训人员需迅速跑至操作区。随后,他们对存在故障的无线遥控消防炮进行详细的测试,分析故障的部位和原因。接下来,利用提供的工具和配件对无线遥控消防炮进行维修。

① 故障 1:无线遥控消防炮无法左右回转。

解决方法:检查遥控器和炮的电源电量是否充足,如电压低,更换电池或充电。检查遥控器与炮的信号连接是否正常,重新开关机尝试信号连接,如无法连接,检查遥控器信号放大板、遥控器信号天线和炮信号接收电路。检查遥控器左右回转开关接线是否脱落,开关通断是否正常。检查炮回转电机电压信号是否正常,如电压低或无输出电压,检查炮回转控制电路。用备用电源给回转电机正反两次供电,查看电机是否能左右旋转,如不能转动,检查回转电机。

② 故障 2:无线遥控消防炮无法直流/开花转换。

解决方法:检查遥控器和炮的电源电量是否充足,如电压低,更换电池或充电。检查遥控器与炮的信号连接是否正常,重新开关机尝试信号连接,如无法连接,检查遥控器信号放大板、遥控器信号天线和炮信号接收电路。检查遥控器直流/开花转换开关接线是否脱落,开关通断是否正常。检查炮直流/开花电机电压信号是否正常,如电压低或无输出电压,检查水射流控制电路。拆下驱动电机,用备用电源给电机正反两次供电,查看电机是否能动作,如无动作,检查电机。

③ 故障 3:无线遥控消防炮无法俯仰动作。

解决方法:检查遥控器和炮的电源电量是否充足,如电压低,更换电池或充电。检查遥控器与炮的信号连接是否正常,重新开关机尝试信号连接,如无法连接,检查遥控器信号放大板、遥控器信号天线和炮信号接收电路。检查遥控器俯仰开关接线是否脱落,开关通断是否正常。检查炮俯仰电机电压信号是否正常,如电压低或无输出电压,检查电机至控制器线路是否断路,否则故障在控制电路上。拆下驱动电机,用备用电源给电机正反两次供电,查看电机是否能动作,如无动作,检查电机。

④ 故障 4:无线遥控消防炮回转接头处漏水。

解决方法:用套筒扳手拆下滚珠轴承螺丝堵,依次从孔内倒出滚珠。拆下炮身和炮座,取下 O 形密封组件,用干净抹布擦干净密封槽和轴承槽。在密封槽内抹上少许润滑脂,依次装上密封组件和炮体。从螺丝孔内放入滚珠,装好螺丝堵(不可装入太紧,保证炮体转动轻便灵活)。用黄油枪从黄油嘴处加入润滑脂,边加入边转动炮体,使滚珠相互润滑良好。

⑤ 故障 5:遥控器与无线遥控消防炮连接不上。

解决方法:检查遥控器和炮的电源电量是否充足,如电压低,更换电池或充电。打开遥控器用万用表测量遥控器与炮的信号连接按钮或遥控器信号天线是否损坏,信号指示是否正常。重新开关机再次尝试信号连接,如多次无法连接,检查遥控器信号放大板、更换相同型号的遥控器,对码后再次连接测试。打开炮控制盒,检查信号接收器电线插头有无松动、脱落,否则故障可能在炮信号接收电路上。

(3) 维修完成后,参训人员将无线遥控消防炮搬至测试区,进行开机使用的操作,操作完成后,需举手示意并喊出"好"。当听到"收操"的口令后,参训人员需将所有器材归位。

4. 操作要求

(1) 参训人员需着全套抢险救援防护装备,以确保在训练过程中的安全。

(2) 在进行维修训练时,必须爱护器材,不得无故拆卸和更换。

(3) 在训练过程中,不得损坏任何器材,以确保器材的完好无损。

(4) 在进行拆卸和更换零配件时,必须先关闭总电源开关,以防止触电事故的发生。

5. 成绩评定

(1) 计时从"开始"口令发出至喊"好"为止,以评估参训人员的操作速度和效率。

(2) 操作的时限为 15 min,以确保参训人员有足够的时间完成所有的操作。

(3) 如果操作完全正确,且对操作程序熟悉,则评定为合格。

(4) 如果操作不按照程序进行,或者不符合操作规定,或者超出操作时限,则评定为不合格。这样的评估方式能够有效地激励参训人员在训练中认真学习,提高他们的技术水平。

四、电动破拆工具故障诊断与排除操作训练方法

1. 训练目的

本项训练的主要目的是让装备维护员深入理解和掌握电动破拆工具的故障诊断与排除方法和技巧,以此提升他们的技术保障能力。在训练过程中,装备维护员需要对这些设备和工具进行详细的检查和操作,了解其工作原理和操作方法,同时也要学习如何对这些设备和工具进行故障排除和维修。这样的训练,不仅可以提高装备维护员的技术水平,也可以提高他们的实战经验,使他们在实际的救援行动中,能够更好地应对各种可能出现的问题,提高救援行动的效率和成功率。

2. 场地器材

在长 10 m 的场地上清晰地标出了起点线、操作区和测试区,如图 4-2-4 所示。在操作区放置了一台出现故障的电动破拆工具,这是一台重要的救援设备,必须尽快修复。其旁边摆放着一套专业的维修工具,包括万用表、镊子、内六角扳手、十字螺丝刀、尖嘴钳、绝缘胶布以及电烙铁等,这些都是装备维护员进行故障排查和维修的必备工具。

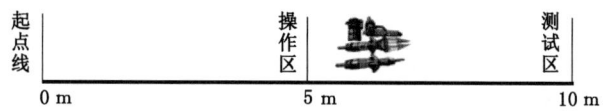

图 4-2-4 电动破拆工具故障诊断与排除场地设置示意图

3. 操作程序

(1) 参训人员需在起点线一侧保持立正姿势。

(2) 当听到"开始"的口令后,参训人员需迅速跑至操作区。接着,他们对存在故障的电动破拆工具进行详细测试,分析故障部位及原因。然后,利用提供的工具和配件对电动破拆工具进行维修。

① 故障 1:电池充电时指示灯红绿交替闪烁,电子蜂鸣器持续蜂鸣大约 20 s。

解决方法:检查充电器是否正常,拉动按钮,移除电池,然后将电池拉出,充电器绿色指示灯应长亮。用万用表测量充电器输出电压是否在 DC 7.2~18 V 之间,如无电压输出,则判断充电器存在故障。用万用表测量电池是否有电压,如电压为零,则需检查电池组连接线是否存在脱焊或断路现象。如有电压,则需检查电池与充电器是否存在虚接现象。

② 故障 2:电池充电时,一段时间后充电器黄色警示灯频繁闪烁。

解决方法:检查充电器安装的冷却风扇,黄色灯闪烁,可能是风扇故障。检查充电器工作状态下风扇的转动情况,确保充电器冷却通风孔和电池干净、通风良好,运转声音清晰且无灰尘阻塞。

③ 故障 3:操作触发开关,电池驱动泵不工作。

解决方法:检查开关锁及触发开关是否发卡。用十字螺丝刀拆下电池泵侧盖,检查触发开关接触点是否脏污,接触不良。用万用表测量触发开关两触点的通断情况。检查电机转子碳刷磨损情况,如磨损严重需进行更换。装上电池,查看电池与驱动泵的连接是否良好,有无虚接。

(3) 维修完成后,参训人员将电动破拆工具搬至测试区,进行开机使用的操作,操作完成后,需举手示意并喊出"好"。当听到"收操"的口令后,参训人员需将所有器材归位。

4. 操作要求

(1) 参训人员需着全套抢险救援防护装备,确保在训练过程中的安全。

(2) 在进行维修训练时,必须爱护器材,不得无故拆卸和更换。

(3) 在训练过程中,不得损坏任何器材,以确保器材的完好无损。

(4) 在进行拆卸和更换零配件时,不得带压操作,以防止意外事故发生。

5. 成绩评定

(1) 计时从"开始"口令发出至喊"好"为止,以评估参训人员的操作速度和效率。

(2) 操作的时限为 15 min,以确保参训人员有足够的时间完成所有的操作。

(3) 如果操作完全正确,且对操作程序熟悉,则评定为合格。

(4) 如果操作不按照程序进行,或者不符合操作规定,或者超出操作时限,则评定为不合格。这样的评估方式能够有效地激励参训人员在训练中认真学习,提高他们的技术水平。

第三节　气动类装备器材故障诊断与排除训练

一、气动起重气垫故障诊断与排除操作训练方法

1. 训练目的

本项训练的目的是使装备维护员了解和掌握气动起重气垫的故障诊断与排除方法。在训练过程中,装备维护员需要了解气动起重气垫的基本构造和工作原理,掌握故障诊断和维修的基本方法。他们需要按照规定的步骤和方法进行操作,确保维修质量和安全。同时,他们还需要注意操作过程中的细节,如工具的使用、零件的更换等,以确保维修效果符合要求。

通过实际操作和理论学习,可以提高装备维护员的作战能力和实战水平,确保在战场上的装备保障能力。

2. 场地器材

本项训练的场地为长 10 m 的平整场地,在场地上分别标出起点线、操作区和测试区,如图 4-3-1 所示。在操作区放置高压气瓶、气瓶阀、减压器、控制阀、高压软管、快速接头、气垫、脚踏泵等部分配件。这些器材的准备旨在模拟实战环境,使训练更加贴近实际作战需求。

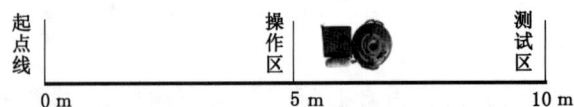

图 4-3-1　气动起重气垫故障诊断与排除场地设置示意图

3. 操作程序

(1) 参训人员需在起点线一侧保持立正姿势。

(2) 当听到"开始"的口令时,参训人员需迅速跑至操作区。他们需要将气动起重气垫连接供气,一旦发现问题,应立即停止供气,并对故障点进行诊断。

① 故障1:储气瓶充气时出现漏气。

解决方法:检查通气管上的快速接头与气垫上的接头咀,确保连接紧密且密封圈无破损;检查通气管是否变形或破损漏气;将减压器与平放的储气瓶的瓶阀连接好,确保减压器上的通气开关及安全排气阀处于关闭状态。

② 故障2:压力表指针不准确或无法归零。

解决方法:打开气瓶瓶阀,调节减压器上的调节阀,如压力表指针位置不动,需更换压力表;使用结束后,关闭气瓶阀,旋转安全排气阀,将气垫内的气体排尽,如压力表无法归零,需更换压力表。

③ 故障3:气垫充气时出现漏气。

解决方法:立即停止供气,使用肥皂泡沫水进行检查,如确定是气垫损坏,需及时更换;检查气垫是否老化出现裂纹。

④ 故障4:使用脚踏泵充气时无压力。

解决方法:检查脚踏泵的活塞杆磨损情况,如严重需及时维修或更换;检查脚踏泵液压油是否缺少;检查脚踏泵液压油是否变质或浮华。

(3) 在所有故障排除完毕后,参训人员需前往测试区对器材进行操作测试,操作完成后,需举手示意并喊出"好"。当听到"收操"的口令时,参训人员需将所有器材归位。

4. 操作要求

(1) 参训人员需着全套抢险救援防护装备,确保在训练过程中的安全。

(2) 在进行操作时,必须严格按照操作程序进行,以确保训练的效果。

(3) 禁止进行超高压的危险操作,以防止意外事故发生。

(4) 在拿取器材时,需轻拿轻放,以保证器材的完好无损。

5. 成绩评定

(1) 计时从"开始"口令发出至喊"好"为止,以评估参训人员的操作速度和效率。

(2) 操作时限为20 min,以确保参训人员有足够的时间完成所有的操作。

(3) 如果操作完全正确,且对操作程序熟悉,则评定为合格。

(4) 如果操作不按照程序进行,或者不符合操作规定,或者超出操作时限,则评定为不合格。这样的评估方式能够有效地激励参训人员在训练中认真学习,提高他们的技术水平。

二、气动切割刀故障诊断与排除操作训练方法

1. 训练目的

本项训练的主要目的是让装备维护员深入理解和掌握气动切割刀的故障诊断与排除方法,以此提升他们的实战能力和技术水平。在训练过程中,装备维护员需要对这些

设备和工具进行详细的检查和操作,了解其工作原理和操作方法,同时也要学习如何对这些设备和工具进行故障排除和维修。这样的训练,不仅可以提高装备维护员的技术水平,也可以提高他们的实战经验,使他们在实际的救援或施工行动中,能够更好地应对各种可能出现的问题,提高救援或施工行动的效率和成功率。

2. 场地器材

在长 10 m 的场地上标出起点线、操作区和测试区,如图 4-3-2 所示。在操作区放置一台带有故障的气动切割刀,以及一套维修工具,包括软管、减压器、气瓶等部分配件。这些维修工具和设备将帮助装备维护员在训练过程中,熟悉和掌握气动切割刀的构造、原理和维修方法。

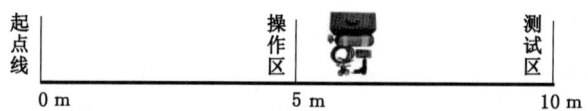

图 4-3-2　气动切割刀故障诊断与排除场地设置示意图

3. 操作程序

(1) 参训人员需在起点线一侧保持立正姿势,全神贯注地等待口令。当听到"开始"的口令时,他们需要迅速反应,以最快的速度跑至操作区。

(2) 在操作区,参训人员需要将气动切割刀连接供气,开始操作。如果在操作过程中发现任何问题,他们应立即停止操作,并对故障点进行诊断和排除。

① 故障 1:气瓶连接后出现漏气。

解决方法:检查通气管上的快速接头是否连接紧密或者密封圈是否破损;检查通气管是否破损或者漏气。

② 故障 2:使用气动切割刀时出现异响。

解决方法:检查活塞柱是否缺油;检查气动切割刀螺丝是否拧紧。

③ 故障 3:连接气管并打开气源后,气动切割刀自行转动。

解决方法:检查气动切割刀扳机是否卡住,回位是否顺畅;检查气动切割刀叶片开关是否损坏。

(3) 只有当所有故障都被排除,气动切割刀能够正常运行时,参训人员才可以前往测试区进行操作测试。在测试区,他们需要对气动切割刀进行操作测试,以确保故障已被完全排除,可以正常运行。一旦操作完成,他们需要举手示意,并喊出"好",以通知教练员他们已经完成任务。

(4) 当听到"收操"的口令时,参训人员需要将所有器材归位,以确保场地的整洁和安全。

4. 操作要求

(1) 参训人员需着全套抢险救援防护装备,这是为了保护他们在训练过程中的安全。抢险救援防护装备可以提供防护,防止切削飞溅或其他危险物质对他们的身体造成伤害。

(2) 参训人员必须严格按照操作程序实施,这是为了确保训练的效果。只有通过严谨的操作程序,他们才能真正掌握气动切割刀的故障诊断与排除技能。

(3) 训练中禁止进行超高压危险操作,这是为了保证参训人员的安全。超高压操作可能会导致气动切割刀失控,造成严重的安全事故。

(4) 在拿取和归位器材时,参训人员需轻拿轻放,以保证器材的完好无损。这是为了保护训练器材的寿命,也是为了确保训练的顺利进行。

5. 成绩评定

(1) 计时从"开始"口令发出至喊"好"为止,以评估参训人员的操作速度和效率。只有快速准确地完成操作,才能在实际工作中更好地应对紧急情况。

(2) 操作时限为 20 min,这是一个合理的时间限制,既保证了训练的效果,又不会使参训人员过于疲劳。

(3) 只有当操作完全正确,且对操作程序熟悉,才能评定为合格。这表明了训练的严格性和对参训人员技能的高要求。

(4) 如果操作不按照程序进行,或者不符合操作要求,或者超出操作时限,则评定为不合格。这样的评估方式可以激励参训人员在训练中认真学习,提高他们的技术水平。

三、气动升降照明系统故障诊断与排除操作训练方法

1. 训练目的

本项训练的主要目的是让装备维护员深入理解和掌握气动升降照明系统的故障诊断与排除方法。气动升降照明系统在救援行动或其他特殊环境中具有重要作用,能够为工作现场提供足够的照明。通过这样的训练,可以使装备维护员在遇到气动升降照明系统故障时,能够快速准确地进行故障排除和维修,确保照明系统的正常运行,提高救援或施工行动的效率和成功率。

2. 场地器材

在长 10 m 的场地上标出起点线、操作区和测试区,如图 4-3-3 所示。在操作区放置一台气动升降照明灯或车载照明灯作为训练器材,以及一套维修工具,包括螺丝刀、扳手、万用表等部分配件。这些维修工具和设备将帮助装备维护员在训练过程中,熟悉和掌握气动升降照明系统的构造、原理和维修方法。

3. 操作程序

(1) 参训人员需在起点线一侧保持立正姿势,全神贯注地等待口令。当听到"开始"的口令时,他们需要迅速反应,以最快的速度跑至操作区。

(2) 在操作区,参训人员需要将气动升降照明灯启动并连接供气,开始操作。如果

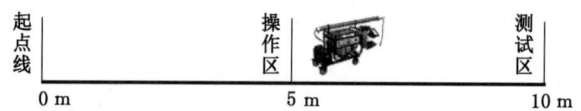

图 4-3-3　气动升降照明系统故障诊断与排除场地设置示意图

在操作过程中发现任何问题,他们应立即停止机器运转,并对故障点进行诊断和排除。

① 故障1:发电机无法启动。

解决方法:首先确认油箱内是否有足够的燃油,如不足,需添加燃油;检查发动机开关是否已经开启,如未开,需打开发动机开关;查看滤油器是否堵塞;检查火花塞是否正常,如不是,需清理并调整火花塞,必要时需更换火花塞;检查机油是否充足,如不足,需添加机油。

② 故障2:手控盒无法正常工作,无电压输出。

解决方法:检查发电机和气泵电源线是否已连接到手控盒上,并确认连接是否牢固,是否存在线头氧化等问题,如发现线头氧化,需用酒精进行清洗擦拭;检查手控盒按钮开关是否正常,可用万用表或试灯进行诊断。

③ 故障3:升降杆无法正常升起。

解决方法:检查气泵电源是否正常连接;检查气泵是否正常工作;查看气泵到气动灯杆连接管是否漏气或破损;检查灯杆密封件是否损坏漏气。

④ 故障4:升降杆无法正常降落。

解决方法:检查排气电磁阀电路是否正常通断;检查排气电磁阀是否损坏。

⑤ 故障5:照明灯无法点亮。

解决方法:检查照明灯与发电机和手控盒之间的连接线是否连接牢固,可以使用万用表进行通断测量或测量是否有电源,测量电源时需注意防止触电危险,需做好绝缘措施;查看灯泡是否安装正确或灯泡是否损坏。

⑥ 故障6:取力器无法连接或运行时发出异常声音。

解决方法:检查取力器电源通断情况;检查制动器是否处于驻车状态;检查取力器油位是否充足,如不足,需及时添加,同时查看油品是否乳化或失去润滑效果,需及时更换同型号的润滑油,不可混加、错加。

⑦ 故障7:气动升降杆无法升起或降落。

解决方法:查看控制箱电路通断和操作按钮开关情况,发现故障时,应断电操作,需做好防绝缘措施;使用万用表或试灯对控制升降的电磁气阀进行测量诊断,如无电,需检查控制电路通断情况或保险设备,有电无动作,需更换新的电磁气阀;检查气动升降杆的连接气管和气杆密封圈是否破损,如漏气,可使用胶布进行临时处理,事后应及时更换;如能升起但不能降落,需查看车辆是否停在平坦的地面上,否则可能会造成失灵现象。

⑧ 故障8:照明灯故障。

解决方法:如个别灯不亮,说明是分支回路中有断点,可以使用逐段验电的方法来查找断点。在电控系统正常情况下,有个别灯不亮,应拆卸灯泡或灯管检查,如损坏,需更换同瓦数的照明灯,过大可能会造成设备超负荷工作,易产生电器电线损坏,过小可能会造成照明环境不良,切勿带电操作。

(3) 只有当所有故障都被排除,气动升降照明灯能够正常运行时,参训人员才可以前往测试区进行操作测试。在测试区,他们需要对气动升降照明灯进行操作测试,以确保故障已被完全排除,可以正常运行。一旦操作完成,他们需要举手示意,并喊出"好",以通知教练员他们已经完成任务。

(4) 当听到"收操"的口令时,参训人员需要将所有器材归位,以确保场地的整洁和安全。

4. 操作要求

(1) 参训人员需着全套抢险救援防护装备,这是为了保护他们在训练过程中的安全。抢险救援防护装备可以提供防护,防止切削飞溅或其他危险物质对他们的身体造成伤害。

(2) 参训人员必须严格按照操作程序实施,这是为了确保训练的效果。只有通过严谨的操作程序,他们才能真正掌握气动升降照明灯的故障诊断与排除技能。

(3) 训练中禁止带电拆卸组装设备,这是为了保证参训人员的安全。带电操作可能会导致触电事故,造成严重的后果。

(4) 在拿取和归位器材时,参训人员需轻拿轻放,以保证器材的完好无损。这是为了保护训练器材的寿命,也是为了确保训练的顺利进行。

5. 成绩评定

(1) 计时从"开始"口令发出至喊"好"为止,以评估参训人员的操作速度和效率。只有快速准确地完成操作,才能在实际工作中更好地应对紧急情况。

(2) 操作时限为10 min,这是一个合理的时间限制,既保证了训练的效果,又不会使参训人员过于疲劳。

(3) 只有当操作完全正确,且对操作程序熟悉,才能评定为合格。这表明了训练的严格性和对参训人员技能的高要求。

(4) 如果操作不按照程序进行,或者不符合操作要求,或者超出操作时限,则评定为不合格。这样的评估方式可以激励参训人员在训练中认真学习,提高他们的技术水平。

四、救生抛投器故障诊断与排除操作训练方法

1. 训练目的

本项训练旨在提高装备维护员的作战能力和实战水平,使他们更好地掌握救生抛

投器的故障诊断与排除方法。通过实际操作，装备维护员将学会如何快速准确地诊断救生抛投器故障，并进行有效的维修，以确保其正常运转。

2. 场地器材

本项训练将在长 10 m 的场地上进行，在场地上分别标出起点线、操作区和测试区，如图 4-3-4 所示。起点线将标明装备维护员开始操作的位置。操作区将放置一台救生抛投器，以及维修工具等部分配件，装备维护员需要在维修区内对救生抛投器进行故障排查和维修。测试区将用于检验装备维护员的维修成果，以确保救生抛投器能够正常工作。

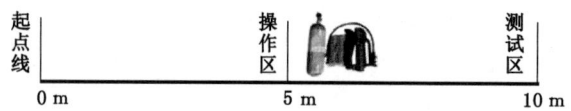

图 4-3-4　救生抛投器故障诊断与排除场地设置示意图

3. 操作程序

（1）参训人员需在起点线一侧保持立正姿势，全神贯注地等待指令。当听到"开始"的口令时，他们需要迅速反应，以最快的速度跑至操作区。

（2）在操作区，参训人员需要检查并操作救生抛投器。如果在操作过程中发现任何问题，他们应立即停止操作，并对故障点进行诊断和排除。

① 故障 1：使用抛投器时，无法正常发射。

解决方法：检查发射气瓶是否安装稳固；确认绳包已正确开启；查看气压表，确保气瓶压力达到正常使用额定压力。

② 故障 2：出现漏气现象。

解决方法：若充装气体时出现漏气声音，检查气管或连接接头密封件，发现泄漏处及时更换；充气体完成后出现漏气现象，可通过救生抛投器自身的压力表观察，并使用泡沫水进行检查判断；检查安全阀是否损坏导致处于常开状态，应及时更换新的安全阀。

③ 故障 3：CO_2 储气瓶故障。

解决方法：检查 CO_2 储气瓶管路是否磨损或出现漏气，导致无法提供足够的压力；若发现 CO_2 储气瓶气压指示不正常，需检查气压过低的原因，并及时更换气压表。

（3）只有当所有故障都被排除，救生抛投器能够正常运行时，参训人员才可以前往测试区进行操作测试。

（4）在测试区，参训人员需要对救生抛投器进行操作测试，以确保故障已被完全排除，可以正常运行。一旦操作完成，他们需要举手示意，并喊出"好"，以通知教练员他们已经完成任务。

（5）当听到"收操"的口令时，参训人员需要将所有器材归位，以确保场地的整洁和安全。

4. 操作要求

(1) 参训人员需着全套抢险救援防护装备。

(2) 必须严格按照操作程序执行。

(3) 严禁进行超高压危险操作。

(4) 在取放器材时需轻拿轻放。

(5) 禁止将发射口对人。

5. 成绩评定

(1) 计时从"开始"口令发出至喊"好"为止。

(2) 操作时限为 20 min。

(3) 若操作完全正确,且对程序熟悉,则为合格;若不按程序操作、不符合操作要求或超出操作时限,则为不合格。

第四节　液压类装备器材故障诊断与排除训练

一、液压破拆工具组故障诊断与排除操作训练方法

1. 训练目的

本项训练的主要目的是让装备维护员深入理解并掌握液压破拆工具组的故障诊断与排除方法。通过这样的训练,希望装备维护员能够在实际工作中迅速准确地识别和解决液压破拆工具组的故障,从而提高他们的工作效率和应对紧急情况的能力。同时,也希望他们能够将这些知识技能传授给其他队员,提高整体的作战能力和实战水平。

2. 场地器材

在长 10 m 的场地上标出起点线、操作区和测试区,如图 4-4-1 所示。操作区将配备机动泵、导管、液压扩张器、操作台、维修工具以及部分配件。这些设备和工具都是实际操作中可能会遇到的,通过模拟真实环境,让装备维护员在训练中掌握液压破拆工具组的故障诊断与排除方法。

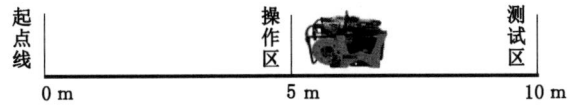

图 4-4-1　液压破拆工具组故障诊断与排除场地设置示意图

3. 操作程序

(1) 装备维护员需要站在起点线一侧,保持立正姿势,全神贯注地等待口令。

(2) 当听到"开始"的口令时,装备维护员需要迅速行动,跑到操作区。在操作区,装

备维护员需要将液压破拆工具组连接并启动,然后开始诊断故障点。如果在此过程中发现任何问题,装备维护员必须立即停止机器的运转,以防止可能的安全隐患。在机器停止运转后,装备维护员需要对发现的故障进行排除,然后再重新连接器材,完成操作。

① 故障1:油泵不供油或供油间断或有气流流动噪声。

解决办法:检查油位,如油位过低,需补充液压油提高油位;检查油箱内是否存在负压,如有负压需松开油箱盖;检查滤油器是否堵塞,如有堵塞需清除堵塞物。

② 故障2:高压供油不足。

解决办法:检查高压阀、低压阀或安全阀是否被污物堵住,如有需拆下相关阀门,清除污物后重新安装;检查柱塞运动阀或密封圈是否磨损,吸油单向阀密封是否严密,如不严密需更换密封圈或阀门。

③ 故障3:低压供油不足。

解决办法:检查吸油单向阀密封是否严密,低压阀密封是否严密,如不严密需更换密封圈或清除污物。

④ 故障4:手柄回弹。

解决办法:检查出油单向阀阀口是否有杂物,如有需清除杂物。

⑤ 故障5:手柄操作费力。

解决办法:检查安全阀压力是否过高,如过高需调整泄油压力。

⑥ 故障6:破拆工具头工作无压力。

解决办法:检查换向塞O形圈是否损坏,如损坏需更换O形圈。

⑦ 故障7:转动换向手轮而剪切器活塞不运动。

解决办法:检查油管是否正常连接;检查液压泵液压油是否充足。

⑧ 故障8:剪切器载荷时活塞杆不移动,无负载时正常工作。

解决办法:检查剪切器负载是否超过工具支撑能力。

⑨ 故障9:接口漏油。

解决办法:检查胶圈是否老化或操作不当。

⑩ 故障10:接口连接不上。

解决办法:检查是否操作不当(带压情况下拆卸接口)引起的系统内憋压。

⑪ 故障11:快速接头插拔困难。

解决办法:检查滚花套是否到位,检查接头是否被尘粒污染。

⑫ 故障12:剪切器不工作。

解决办法:检查供油开关是否为工作位置;检查液压油量是否充足。

⑬ 故障13:换向手轮不能自动回位。

解决办法:检查回位弹簧是否变形或损坏。

⑭ 故障14:换向手轮漏油。

解决方法:检查油缸和开关间的连接螺钉是否松动;检查油缸和开关间密封件是否

损坏。

(3) 当操作完成后,装备维护员需要举手示意,并高喊"好",表示操作已经完成。当听到"收操"的口令时,装备维护员需要将所有器材复位,结束本项训练。

4. 操作要求

首先,装备维护员必须着全套抢险救援防护装备,以确保在操作过程中的安全;其次,必须严格按照操作程序实施,确保操作的准确性;最后,拿取器材时必须轻拿轻放,以防止对器材造成不必要的损伤。

5. 成绩评定

首先,计时从"开始"口令发出至喊"好"为止,这将考察装备维护员的操作速度和效率;其次,操作时限为 20 min,超过这个时间的操作将被视为不合格;最后,操作完全正确、对程序熟悉者将被评定为合格,而不按程序操作、不符合操作要求或超出操作时限者将被评定为不合格。

二、手动液压泵故障诊断与排除操作训练方法

1. 训练目的

本项训练的主要目的是让装备维护员深入理解并掌握手动液压泵的故障诊断与排除方法。通过这样的训练,希望装备维护员能够在实际工作中迅速准确地识别和解决手动液压泵的故障,从而提高他们的工作效率和应对紧急情况的能力。同时,也希望他们能够将这些知识技能传授给其他队员,提高整体的作战能力和实战水平。

2. 场地器材

在长 10 m 的场地上标出起点线、操作区和测试区,如图 4-4-2 所示。操作区将配备手动液压泵及配套工具。这些设备和工具都是实际操作中可能会遇到的,通过模拟真实环境,让装备维护员在训练中掌握手动液压泵的故障诊断与排除方法。

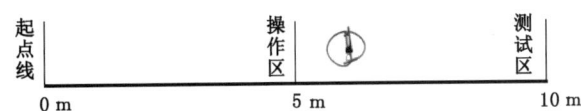

图 4-4-2 手动液压泵故障诊断与排除场地设置示意图

3. 操作程序

(1) 装备维护员需要站在起点线一侧,保持立正姿势,全神贯注地等待口令。

(2) 当听到"开始"的口令时,装备维护员需要迅速行动,跑到操作区。在操作区,装备维护员需要检查并操作手动液压泵,连接配套工具,在连接过程中,需要确保所有部件都正确连接,以保证操作的顺利进行。随后,装备维护员开始对手动液压泵进行操作,观察其工作状态,发现问题,对其故障进行排除。

(3) 在故障排除过程中,装备维护员需要仔细分析问题,找出故障原因,并采取相

应的措施进行排除。

① 故障1:油泵不供油或供油间断或有气流流动噪声。

解决方法:因油位过低引起的供油不畅应及时添加油液;因油箱内有负压造成的供油间断应松开油箱盖;因滤油器堵塞造成的气流噪声应及时清除堵塞物。

② 故障2:高压、低压供油不足。

解决方法:因高压阀、低压阀或安全阀有污物堵住,柱塞运动阀或密封圈磨损,吸油单向阀密封不严等原因造成的高压供油不足应将相关阀门拆下,清除污物后重新安装,并更换密封圈。

③ 故障3:手柄回弹和手柄操作费力。

解决方法:因出油单向阀阀口有杂物造成手柄回弹时,应及时清除杂物;因安全阀压力过高造成手柄操作费力时,应调整泄油压力。

④ 故障4:手柄空旷无力。

解决方法:使用时反复按压没有压力,打开油缸检查孔查看液压油位,如缺少,应添加同型号的液压油。

(4) 在故障排除后,装备维护员需要测试,确保手动液压泵能够正常工作。当操作完成后,装备维护员需要举手示意,并高喊"好",表示操作已经完成。

4. 操作要求

首先,装备维护员必须着全套抢险救援防护装备,以确保在操作过程中的安全;其次,必须严格按照操作程序实施,确保操作的准确性;最后,拿取器材时必须轻拿轻放,以防止对器材造成不必要的损伤。

5. 成绩评定

首先,计时从"开始"口令发出至喊"好"为止,这将考察装备维护员的操作速度和效率;其次,操作时限为 10 min,超过这个时间的操作将被视为不合格;最后,操作完全正确、对程序熟悉者将被评定为合格,而不按程序操作、不符合操作要求或超出操作时限者将被评定为不合格。

三、手动液压万向剪切钳故障诊断与排除操作训练方法

1. 训练目的

本项训练的主要目的是让装备维护员深入理解并掌握手动液压万向剪切钳的故障诊断与排除方法。通过这样的训练,希望装备维护员能够在实际工作中迅速准确地识别和解决手动液压万向剪切钳的故障,从而提高他们的工作效率和应对紧急情况的能力。同时,也希望他们能够将这些知识技能传授给其他队员,提高整体的作战能力和实战水平。

2. 场地器材

在长 10 m 的场地上标出起点线、操作区和测试区,如图 4-4-3 所示。操作区将配备

手动液压万向剪切钳及配套工具。这些设备和工具都是实际操作中可能会遇到的,通过模拟真实环境,让装备维护员在训练中掌握手动液压万向剪切钳的故障诊断与排除方法。

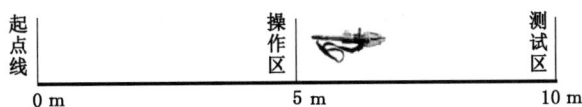

图 4-4-3　手动液压万向剪切钳故障诊断与排除场地设置示意图

3. 操作程序

(1) 装备维护员需要站在起点线一侧,保持立正姿势,全神贯注地等待口令。当听到"开始"的口令时,装备维护员需要迅速行动,跑到操作区。

(2) 在操作区,装备维护员需要检查并操作手动液压万向剪切钳。在此过程中,需要注意观察设备的工作状态,查找可能存在的问题。一旦发现问题,如手动液压万向剪切钳无法正常剪切、液压系统压力不足等,需要立即对其故障进行排除。

① 故障1:钳口磨损严重。

解决方法:钳口磨损严重是引起打滑的主要原因,而钳口磨损的原因有两种,一种为正常磨损,经历了长期工作后,锋利的钳口齿尖被磨钝,夹紧时,齿尖咬不进管子表面,引起打滑,这种情况可以通过研磨或更换新的钳口来解决。另一种为非正常磨损,导致实际工作能力下降,这种情况应及时更换牙片。

② 故障2:钳口牙槽被杂物堵塞。

解决方法:手动液压万向剪切钳在使用过程中,牙片牙槽间积满油管表面的锈蚀碎屑或其他杂物,牙槽被填平,当钳头抱管时,牙齿咬不进油管表面引起打滑,应用钢丝刷及柴油顺着牙槽的方向清洗。

③ 故障3:操纵杆调整不当。

解决方法:换向阀阀芯移动不到位,这种情况使换向阀的油路通道不能全部打开,造成节流现象,使液压马达转速降低,应及时检查换向阀阀芯,必要时进行清洗或更换。

④ 故障4:剪切时无压力。

解决方法:检查油缸内的液压油是否缺少或油品变质,缺少时应添加同型号的液压油,油品变质应清洗并更换液压油;检查油缸密封件有无破损漏油现象,如果是部件松动造成漏油现象,应紧固松动部位,如果是密封圈老化损坏造成漏油现象,应及时更换密封圈。

(3) 在故障排除后,装备维护员需要测试,确保手动液压万向剪切钳能够正常工作。当操作完成后,装备维护员需要举手示意,并高喊"好",表示操作已经完成。

(4) 当听到"收操"的口令时,装备维护员需要将所有器材复位,结束本项训练。

4. 操作要求

首先,装备维护员必须着全套抢险救援防护装备,以确保在操作过程中的安全;其次,必须严格按照操作程序实施,确保操作的准确性;最后,拿取器材时必须轻拿轻放,以防止对器材造成不必要的损伤。

5. 成绩评定

首先,计时从"开始"口令发出至喊"好"为止,这将考察装备维护员的操作速度和效率;其次,操作时限为 10 min,超过这个时间的操作将被视为不合格;最后,操作完全正确、对程序熟悉者将被评定为合格,而不按程序操作、不符合操作要求或超出操作时限者将被评定为不合格。

第五节 举高消防车故障诊断与排除训练

一、登高平台消防车故障诊断与排除操作训练方法

1. 训练目的

本项训练的主要目的是让装备维护员深入理解和掌握登高平台消防车的故障诊断与排除方法。通过这样的训练,希望装备维护员能够在实际工作中迅速准确地识别和解决登高平台消防车的故障,从而提高他们的工作效率和应对紧急情况的能力。同时,也希望他们能够将这些知识技能传授给其他队员,提高整体的技术保障能力。

2. 场地器材

在长 30 m 的场地上标出起点线、操作区和测试区,如图 4-5-1 所示。操作区将停放一辆登高平台消防车以及放置车辆配件和维修工具等。这些设备和工具都是实际操作中可能会遇到的,通过模拟真实环境,让装备维护员在训练中掌握登高平台消防车的故障诊断与排除方法。

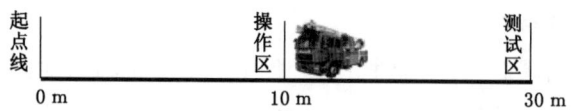

图 4-5-1 登高平台消防车故障诊断与排除场地设置示意图

3. 操作程序

(1)装备维护员需要站在起点线一侧,保持立正姿势,全神贯注地等待口令。当听到"开始"的口令时,装备维护员需要迅速行动,跑到操作区。

(2)在操作区,装备维护员需要将车辆启动,并开始查找可能存在的故障点。一旦发现问题,如发动机异常、液压系统故障等,需要立即停止并熄灭车辆,以防止进一步的损伤。然后,装备维护员需要对故障点进行诊断,找出故障原因,并根据情况采取相应的措施进行排除。

① 故障1:臂架操作前,取力器挂上后支腿不能伸展。

解决方法：取力器根本未挂上，应检查取力器；在臂架自检之前或自检时支腿操作杆没有在其初始位置上，应注意屏幕提示，松开操作杆，1 s 后重新按一次。

② 故障 2：臂架操作前，支腿落地，但车后指示灯没有持续亮起。

解决方法：支腿操作没有完全到位，达不到足够的地面接触力，应在支腿踏板下安装垫板；支腿操作已完全到位，达到足够的地面接触压力，应检测电器元件连接线路；车辆倾斜或底盘扭动太大，应减少车辆的倾斜，可以从器材箱里取出垫板放到轮胎下。

③ 故障 3：臂架操作前，屏幕上显示臂架有严重故障。

解决方法：在所有的控制系统和传感器的自检过程中发现重要元件有故障，元件名称会在屏幕上标明，应更换故障元件；尽管有些重要元件发生故障，但自检认为不影响臂架操作的话，臂架还是可以操作的，这时发生故障的元件名称仍会显示在屏幕的文本区，应更换故障元件。

④ 故障 4：臂架操作过程中开关或传感器故障。

解决方法：在臂架操作过程中所有重要的元件都被监控，发生故障的元件会在屏幕上显示，应参考屏幕上的故障信息，并进行排除。

⑤ 故障 5：臂架操作过程中记忆功能失灵。

解决方法：传感器故障，应参考屏幕上的故障信息，并进行排除。

⑥ 故障 6：臂架操作过程中臂架功能失灵。

解决方法：保险故障，应检查保险盒上的保险，如有损坏则更换。

⑦ 故障 7：臂架操作过程中自检通过、保险完好而臂架功能失灵。

解决方法：屏幕上会显示短路或断路信息，应参考屏幕上的故障信息，并进行排除。

⑧ 故障 8：操作完成后，支腿不能收回。

解决方法：臂架回收到托架中的接触传感器发生故障或未收到正确的信号，应将臂架完全回收到位，并落入托架中间位置；在臂架回位过程中，支腿控制杆被误操作，应松开控制杆后 1 s 左右再次压下按钮。

⑨ 故障 9：自动变速箱的车辆不能进入行驶挡，仍保留空挡。

解决方法：支腿没有完全收回，后部下车操作处红色的支腿指示灯亮，应挂上手刹，打开取力器开关，完全收回支腿。

（3）在故障排除完毕后，装备维护员需要重新启动车辆，并将其驶离操作区，前往测试区完成测试。在测试区，装备维护员需要对车辆进行全面的检查，确保所有的故障都已经排除，车辆能够正常运行。

（4）操作完成后，装备维护员需要举手示意，并高喊"好"，表示操作已经完成。

（5）当听到"收操"的口令时，装备维护员需要将所有器材复位，结束本项训练。

4．操作要求

首先，装备维护员必须着全套抢险救援防护装备，以确保在操作过程中的安全；其次，必须严格按照操作程序实施，确保操作的准确性；再次，严禁进行危险操作或强制操作,以防止发生意外;此外,上下车时禁止跳跃,以保证安全;最后,禁止从支腿、臂架下方穿行,以防止发生意外伤害。

5. 成绩评定

首先,计时从"开始"口令发出至喊"好"为止,这将考察装备维护员的操作速度和效率;其次,操作时限为 30 min,超过这个时间的操作将被视为不合格;最后,操作完全正确、对程序熟悉者将被评定为合格,而不按程序操作、不符合操作要求或超出操作时限者将被评定为不合格。

二、云梯消防车故障诊断与排除操作训练方法

1. 训练目的

本项训练的主要目的是让装备维护员深入理解和掌握云梯消防车的故障诊断与排除方法。通过这样的训练,希望装备维护员能够在实际工作中迅速准确地识别和解决云梯消防车的故障,从而提高他们的工作效率和应对紧急情况的能力。同时,也希望他们能够将这些知识技能传授给其他队员,提高整体的技术保障能力。

2. 场地器材

在长 30 m 的场地上标出起点线、操作区和测试区,如图 4-5-2 所示。操作区将停放一辆云梯消防车以及放置车辆配件和维修工具等。这些设备和工具都是实际操作中可能会遇到的,通过模拟真实环境,让装备维护员在训练中掌握云梯消防车的故障诊断与排除方法。

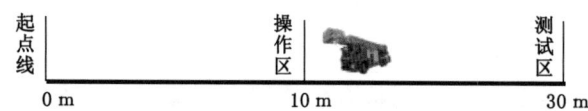

图 4-5-2 云梯消防车故障诊断与排除场地设置示意图

3. 操作程序

(1) 装备维护员需要站在起点线一侧,保持立正姿势,全神贯注地等待口令。当听到"开始"的口令时,装备维护员需要迅速行动,跑到操作区。

(2) 在操作区,装备维护员需要将车辆启动,并开始查找可能存在的故障点。一旦发现问题,如发动机异常、液压系统故障等,需要立即停止并熄灭车辆,以防止进一步的损伤。然后,装备维护员需要对故障点进行诊断,找出故障原因,并根据情况采取相应的措施进行排除。

① 故障 1:梯架操作前,取力器挂上后支腿不能伸展。

解决方法:取力器根本未挂上,应检查取力器;在梯架自检之前或自检时支腿操作杆没有在其初始位置上,应注意屏幕提示,松开操作杆,1 s 后重新按一次。

② 故障2：梯架操作前，支腿落地，但车后指示灯没有持续亮起。

解决方法：支腿操作没有完全到位，达不到足够的地面接触力，应在支腿踏板下安装垫板；车辆倾斜或底盘扭动太大，应减少车辆的倾斜，可以从器材箱里取出垫板放到轮胎下；弹簧锁钢绳断，应更换钢绳，更换时使用安全手套，做好安全防护。

③ 故障3：梯架操作过程中，开关或传感器故障。

解决方法：在梯架操作过程中所有重要的元件都被监控，发生故障的元件会在屏幕上显示，应参考屏幕上的故障信息，并进行排除。

④ 故障4：梯架操作过程中记忆功能失灵。

解决方法：传感器故障，应参考屏幕上的故障信息，并进行排除。

⑤ 故障5：操作完成后，支腿不能回收。

解决方法：梯架回收到支架中的接触传感器发生故障或未收到正确的信号，应将梯架完全收回，并落入支架中间位置，检查上下车互锁开关。

⑥ 故障6：自动变速箱的车辆不能进入行驶挡，仍保留空挡。

解决方法：支腿没有完全收回，后部下车操作处红色的支腿指示灯亮，应挂上手刹，打开取力器开关，完全收回支腿；取力器仍处于接合状态，应到驾驶室关闭取力器。

(3) 在故障排除完毕后，装备维护员需要重新启动车辆，并将其驶离操作区，前往测试区完成测试。在测试区，装备维护员需要对车辆进行全面的检查，确保所有的故障都已经排除，车辆能够正常运行。

(4) 操作完成后，装备维护员需要举手示意，并高喊"好"，表示操作已经完成。

(5) 当听到"收操"的口令时，装备维护员需要将所有器材复位，结束本项训练。

4. 操作要求

首先，装备维护员必须着全套抢险救援防护装备，以确保在操作过程中的安全；其次，必须严格按照操作程序实施，确保操作的准确性；再次，严禁进行危险操作或强制操作，以防止发生意外；此外，上下车时禁止跳跃，以保证安全；最后，禁止从支腿、梯架下方穿行，以防止发生意外伤害。

5. 成绩评定

首先，计时从"开始"口令发出至喊"好"为止，这将考察装备维护员的操作速度和效率；其次，操作时限为 30 min，超过这个时间的操作将被视为不合格；最后，操作完全正确、对程序熟悉者将被评定为合格，而不按程序操作、不符合操作要求或超出操作时限者将被评定为不合格。

三、举高喷射消防车故障诊断与排除操作训练方法

1. 训练目的

本项训练的主要目的是让装备维护员深入理解和掌握举高喷射消防车的故障诊断与排除方法。通过这样的训练，希望装备维护员能够在实际工作中迅速准确地识别和

解决举高喷射消防车的故障,从而提高他们的工作效率和应对紧急情况的能力。同时,也希望他们能够将这些知识技能传授给其他队员,提高整体的技术保障能力。

2. 场地器材

在长 30 m 的场地上标出起点线、操作区和测试区,如图 4-5-3 所示。操作区将停放一辆举高喷射消防车以及放置车辆配件和维修工具等。这些设备和工具都是实际操作中可能会遇到的,通过模拟真实环境,让装备维护员在训练中掌握举高喷射消防车的故障诊断与排除方法。

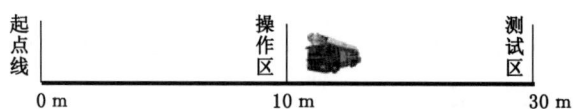

图 4-5-3　举高喷射消防车故障诊断与排除场地设置示意图

3. 操作程序

(1) 装备维护员需要站在起点线一侧,保持立正姿势,全神贯注地等待口令。当听到"开始"的口令时,装备维护员需要迅速行动,跑到操作区。

(2) 在操作区,装备维护员需要将车辆启动,并开始查找可能存在的故障点。一旦发现问题,如发动机异常、液压系统故障等,需要立即停止并熄灭车辆,以防止进一步的损伤。然后,装备维护员需要对故障点进行诊断,找出故障原因,并根据情况采取相应的措施进行排除。

(3) 在故障排除完毕后,装备维护员需要重新启动车辆,并将其驶离操作区,前往测试区完成测试。在测试区,装备维护员需要对车辆进行全面的检查,确保所有的故障都已经排除,车辆能够正常运行。

(4) 操作完成后,装备维护员需要举手示意,并高喊"好",表示操作已经完成。

(5) 当听到"收操"的口令时,装备维护员需要将所有器材复位,结束本项训练。

4. 操作要求

首先,装备维护员必须着全套抢险救援防护装备,以确保在操作过程中的安全;其次,必须严格按照操作程序实施,确保操作的准确性;再次,严禁进行危险操作或强制操作,以防止发生意外;此外,上下车时禁止跳跃,以保证安全;最后,禁止从支腿、臂架下方穿行,以防止发生意外伤害。

5. 成绩评定

首先,计时从"开始"口令发出至喊"好"为止,这将考察装备维护员的操作速度和效率;其次,操作时限为 30 min,超过这个时间的操作将被视为不合格;最后,操作完全正确、对程序熟悉者将被评定为合格,而不按程序操作、不符合操作要求或超出操作时限者将被评定为不合格。

四、举高破拆消防车故障诊断与排除操作训练方法

1. 训练目的

本项训练的主要目的是让装备维护员深入理解和掌握举高破拆消防车的故障诊断与排除方法。在实际的消防救援行动中,举高破拆消防车的正常运行对于执行高空救援、建筑物破拆等任务至关重要。因此,通过本项训练,希望装备维护员能够熟练掌握相关的技能,提高他们的技术保障能力,从而在实际工作中能够快速、准确地处理各种车辆故障,确保消防救援行动的顺利实施。

2. 场地器材

在长 30 m 的场地上标出起点线、操作区和测试区,如图 4-5-4 所示。操作区将停放一辆举高破拆消防车以及放置车辆配件和维修工具等。这些设备和工具都是实际操作中可能会遇到的,通过模拟真实环境,让装备维护员在训练中掌握举高破拆消防车的故障诊断与排除方法。

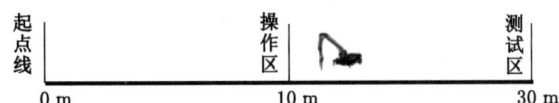

图 4-5-4 举高破拆消防车故障诊断与排除场地设置示意图

3. 操作程序

(1) 装备维护员需要站在起点线一侧,保持立正姿势,全神贯注地等待口令。当听到"开始"的口令时,装备维护员需要迅速行动,跑到操作区。

(2) 在操作区,装备维护员需要将车辆启动,并开始查找可能存在的故障点。一旦发现问题,如发动机异常、液压系统故障等,需要立即停止并熄灭车辆,以防止进一步的损伤。然后,装备维护员需要对故障点进行诊断,找出故障原因,并根据情况采取相应的措施进行排除。

① 故障1:主泵工作管路剧烈振动。

解决方法:液压系统中有空气,应开管路接头放气;管路压板松动,应重新固定管路。

② 故障2:出现噪声。

解决方法:吸油管吸入空气,应给油箱加油或紧固接头;滤油器堵塞,应清洗滤油器;液压油的黏度太高、温度太低,应更换或加热液压油;泵转速过高,应降低转速;泵轴传动轴松动,应重新紧固传动轴;阻尼阀堵塞,应清洗阻尼阀或更换。

③ 故障3:液压油有大量泡沫或乳化变质。

解决方法:液压油内混入空气,应排除空气;回油太快,应调节节流阀;液压油不足,应加油至油标上限;液压油氧化,应全部换新油。

④ 故障4:工作油缸动作无力。

解决方法:安全阀失灵,调整值变动,应调整压力;油缸中有空气,应排除空气;油缸内泄严重,应更换密封件;伺服压力低,应调伺服溢流阀压力。

⑤ 故障5:压力不足或系统无动作。

解决方法:油泵损坏,应拆泵检查维修或更换;多路换向阀滑阀不动作,应修复或更换;油缸密封件损坏,应更换密封件;电液比例阀失灵失控,应更换电磁铁,清洗阀芯;电磁阀不换向、不复位,应更换电磁阀、弹簧或推杆。

⑥ 故障6:滤芯内出现氧化皮。

解决方法:系统管路不清洁,应清洗管路;液压元件不清洁,应确认后清洗元件。

⑦ 故障7:滤芯内发现铁屑等磨料。

解决方法:主阀或管路不清洁,应清洗主阀和管路;油缸内密封件损坏,应更换密封件。

⑧ 故障8:接头处漏油。

解决方法:接头未拧紧,应紧固接头;密封件损坏,应更换密封件。

⑨ 故障9:遥控操作困难。

解决方法:缺乏润滑油,应润滑遥控器的连接和轴套。

⑩ 故障10:破碎机打击声音不对。

解决方法:蓄能器气压不足或发生空击现象,应检查蓄能器气压或重新设定打击位置。

⑪ 故障11:破碎机剧烈振动。

解决方法:打击时间过长,损坏蓄能器或钎杆磨损严重,应更换蓄能器或钎杆。

⑫ 故障12:钎杆不能正常打击。

解决方法:钎杆变形和蓄能器损坏,应更换钎杆和蓄能器。

⑬ 故障13:剪切机不能旋转。

解决方法:油压不足或马达损坏,应检查系统压力或更换马达。

⑭ 故障14:剪切力度不足。

解决方法:油压不足或剪切油缸内泄,应检查系统压力或剪切油缸。

⑮ 故障15:液压钳抓取物体后不能自锁。

解决方法:抓取油缸的液压锁已损坏,应更换液压锁。

⑯ 故障16:液压钳不能旋转。

解决方法:油压力不足或马达损坏,检查系统压力或更换马达。

⑰ 故障17:破拆辅助具液压快换接头不能自由拔插。

解决方法:快换接头损坏或有一端接头憋压,应更换快换接头或用扳手卸开接头泄压。

(3) 在故障排除完毕后,装备维护员需要重新启动车辆,并将其驶离操作区,前往测试区完成测试。在测试区,装备维护员需要对车辆进行全面的检查,确保所有的故障都已经排除,车辆能够正常运行。

(4)操作完成后,装备维护员需要举手示意,并高喊"好",表示操作已经完成。

(5)当听到"收操"的口令时,装备维护员需要将所有器材复位,结束本项训练。

4. 操作要求

首先,装备维护员必须着全套抢险救援防护装备,以确保在操作过程中的安全;其次,必须严格按照操作程序实施,确保操作的准确性;再次,严禁进行危险操作或强制操作,以防止发生意外;此外,上下车时禁止跳跃,以保证安全;最后,禁止从支腿、臂架下方穿行,以防止发生意外伤害。

5. 成绩评定

首先,计时从"开始"口令发出至喊"好"为止,这将考察装备维护员的操作速度和效率;其次,操作时限为 30 min,超过这个时间的操作将被视为不合格;最后,操作完全正确、对程序熟悉者将被评定为合格,而不按程序操作、不符合操作要求或超出操作时限者将被评定为不合格。

第六节　消防车底盘故障诊断与排除训练

一、车用消防泵故障诊断与排除操作训练方法

1. 训练目的

本项训练的主要目的是让装备维护员深入理解和掌握车用消防泵的故障诊断与排除方法。在实际的消防救援行动中,车用消防泵的正常运行对于灭火、供水等任务至关重要。因此,通过本项训练,希望装备维护员能够熟练掌握相关的技能,提高他们的技术保障能力,从而在实际工作中能够快速、准确地处理各种车用消防泵故障,确保消防救援行动的顺利实施。

2. 场地器材

在一个长 10 m 的场地上标出起点线、操作区和测试区,如图 4-6-1 所示。操作区将停放一辆存在车用消防泵故障的消防车,以及放置万用表、试灯、内六角扳手、十字螺丝刀、一字螺丝刀、尖嘴钳、绝缘胶布、电烙铁等维修工具。这些设备和工具都是实际操作中可能会遇到的,通过模拟真实环境,让装备维护员在训练中掌握车用消防泵的故障诊断与排除方法。

3. 操作程序

(1)装备维护员需要站在起点线一侧,保持立正姿势,全神贯注地等待口令。当听到"开始"的口令时,装备维护员需要迅速行动,跑到操作区。

(2)在操作区,装备维护员需要启动车辆,进行出水或吸水测试,以便判断和分析

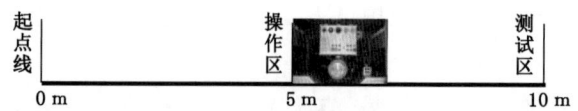

图 4-6-1　车用消防泵故障诊断与排除场地设置示意图

故障的部位和原因。

① 故障 1：泵启动后不出水。

解决方法：如果取力器没有接合，应挂挡接合取力器；如果入水口的阀门没有打开，应打开入水口阀门；如果出口阀没有打开，应打开出水口阀门；如果叶轮没有工作，应检查叶轮是否损坏，必要时更换。

② 故障 2：流量不足。

解决方法：如果阀门开启程度不够，应增加阀门开启度；如果系统中有异物堵塞通道，应清理管道；如果转速过低，应增加转速；如果密封泄漏严重，应调整填料压紧程度，必要时更换；如果密封环磨损严重，应更换密封环。

③ 故障 3：扬程不足。

解决方法：如果阀门开启程度过大，应合理控制出水口开启数量和开启度；如果发生气蚀，应检查入水口管路；如果转速过低，应提高泵的输入转速；如果密封环磨损严重，应更换密封环；如果管路损失过大，应检查管路并清理；如果泵旋向错误，应检查泵输入轴旋向或更换泵。

④ 故障 4：泵有异常声音。

解决方法：如果发生气蚀，应检查入水口管路；如果泵内进有异物，应拆开泵检查并清除异物；如果轴承损坏，应更换轴承；如果缺少润滑油，应添加润滑油。

⑤ 故障 5：泵出现振动。

解决方法：泵振动故障可能由气蚀、流量过小或轴承损坏引起，应检查吸水口管路、调整阀门开启度或更换轴承。

⑥ 故障 6：密封泄漏。

解决方法：密封泄漏的故障可以通过添加缺失的密封填料或更换损坏的机械密封来解决。

⑦ 故障 7：变速箱发热。

解决方法：变速箱发热可能是因为缺少润滑油或叶轮平衡孔堵塞，添加润滑油并清除异物可以解决问题。

⑧ 故障 8：变速箱进水。

解决方法：当变速箱出现进水故障时，可能是由于油封失效或填料泄漏量过大导致的，应及时更换油封，并调整填料的压紧程度，以确保变速箱的密封性，防止水分进入。

⑨ 故障 9：泵吸不上水。

解决方法：当泵出现吸不上水的情况时，可能是由于泵入口前管线密封不严、管路中有异物堵塞、单向阀故障、抽吸高度过高、泵本身装配问题、发生气蚀、泵旋转方向错误、真空泵性能问题、电瓶电量不足、真空泵部件磨损或故障等原因造成的。为了解决这个问题，可以检查并确保管线密封性、清理管路异物、检查单向阀、降低吸深高度、更换泵、检查入水口管路、检查泵的旋向、真空泵的连接管路和电缆、充电电瓶、更换磨损部件或修复故障的开关控制阀。

⑩ 故障10：泵发生气蚀。

解决方法：泵发生气蚀是由于吸入管路系统或泵本身存在漏气现象，或者吸入管路系统堵塞导致通径变小所致。为了解决这个问题，可以检查并确保吸入管路系统的密封性，清理管路中的异物，或者更换大通径的吸入管以增加流量。

(3) 装备维护员需要利用提供的工具和配件对泵进行维修。在整个维修过程中，装备维护员需要严格按照操作程序进行，确保操作的准确性和安全性。

(4) 维修完成后，装备维护员需要再次启动车辆，进行测试，以确保泵能够正常工作。如果泵工作正常，操作完成，装备维护员需要举手示意，并高喊"好"。

(5) 当听到"收操"的口令时，装备维护员需要将所有器材复位，结束本项训练。

4. 操作要求

首先，装备维护员必须着全套抢险救援防护装备，以确保在操作过程中的安全；其次，在维修训练中，必须爱护器材，不得盲目拆卸和更换；再次，训练中不得损坏器材；此外，维修测试时要做好安全防护，不可盲目操作；最后，拆卸和更换零配件时，车辆必须熄火，关闭总电源开关。

5. 成绩评定

首先，计时从"开始"口令发出至喊"好"为止，这将考察装备维护员的操作速度和效率；其次，操作时限为 30 min，超过这个时间的操作将被视为不合格；最后，操作完全正确、对程序熟悉者将被评定为合格，而不按程序操作、不符合操作要求或超出操作时限者将被评定为不合格。

二、消防车底盘故障诊断与排除操作训练方法

1. 训练目的

本项训练的主要目的是让装备维护员深入理解和掌握消防车底盘的故障诊断与排除方法。在实际的消防救援行动中，消防车的正常运行对于灭火、供水等任务至关重要。因此，通过本项训练，希望装备维护员能够熟练掌握相关的技能，提高他们的技术保障能力，从而在实际工作中能够快速、准确地处理各种消防车底盘故障，确保消防救援行动的顺利实施。

2. 场地器材

在长 30 m 的场地上标出起点线、操作区和测试区，如图 4-6-2 所示。操作区将停放

一辆存在底盘故障的消防车,以及放置车辆配件和维修工具等。这些设备和工具都是实际操作中可能会遇到的,通过模拟真实环境,让装备维护员在训练中掌握消防车底盘的故障诊断与排除方法。

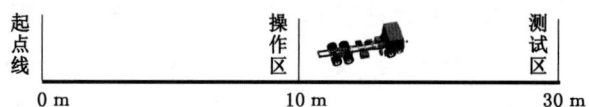

图 4-6-2　消防车底盘故障诊断与排除场地设置示意图

3. 操作程序

(1)装备维护员需要站在起点线一侧,保持立正姿势,全神贯注地等待口令。当听到"开始"的口令时,装备维护员需要迅速行动,跑到操作区。

(2)在操作区,装备维护员需要对车辆进行故障诊断。一旦发现问题,他们需要立即对故障点进行排除。在排除故障的过程中,他们需要严格按照操作程序进行,确保操作的准确性和安全性。

① 故障1:柴油机启动困难或不能启动。

解决方法:故障可能的原因包括燃油箱没油、燃油系统中有空气、燃油系统堵塞、喷油泵喷雾不良或喷油器压力过低、冬季气温低、蓄电池电压低、电气线路接头脱落、起动机齿轮不能嵌入飞轮齿圈、制动电磁阀失效、起动继电器故障、传感器故障或未处于空挡状态等。针对这些原因,可以采取相应的解决方法,如添加燃油、排除燃油系统内的空气并检查漏气之处、清洗燃油系统、清洗或调整喷油器、预热电阻式空气加热器、重新充电蓄电池、检查并牢固电气线路接头、修理起动机电磁开关、检查制动电磁阀、检修或更换起动继电器、查看相关闪码并更换相关传感器、将挡位调至空挡等。

② 故障2:柴油机功率不足。

解决方法:柴油机功率不足可能是多种原因造成的。例如,空气滤清器滤芯堵塞导致进气不足,燃油管路或燃油滤清器堵塞导致供油不足,气门间隙不对,喷油器雾化不良或喷油器供油不足,发动机过热,排气管或消声器积炭严重,以及燃油品质低等。针对这些原因,可以采取相应的解决方法,如清除空气滤清器滤芯尘土或更换滤芯,清洗燃油管路或更换燃油滤清器,调整气门间隙,检查、清洗或更换喷油器,检查发动机冷却系统并清理水垢和积炭,清除排气管或消声器积炭,以及更换为符合使用规格要求的燃油等。

③ 故障3:柴油机突然停机。

解决方法:柴油机突然停机可能是燃油系统进入空气、燃油管道或燃油滤清器堵塞以及高压喷油泵总成失效等原因造成的。为了解决这个问题,可以采取排除燃油系统内空气、清洗受阻的零件或更换燃油滤清器滤芯等措施。如果问题仍然存在,可能需要修复或更换高压喷油泵总成。

④ 故障4:柴油机运转声音异响。

解决方法:当柴油机出现运转声音异响时,可能是由于气门和摇臂间隙过大,导致气门机构中有金属敲击声,或者水泵轴承或发电机轴承损坏,产生连续响声。为了解决这个问题,可以检查并调整气门间隙,或者更换轴承或水泵、发电总成。

⑤ 故障5:柴油机运转不稳。

解决方法:柴油机运转不稳可能是燃油系统中有空气、柴油中混入较多水分、喷油器工作不良或燃油管路密封不良等原因造成的。为了解决这个问题,可以采取排除燃油系统内空气、检查燃油含水量并更换合格柴油和滤芯、检查清洗或更换喷油器、检查油箱至喷油器各燃油管路的密封性等措施。

⑥ 故障6:柴油机过热。

解决方法:柴油机过热时,可能出现冒黑烟等现象。为了解决这个问题,可以采取减轻负载、清洗或更换机油冷却器芯子、清洗冷却水箱散热片、添加冷却液、更换节温器、拆检并调整水泵皮带张紧度、清理冷却水路受阻部分等措施。在天气炎热或负载过重的情况下,应减轻负荷并降低车速。

⑦ 故障7:柴油机排气烟度不正常(冒黑烟)。

解决方法:柴油机冒黑烟可能是由于高压油管接头与喷油器体接合处不密封,或者是超负荷运转导致的,也可能是喷油器喷油不良、燃油质量太差或空气滤清器滤芯堵塞而进气不足引起的。此时,可以重新安装高压油管接头,卸去超载的负荷,清洗喷油器并在必要时更换,更换为规定牌号的燃油,清除滤芯尘土或更换滤芯,以及对增压柴油机检查增压器的转子旋转是否灵活等。

⑧ 故障8:柴油机排气烟度不正常(冒白烟)。

解决方法:柴油机冒白烟可能是由于燃油中水分过多或气温过低导致的,应更换为规定牌号的燃油,并清洗或更换油水分离滤芯器。冬季启动后,若白烟持续,应等水温升至50℃后再投入正常作业,避免因燃烧不良导致自动熄火。

⑨ 故障9:起动机故障。

解决方法:起动机故障可能是多种原因造成的。如果起动机有电但不转,可能需要更换起动机总成。如果起动机没电,应检查气动线路和保险是否正常。而如果是因为蓄电池电量不足导致起动机旋转无力,那么需要对蓄电池进行充电或更换。

⑩ 故障10:燃油消耗量增大。

解决方法:燃油消耗量增大可能是进气系统阻力增大或燃油系统泄漏严重导致的,应检查空气滤清器滤芯,并及时检修燃油系统管路的密封性。

⑪ 故障11:机油消耗量增大。

解决方法:空气滤清器滤芯堵塞或空压机进气负压过大可能会导致机油倒窜,从而使机油消耗量增大。此时,应清洁或更换空气滤清器滤芯。

⑫ 故障12:离合器分离不彻底或无法分离。

解决方法:首先需要检查管路中是否有残留气体,确保离合器操纵杆管路中的气体已经排尽。同时,也要检查分离轴承与分离拉环是否已经正确装配到位。

⑬ 故障 13:离合器异响。

解决方法:这可能是零件损坏或紧固螺丝松动所致,应更换损坏零件,并按规定扭矩紧固各螺栓。

⑭ 故障 14:离合器沉重。

解决方法:这可能是助力泵失效所致,应更换离合器助力泵。

⑮ 故障 15:传动轴异响和振动。

解决方法:首先需要检查传动轴上与变速器或中、后桥凸圆相连接的螺栓是否松动。检查后,按规定扭矩拧紧松动的螺栓,并更换已损坏的零件。此外,也要注意部分零件是否存在润滑不良的情况,通过加注润滑脂来润滑这些零件。

⑯ 故障 16:减速器总成与桥壳接合面漏油。

解决方法:这可能是由于接合面螺丝松动或涂胶不均匀所致,应拆下减速器总成,重新涂胶并正确装配,以确保接合面的密封性。

⑰ 故障 17:驱动桥传动凸圆处漏油。

解决方法:首先需要检查齿轮油的加油量是否过多或油质是否不符合标准,如果发现问题,应重新更换为合适的油料。同时,也要检查六角螺母是否松动,如果松动,应按规定扭矩拧紧螺母。

⑱ 故障 18:制动性能不良。

解决方法:首先需要检查制动蹄片是否磨损严重或制动盘与蹄片的间隙是否过大,如果磨损或间隙过大,需要调整间隙或更换蹄片后重新调整间隙。同时,也要检查制动踏板的自由行程是否在合适的范围内(一般为 10~15 mm),如果自由行程过大,应按规定值进行调整。此外,还要检查储气筒的气压是否充足,以及储气筒皮带是否松弛或打滑。如果制动阀挺杆锈蚀,也需要进行清理或更换。

⑲ 故障 19:制动跑偏。

解决方法:首先,需要检查轮胎的气压是否均匀,如果不均匀,需要调整至规定气压。其次,观察轮胎是否有偏磨现象,如有需要更换轮胎。再次,检查制动鼓与蹄片的间隙是否均匀,若间隙不均匀,则需调整至均匀。最后,还要注意车辆的装载是否均匀,因为装载不均匀也会导致制动跑偏。

⑳ 故障 20:转向盘操作沉重。

解决方法:首先需要检查的是动力转向油是否充足,如果发现油量不足,应当及时补充。同时,也要检查轮胎的胎压是否达标,若胎压不足,则需按照规定的气压进行调整。若以上方法都不能解决问题,还需要检查动力转向油是否变脏,若已经变脏,则需要更换油液,并对转向器和转向泵进行清洗。

㉑ 故障 21:转向盘不回位。

解决方法：应检查转向盘的转向盘轴承、转向拉杆等相关部件是否润滑充足，如果发现润滑脂不足，应当及时补充。

㉒ 故障22：转向盘摆动。

解决方法：检查车轮螺母是否紧固，如有松动需要用规定扭矩拧紧；检查轮胎气压是否充足，若不足则需调整至规定气压；检查车轮是否平衡，如果不平衡需要进行检查和调整；注意轮胎是否有偏磨现象，如有需要更换轮胎；检查转向拉杆球销是否松旷，若松旷则需更换拉杆球销；检查前轮定位参数是否正确，如有偏差需要进行检查和调整。

（3）待全部故障排除完毕后，装备维护员需要启动车辆，驶离操作区，至测试区完成测试。在测试过程中，他们需要确保车辆能够正常运行，以证明故障已经被成功排除。

（4）操作完毕后，装备维护员需要举手示意，并高喊"好"。

（5）当听到"收操"的口令时，装备维护员需要将所有器材复位，结束本项训练。

4. 操作要求

首先，装备维护员必须着全套抢险救援防护装备，以确保在操作过程中的安全；其次，必须严格按照操作程序实施，不得擅自改变操作步骤；再次，严禁进行危险操作或强制操作，以防止发生意外伤害；最后，上下车时禁止跳跃，以防止摔伤。

5. 成绩评定

首先，计时从"开始"口令发出至喊"好"为止，这将考察装备维护员的操作速度和效率；其次，操作时限为 30 min，超过这个时间的操作将被视为不合格；最后，操作完全正确、对程序熟悉者将被评定为合格，而不按程序操作、不符合操作要求或超出操作时限者将被评定为不合格。

第五章
战勤保障技能合成训练

第一节 阵地保障技能合成训练

在灭火救援现场,阵地保障是灭火救援行动的重要组成部分。良好的阵地保障可以确保灭火救援人员顺利完成灭火、救人和保护财产的任务。结合灭火救援现场的实际情况,提供如下供水、供液、供气、加油、供器材装备和技术抢修、现场急救等方面的阵地保障技能合成训练。

一、供水保障

供水保障是灭火救援行动中至关重要的一环,它关系到火场的灭火效果和人员的安全。因此,需要制定一套科学合理的供水保障策略。

1. 水源选择

首先,需要选择距离火场较近、供水量充足、水质良好的水源。水源可以是消防栓、天然水源(如河流、湖泊)或市政供水系统。选择水源时,要考虑到水源的距离,因为过远的水源会增加供水的时间,这对于灭火救援行动来说是非常不利的。同时,水源的供水量也要充足,以防火势扩大时水源不足。水质良好则是为了保证消防人员的健康。

2. 供水线路布局

合理布置水带线路,确保供水畅通。避免水带穿越道路、建筑等可能受损的区域。在火场周围设置足够的水带接口,以便快速接通其他供水设备。这一步需要考虑到供水线路的稳定性和灵活性,以便在火场发生变化时,能够快速调整供水线路。

3. 水压调节

根据火场实际情况,合理调节车用消防泵压力。在保证水枪有效射程的前提下,尽量降低水压以减少水带爆裂的风险。这一步需要有经验的消防人员进行操作,因为水压的调节直接影响到灭火的效果和水带的使用寿命。

4. 供水监控

安排专人监控远程泵组的运行情况，确保供水稳定。同时，密切关注水源水位变化，确保水源充足。这一步是为了防止因为设备故障或水源不足而导致的供水中断，这对于灭火救援行动来说是非常不利的。

二、供液保障

1. 选定合适灭火剂

首先，需要根据火场情况选择适当的灭火剂，从战勤保障仓库调集灭火剂或联勤相关灭火剂生产企业紧急筹措灭火剂，确保灭火剂充足且质量合格。在选择灭火剂时，需要考虑到火场的具体情况，如火源、火势、可燃物等因素。不同的火场情况可能需要使用不同的灭火剂，因此，要根据实际情况进行选择。

2. 供液装备的调集

根据装备配备实际，准备泡沫液输转泵、供液消防车、远程供液系统等相关供液设备。检查供液装备是否完好，保证其正常运行。供液装备的准备和检查是确保供液保障的关键环节，只有设备完好，才能保证供液的顺利进行。

3. 供液线路的布置

合理科学布置供液线路，确保供液畅通。避免供液线路穿越道路、建筑等可能受损的区域。在火场周围设置足够的供液接口，以便快速接通其他供液设备。供液线路的布置需要考虑到供液的稳定性和灵活性，以便在火场发生变化时，能够快速调整供液线路。

4. 供液监控

安排专人监控供液装备运行情况，确保供液稳定。同时，密切关注灭火剂的剩余量，确保供液充足。这一步是为了防止因为供液装备故障或灭火剂不足而导致的供液中断，这对于灭火救援行动来说是非常不利的。

总的来说，供液保障是灭火救援行动中不可或缺的一环，只有做好供液保障，才能为灭火救援行动提供有力的支持。在实际操作中，要根据火场的具体情况，灵活调整供液策略，确保灭火救援行动的顺利进行。

三、供气保障

在火场救援行动中，供气保障是至关重要的一环。恰当的气源选择，供气设备的准备，以及供气监控的实施，都是确保灾害现场救援行动能够顺利进行的关键因素。

1. 气源选择

根据灾害现场情况选择适当的气源，如氧气、压缩空气等，同时应确保气源充足且质量合格。在选择气源时，需要考虑到灾害现场的具体情况。不同的灾害现场情况可能需要使用不同的气源，因此，要根据实际情况进行选择。

2. 供气设备

准备氧气瓶、空气压缩机等供气设备。检查设备是否完好,保证其正常运行。供气设备的准备和检查是确保供气保障的关键环节,只有设备完好,才能保证供气的顺利进行。

3. 供气监控

安排专人监控供气设备运行情况,确保供气稳定。同时,密切关注气源剩余量,确保供气充足。这一步是为了防止因为设备故障或气源不足而导致的供气中断,这对于灾害现场应急救援行动来说是非常不利的。

四、加油保障

在火场救援行动中,加油保障同样具有举足轻重的地位。合理的油源选择,加油设备的准备,以及加油监控的实施,都是确保火场救援行动能够顺利进行的重要环节。

1. 油源选择

选择距离火场较近、油量充足、油质良好的油源。油源可以是加油站、油库或消防车自带燃油。在选择油源时,需要考虑到火场的具体情况,如火源、火势、可燃物等因素。不同的火场情况可能需要使用不同的油源,因此,要根据实际情况进行选择。例如,对于需要长时间燃烧的火场,可能需要选择油量充足的油库作为油源,而对于一般火场,消防车自带的燃油可能就足够了。

2. 加油设备

准备加油泵、油管等加油设备。检查设备是否完好,保证其正常运行。加油设备的准备和检查是确保加油保障的关键环节,只有设备完好,才能保证加油的顺利进行。

3. 加油监控

安排专人监控加油设备运行情况,确保加油稳定。同时,密切关注油源剩余量,确保油源充足。这一步是为了防止因为设备故障或油源不足而导致的加油中断,这对于火场救援行动来说是非常不利的。

在火场救援行动中,还需要注意燃油的安全使用。由于火场环境特殊,燃油泄漏、火灾等事故随时可能发生。因此,在加油过程中,要严格遵守安全规程,确保加油过程的安全。同时,对于消防车的燃油管理,也要有专门的规定,以防止在火场救援行动中出现燃油不足的情况。

在火场救援行动中,只有做好加油保障,才能确保火场救援行动的顺利进行。因此,要高度重视加油保障工作,切实加强加油保障的组织和实施,为火场救援行动提供有力的支持。

五、供器材装备保障

在消防救援工作中,器材装备的供给、维护和培训是至关重要的环节。首先,器材装备的供给要根据火场的具体情况来选择。例如,消防水枪、泡沫枪、灭火器、破拆器材等都是常见的消防器材装备,但具体使用哪种器材装备,需要根据火场的火势、环境等因素来决定。而且,这些器材装备的数量也要充足,不能在关键时刻因为器材装备不足而影响救援效果。同时,器材装备的质量也是需要严格把关的,只有质量合格的器材装备才能确保消防人员的安全和救援工作的顺利进行。

其次,器材装备的维护也是不能忽视的环节。定期检查器材装备,可以确保其正常运行,防止因为故障而影响救援效果。对于损坏的器材装备,要及时进行维修或更换,保证器材装备的完好率。同时,也要定期对器材装备进行保养,延长其使用寿命。

最后,器材装备的培训也是提高消防救援能力的重要途径。组织消防人员进行器材装备培训,可以使他们熟练掌握各种器材装备的操作方法,提高救援效率。同时,培训也可以提高消防人员的安全意识,使他们在火灾救援中能够更好地保护自己。

六、技术抢修保障

在火场救援行动中,确保装备的正常运行和技术支援的及时供应至关重要。为了提高救援效率和质量,需要做好装备检查、紧急抢修、物资储备和技术支援等方面的工作。

1. 装备检查

定期检查火场周围供水、供液、供气、加油等的装备,发现问题及时进行维修。装备检查是确保装备正常运行的基础工作。通过定期检查,可以及时发现装备的问题,避免在火场救援行动中因为装备故障而影响救援效果。检查的内容包括装备的运行状况、装备部件的磨损情况、装备的保养情况等。对于发现的问题,要及时进行维修,确保装备始终处于良好的运行状态。

2. 紧急抢修

对于突发的装备故障,迅速组织技术人员进行抢修,确保装备尽快恢复正常运行。在火场救援行动中,装备故障往往是突发性的,这就要求有快速响应的紧急抢修机制。一旦装备出现故障,要立即组织技术人员进行抢修,尽快恢复装备的正常运行。同时,还需要制定应急预案,确保在装备故障发生时能够迅速、有序地进行抢修工作。

3. 物资储备

准备充足的设备零部件和维修工具,以应对可能出现的装备故障。在火场救援行动中,装备故障是难以避免的。为了保证救援行动的顺利进行,需要储备一定数量的设备零部件和维修工具。这样,在装备出现故障时,可以迅速进行更换或维修,确保装备的正常运行。同时,还需要定期检查储备物资的质量和数量,确保物资的充足和完好。

4. 技术支援

与生产企业、科研院所等相关技术部门保持联系,随时请求技术支援。在火场救援行动中,可能会遇到一些复杂的装备问题,需要专业的技术支援。因此,要与相关技术部门保持联系,随时了解他们的技术动态和装备情况。在遇到复杂问题时,可以及时请求技术支援,提高装备问题的解决效率。同时,还需要加强与技术部门的合作,共同提高火场救援行动的技术水平。

七、现场急救保障

在紧急情况发生时,实施有效的现场急救措施至关重要。首先,需要对受伤人员进行初步检查,了解伤情,以便为接下来的急救处理提供依据。对于伤情较轻的人员,可以进行现场急救处理,包括止血、包扎、固定等操作,以减轻伤情、避免恶化。对于伤情较重的人员,则需要立即进行心肺复苏等紧急救治措施,同时尽快将其送至医疗机构进行进一步治疗。

为了提高现场急救的效果,需要配备专门的急救设备。急救箱是其中之一,内含各类急救药品、器械、敷料等,以备不时之需。急救包则是另一种选择,适用于单人携带,方便在各种环境中使用。此外,急救车也是重要的急救设备,它配备专业的急救设备和急救人员,既能在现场进行急救,也能将伤员迅速转运至医疗机构。

在现场急救过程中,专业的急救人员起着关键作用。需要组织专业急救队伍,并进行现场急救知识的培训,以提高其急救能力。同时,还要确保现场急救人员熟悉各类急救设备、器械的使用方法,并能熟练进行急救操作。

现场急救人员不仅要具备专业技能,还需要与现场其他救援人员保持密切联系,确保急救工作与整体救援行动相互配合。这样,才能确保在紧急情况发生时,能够迅速、有效地进行现场急救,为受伤人员提供及时的帮助,挽救生命,减轻伤害。

第二节 营地保障技能合成训练

为了在灭火救援行动中提供有力的后勤保障,需要综合考虑战勤保障中的生活保障和卫勤保障,并在"六车联保"的基础上,进行营地保障技能合成训练。

一、营地保障设置标准

1. 营地选址

在抵达集结地点后,应迅速选择一个适合搭建营区的场地。理想的场地应地势开阔、平坦、干燥、背风,同时避开滑坡、洪水、泥石流、高压线、雷电等易发生灾害的地段。场地坡角不宜超过15°,远离噪声、剧毒物、易燃易爆场所,疫源地,以及生态脆弱区域。避免设置在悬崖下、地势低洼处或河道中。营区应交通便利,便于车辆出入,能够区分功能、保证安全、支持作战和日常生活。

2. 营区场地平整

在搭建营区之前,应对营区地面进行清理,清除石块、矮灌木、垃圾等影响营区设置和搭建的杂物,不平整的地方应用沙土填平。在生态脆弱区,严禁开采草皮用于平整场地,严禁随意碾压、破坏植被,确保撤场后生态脆弱区生态系统能够良性循环。

3. 营区功能设置

结合实战要求,应规划指挥部、宿营区、饮食保障区、生活保障区、卫勤保障区、供水供电区、器材保障区等7个保障区域,并设置明显标识。营地入口处应设置营区平面图,标明紧急撤离路线和消防器材存放位置。

4. 营地帐篷搭建

(1) 营地帐篷应纵向和横向整齐排列,帐篷门应与该区域常年主导风向的顺风方向保持一致。帐篷之间应保持安全距离,便于人员和设备在紧急情况下撤离。

(2) 指挥部、办公和生活宿营帐篷搭建应分工明确、有序合理、快速高效、结构牢固。指挥部帐篷附近必须设置办公帐篷。帐篷零部件应有清晰的标记,帐篷排列整齐,内帐杆、外帐杆连接到位,固定绳绑扎结实,部位间搭接严丝合缝,篷顶防风绳向外呈45°角并锚固牢靠。帐篷间隔不小于300 cm(以地钉为边界),地钉插入地面不小于15 cm,帐篷四周用培土或沙石压实并设置宽度不小于30 cm、深度不小于20 cm的排水沟渠。帐篷搭建完毕后,应能做到防雨、防潮、空气流通,并能承受任何方向15 m/s的风速。

(3) 指挥部及生活宿营帐篷内部电源、照明设备设置合理,线路敷设安全牢固。每个帐篷中配备2个不低于3 kg级别的二氧化碳灭火器,并配齐防潮、防蚊虫设施。

5. 营区供水供电

(1) 指挥部和生活区必须按照两路电源进行分别保障,供电时应有效控制发电机产生的噪声和尾气对营区的影响,并做好防雨、防火措施。发电机应进行接地保护,安装漏电、过流、过载保护装置,发电机顶部需设置雨篷、底部需垫木板或绝缘胶皮,保持干燥。

(2) 营区电缆规格的选择应满足营区用电的最大负荷(最大负荷以营区发电机或供电车额定电流或最大输出功率为准),电缆质量必须符合国标。

(3) 电缆线路可采用埋地或架空敷设,应设置机械损伤和介质腐蚀防护措施,敷设电缆的地面应设置走向标志,严禁沿地面明设,宜采用深埋方式(埋深不小于15 cm)。埋地敷设时电缆需加装高强度PVC保护套管,管口和管接头应封闭,电缆接头设在地面上接线盒内,接线盒应能防水、防尘、防机械损伤。架空敷设时,室外敷设高度不应低于3 m,架设电线杆时必须进行斜拉固定处理。

(4) 每条电缆必须配有完整的电源隔离、过载与短路保护及漏电保护器,保护装置选配应符合相关标准或规范要求。外设线路、帐篷内取暖设备必须使用绝缘电缆,不得采用民用电线(帐篷内的照明线路可选用民用电线),连接处必须做到连接牢固、密封绝缘、严禁使用插销进行连接。所有插座、接头、操作面板、照明灯具、电气开关等必须进行防雨、防潮保护措施。

(5) 夜晚的照明可以采用移动灯组、车载灯组以及独立的照明设备，要保证整个营区都被覆盖，主要通道和重要区域必须配备照明设备。所有的照明设备都必须安装在高度不低于 3 m 的支架上。在湿度不超过 75% 的一般区域，可以选择使用额定电压为 220 V 的普通开启式照明器，而在湿度超过 75% 的特殊区域，则必须使用具有防水功能的密闭照明器或者是配备防水灯头的开启式照明器（在潮湿且易于接触到带电体的场所，照明电源电压不得超过 24 V；在特别潮湿的场所，导电良好的地面工作的照明电源电压不得超过 12 V）。

(6) 生活用水和饮用水的供应点需要做好排水和防滑的措施，以便于人们取用。

二、训练目的

为了在特别重大灾害事故的处置中更好地提供战勤保障，需要在短时间内快速搭建一个功能齐全、安全舒适的现场生活环境，并为灭火救援作战人员提供完备的装备物资补给点。这样可以全力提升灾害事故救援现场营地保障能力，包括住宿、餐饮、生活和卫勤等方面的服务。

三、场地器材

在一块长 100 m、宽 50 m 的场地上，将设立一个营地，其中包括 6 个区域：被服洗涤保障区、淋浴保障区、餐饮保障区、宿营保障区、卫生保障区和卫勤保障区，如图 5-2-1 所示。

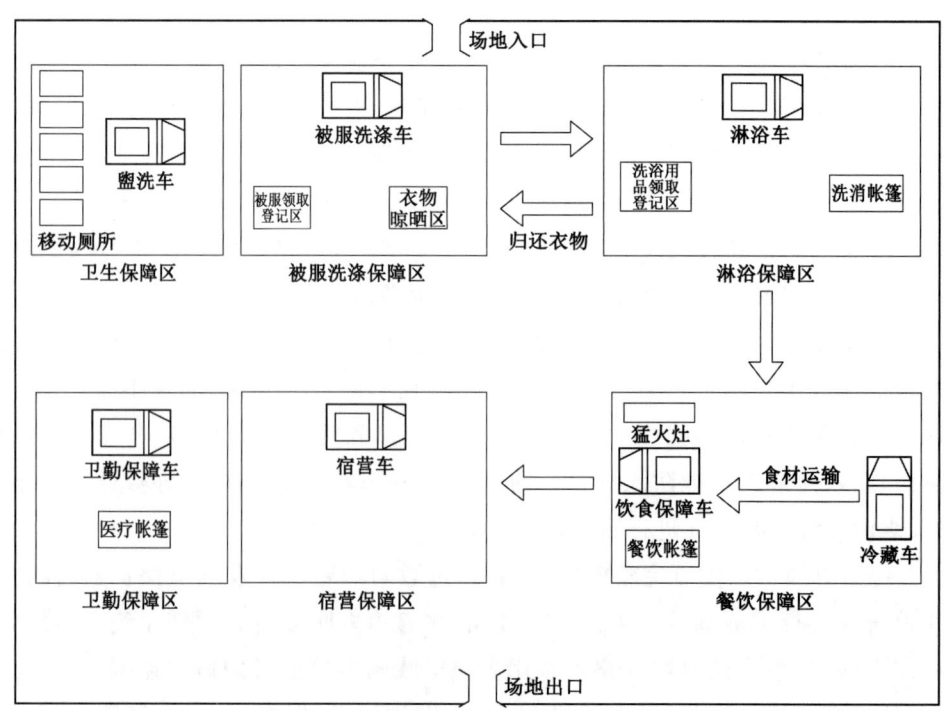

图 5-2-1　营区搭建场地设置示意图

在被服洗涤保障区，将停放一辆被服洗涤车，并在车的右侧设置一个被服领取登记区。该区域将配备一顶面积不小于 20 m² 的帐篷，帐篷内设有桌子、椅子各一张，衣物领用登记本一本，以及两个不小于 50 L 的衣物整理箱和共计 60 套抢险救援服、灭火防护服。同时，还将设立一个衣物晾晒区，配备 10 个晾衣架。

在淋浴保障区，将停放一辆淋浴车，并在车的一侧设置一个洗浴用品领取登记区。该区域将配备一顶面积不小于 20 m² 的帐篷，帐篷内设有桌子、椅子各一张，物资领用登记本一本，以及两个不小于 50 L 的衣物整理箱。此外，还将提供 60 套速干内衣、60 双袜子和 60 套洗漱用品。

在餐饮保障区，将停放一辆饮食保障车和一辆冷藏车，同时设有桌椅、板凳、帐篷和排灶单元等，能同时满足 50 人就餐。

在宿营保障区，将停放一辆宿营车，并设置若干顶宿营帐篷，以保障至少 100 人的睡眠。

在卫生保障区，将停放一辆盥洗车。

在卫勤保障区，将停放一辆卫勤保障车，并配备一顶帐篷、一套桌椅和一些药品。

四、操作程序

1. 搭建流程

在听到"准备"的口令后，营地搭建团队首先对场地进行平整，然后根据规定合理规划各个保障区域，做好预先展开的准备。当听到"开始"的口令后，各保障小组按照各自的任务分工，在各自的保障区完成车辆展开、区域搭建和设备连接等工作。

被服洗涤保障小组的 5 名成员需要在被服洗涤保障区根据现场需要时刻保障有干衣服换的原则，由 1、2 号员负责将被服洗涤车或洗涤模块展开，连接各类设施和设备，确保"油、水、电"充足，保障洗涤设备完整好用，做好衣物清洗、烘干准备。3、4 号员负责被服领取登记区的搭建，做好干净衣物整理、换领、回收、登记等工作。5 号员负责衣物晾晒区的搭建，并协同做好衣物的晾晒、消杀等工作。

淋浴保障小组的 4 名成员按照全天候提供热水澡的原则，由 1、2 号员操作，将淋浴车展开并连接好所有设备，保证水和电的充足供应，并确保设备完好并能正常使用。他们还应打开热水开关，将水温调到适宜的位置，并处理好污水和垃圾回收等问题。3、4 号员则负责洗发水、沐浴露、牙膏、牙刷、肥皂和拖鞋等洗浴用品的发放和登记。

餐饮保障小组的 4 名成员需要在餐饮保障区根据操作方便和舒适就餐的原则，由 1、2 号员负责展开饮食保障车，启动车载发电机，连接各类设施和设备，整理厨具，确保"油、水、电、气"充足，车辆及各类设备稳定运行，完成菜品制作等工作。3、4 号员则需要将模块箱内的帐篷、折叠桌椅拿出，放置在饮食保障区，配合完成餐饮帐篷的搭建和固定，设置能满足 50 人同时用餐的桌椅，同时做好污水、废水收集、垃圾回收等工作。

宿营保障小组的 8 名成员按照能一次性满足 100 人住宿的标准，由 1、2 号员负责操作,将宿营车展开,启动车载发电机,并连接好所有设施和设备,确保油和电的充足供应,以及车辆和设备的稳定运行。其他成员则携带宿营帐篷和附属设施到帐篷搭建区,按照各自的分工完成帐篷搭建,固定帐篷,整理被褥,并设置防蚊设备、降温设备、充电设备和照明设备,以确保宿营的顺利进行。

卫生保障小组的4名成员按照方便如厕且环保的原则,由1、2号员负责操作,将盥洗车展开或移动到指定位置,同时处理好污水、废水和垃圾回收等问题。3、4号员则负责整理洗手盆、纸巾盒、废纸篓、空气清新剂、应急照明和空调等设备。

卫勤保障小组的3名成员按照营区医疗点的搭建标准,互相配合完成医疗帐篷的搭建,配备必要的医疗器械和药品,以确保卫勤保障工作的顺利进行。

2. 保障流程

全体参与救援的指战员在完成阶段作战任务返回营区进行力量轮换休整时,首先需要在被服洗涤保障区领取换洗衣物,由战勤保障队员做好登记。然后到淋浴保障区领取洗浴用品,可以在洗消帐篷中进行初步冲洗,再到淋浴车进行淋浴。完成淋浴后,需要到被服洗涤保障区归还抢险救援服、灭火防护服等待洗衣物,也可以将被服打包交给战勤保障队员负责清洗、晾晒、消毒。然后到餐饮保障区就餐,到宿营保障区宿营。盥洗车则设置在营地的合适位置,根据指挥部的要求或自身的实际需求调整保障流程。

五、操作要求

1. 总体要求

(1)营地保障所需的各类装备物资必须充足、使用方便、随车存放,保证随时能够调动和使用。

(2)营区应设立岗哨,轮流值守,按要求有序停放车辆,安排人员定期清理,保持营地干净、整洁、安全。

(3)各保障小组的操作人员必须固定岗位、明确职责,能熟练操作本小组的设施、设备,分工明确、配合默契。

(4)车辆、发电机等油料的补充必须严格按照操作规程进行,并远离火源,确保安全。

2. 被服洗涤保障

(1)战勤保障队员要穿全套作训服,佩戴手套。

(2)衣物领取区、晾晒区要规范设置,干净衣物和脏衣物不能混放,登记要准确。

(3)所有待洗衣物必须按流程清洗、晒干、消毒。

(4)操作过程中应遵守安全操作规程,车载发电机必须做好接地连接,确保安全。

(5)被服洗涤保障区必须做好洗涤污水的收纳处理。

3. 淋浴保障

(1)战勤保障队员要穿全套作训服,佩戴手套。

(2) 洗浴用品领取登记区要规范设置,登记要准确。

(3) 淋浴水温要适中,25 min 之内水温应能满足正常水温要求(≥45 ℃)。

(4) 操作过程中应遵守安全操作规程,车载发电机必须做好接地连接,确保安全。

(5) 淋浴保障区必须做好淋浴污水的收纳处理。

4. 餐饮保障

(1) 烹饪和切配菜的人员必须穿戴厨师服、厨师帽、口罩、袖套、围裙,保持服装整齐。

(2) 食材的加工必须在操作区内完成,保证饭菜的干净、卫生、可口。

(3) 操作区、就餐区的设施要配备齐全,满足方便快捷、安全卫生、污水排放、泔水收集、卫生防疫等要求。

(4) 就餐区的餐饮帐篷、桌椅的设置应能满足一次不少于 50 人同时用餐。

(5) 应利用冷藏车运输食品,保证食品的新鲜,主副食品要分类存放。

5. 宿营保障

(1) 战勤保障队员要穿全套作训服。

(2) 宿营车应配备降温、防蚊虫、照明等设备。

(3) 宿营帐篷应选择合适的位置、严格按照帐篷架构搭建,保证结构牢固,设置排水沟,做好防排水。

(4) 帐篷内应配备睡袋、防潮垫等。

(5) 帐篷粘贴部位粘贴间隙处不大于 10 cm。

6. 卫生保障

(1) 战勤保障队员要穿全套作训服。

(2) 卫生保障区的搭建必须选取合适的位置,设置相应的进水、排污措施。

(3) 卫生保障区内卫生用品应设置齐全。

(4) 盥洗车、移动厕所必须定时清理,确保干净、卫生。

(5) 操作过程中应遵守安全操作规程,车载发电机必须做好接地连接,确保安全。

7. 卫勤保障

(1) 卫勤保障队员必须穿全套医护服。

(2) 医用帐篷的搭建必须做好固定,内部设置必须功能齐全、合理规范。

(3) 卫勤保障车内的急救设备(如 AED 等)必须完整好用,保证干净、卫生。

(4) 卫勤保障队员必须经过专业培训、持证上岗。

(5) 卫勤保障区产生的医疗垃圾必须分类存放、按规定处理。

六、成绩评定

(1) 计时从"开始"口令发出至喊"好"为止。在操作过程中,参训人员需要在听到"开始"的口令后立即开始执行任务,并在完成任务后喊出"好"以示操作结束。这样的设计旨在确保参训人员在规定时间内完成任务,提高效率。

(2) 操作时限为 60 min。为了保证参训人员在规定时间内完成任务,设定了 60 min 的操作时限。在这段时间内,参训人员需要尽快熟悉操作流程,并在规定时间内完成所有操作。这样的设计有助于提高参训人员的时间管理能力,确保任务的顺利完成。

(3) 操作完全正确、程序熟悉的为合格;不按程序操作、不符合操作要求或超出操作时限的为不合格。为了评估参训人员的操作能力,设定了严格的评估标准。只有当参训人员在规定时间内完成所有操作,并且操作完全正确、熟悉程序时,才能被评定为合格。反之,如果参训人员不按程序操作、不符合操作要求或超出操作时限,都将被评定为不合格。这样的设计有助于提高参训人员的操作技能,确保任务的高效完成。

第三节　联勤保障技能合成训练

消防救援队伍是一支承担多种应急救援任务的专业力量,战勤保障是提高队伍可持续战斗力、完成各类救援任务的重要基础。一体化战勤保障体系是灭火救援的重要组成部分,联勤保障作为一个特殊的涉外保障内容,它涵盖了自我保障和社会联勤保障两大主要方面。消防救援队伍作为一支全天候执勤的力量,承担着多种应急救援任务,时刻面临跨区域、高强度、长时间等不同任务需要,仅依靠消防救援队伍自身无法满足日益复杂的严峻形势,必须要拓展战勤保障新思路,开启联勤保障新模式。

一、构建面向实战的多元化应急保障体系

(1) 自我保障与社会联勤保障相结合。省级战勤保障队伍所配备的饮食保障车、宿营车、淋浴车、盥洗车、卫勤保障车、电源车、加油车、供水消防车、供气消防车、供液消防车、器材装备维修车、远程供水泵组等,可满足用餐、住宿、医疗等需求,以及实现油料补充、装备维修、现场电力供应、供水、供液、充气等服务保障功能。但由于与消防救援队伍单独协调的联勤资源有限,各级单位要积极挖掘和对接社会资源,充分实现自我保障与社会联勤保障的有机结合。推动战勤保障体系纳入各级政府的应急救援系统,一旦发生大型灾害事故,由政府应急管理部门直接集中调度应急装备物资和联勤力量,可极大拓展消防救援队伍可利用的社会资源。结合灾害事故特点,加强区域性装备物资储备,并按照内外结合的原则,采取与相关生产、存储企业签订代储、供货协议等方式,储备装备物资和灭火剂,建立消耗性装备库存备购机制,满足灭火救援急需。

在社会经济高速发展的今天,民用技术有了飞速发展,部分行业的专业技术能力水平已经达到世界领先水平,专业技术人才队伍日趋庞大。消防灭火救援行动要充分体现专业的人做专业的事,联勤保障是重要的环节。做好联勤保障工作要坚持"统一指挥、快速响应"的原则,以专业精准的保障能力和灵活多样的保障方式满足灭火救援现场的需要。

(2)专业训练与实战演练工作相配套。定期进行实地战勤保障演练,通过实战来检验预案的可行性,并且通过演练让预案准备更加完善。同时,采取模拟实战训练和岗位专业培训相结合的方式,针对战勤保障队员开展定人定岗的专业训练,使战勤保障队员形成各有所专、一岗多能、一队多能的综合保障能力,让较少的人员真正担负起多项不同的任务。

二、构建快捷高效的模块化应急保障体系

(1)按照"规模合适、要素齐全、功能完善、指挥便捷"的原则,将战勤保障力量统一编成区域保障模块、应急机动保障模块和预备保障模块。

(2)按照保障对象进行合理编配,把零散装备物资汇集成"火灾扑救""地震救援""洪涝抢险"等功能模块来储备,以及实现战时可快速响应的应急模块,从而提高综合保障能力。

(3)建立完善各类应急救援物资基础数据,并进行实时维护和管理,为战勤保障决策提供数据服务和支撑。

(4)根据区域内主要灾害事故的特点和灭火救援实战需要,从航空、公路、铁路和船舶运输的角度出发,提升装备模块化的投送能力。加强全地形、大功率、轻型越野运输车辆配备,研发便携式助车运输车、携行机器人、单兵辅助携行运输工具,解决"最后一公里"的运输问题。

三、联勤保障内容及目标任务

联勤保障包含了安全警戒、医疗急救、通信保障、物资运输、装备维修、后勤补给等内容。良好的定期联训和现场保障机制可以进一步加强消防救援队伍与地方各联勤保障单位互动共享,为灭火救援行动提供强有力的保障支撑。联勤保障工作定位在平战结合,落实在联系紧密。训练工作要经常性开展,通过平常的磨合式演练,提高灭火救援现场适应能力。

(1)安全警戒是指公安110指挥中心及时调派交通警察、巡特警等警用力量到场负责道路管控、外围警戒等任务。

(2)医疗急救是指120指挥中心及时调派车辆到达灭火救援现场,承担急救、转运伤员、消毒杀菌等任务。

(3)通信保障是指地方三大运营商通过架设临时通信网络的方式为灭火救援现场提供信息传输任务。

(4)物资运输是指利用陆、海、空等运输手段,快速高效地将人员、物资等输送至灭火救援现场。

(5)装备维修是指地方专业人员对装备进行保养和维修,确保灭火救援现场装备正常运行。

(6)后勤补给是指为灭火救援现场提供食品、住宿、水、电、燃料等生活必需品及装备、工程机械、泡沫药剂、干粉药剂等灭火救援物资。

四、建立与运行联勤保障管理机制

为了更好地发挥联勤保障的作用,加强各单位间的协调管理,必须构建联勤保障管理机制。各总队、支队、大队应设立相应的管理办公室、管理领导小组并指定联系人,明确各自的职责。

管理办公室应建立一系列制度,包括联勤保障单位定期通报制度、应急备勤制度、勤务监督制度等。同时,要定期召开会商会议,组织联勤联训,并每季度进行一次联合演练,以提高灭火救援现场的协调配合能力。此外,要加强对联勤保障单位工作完成情况的监督,表彰完成任务出色的单位,对任务完成不坚决、拖拉推诿造成不良影响的单位进行通报,并上报本级政府职能监管部门,按有关规定追究相关负责人和当事人的责任。为了在突发事件中,各部门能够迅速响应、密切协作,形成合力,确保救援工作的顺利进行,具体措施和方法如下:

1. 签订合作协议

各部门之间签订合作协议,明确各自的职责和任务,确保在突发事件中能迅速响应和协作。协议内容应包括信息共享、资源调配、人员协调、技术支持等方面,以确保各部门在实际操作中能够有序进行联勤保障。

2. 设立联勤保障指挥部

在突发事件中,设立联勤保障指挥部,负责组织和协调各部门的联勤保障工作。联勤保障指挥部应由各部门的代表组成,形成一个高效的决策和指挥机构,确保各部门能够按照预案要求开展工作。

3. 建立联络员制度

各部门应设立专门的联络员,负责与联勤保障指挥部保持联系,及时传递信息和需求。联络员应具备较强的沟通协调能力,确保在突发事件中能够快速、准确地传递信息、协调资源。

4. 开展联合培训和演练

各部门应共同开展联合培训和演练,提高各部门之间的协作能力和应急响应能力。培训内容应包括各自职责、预案流程、指挥协调、装备操作等方面,确保各部门在实际救援中能发挥联勤保障的最大效果。

5. 建立信息共享平台

通过建立信息共享平台,实现各部门之间的信息共享和沟通,确保在突发事件中能及时了解现场情况,进行有效的资源调配和指挥协调。信息共享平台可以是网络平台、通信设备等多种形式,要求能够实时传递信息、图像、语音等数据。

6. 制定应急预案

各部门应共同制定应急预案,明确突发事件的应急响应流程、资源调配方式、指挥协调机制等,确保在实际操作中能快速、有序地进行联勤保障。应急预案应根据实际情况不断修订完善,确保应急预案的可操作性和实用性。

7. 建立装备物资储备库

各部门应建立装备物资储备库,确保在突发事件中有足够的装备物资供应。装备物资储备库应根据实际需求进行分类管理,确保在需要时能迅速调用相应的装备物资。

8. 建立技术支持体系

各部门应建立技术支持体系,为联勤保障提供技术保障。技术支持体系应包括通信、信息技术、工程技术等方面,确保在突发事件中能够为联勤保障提供有力的技术支持。

9. 优化资源配置

各部门应根据实际需求,合理配置资源,确保在突发事件中能够迅速调配资源,提高救援效率。同时,应加强资源共享,避免重复建设,提高资源利用率。

10. 完善激励机制

各部门应完善激励机制,对在联勤保障工作中表现突出的个人和集体给予表彰和奖励,激发各部门的工作积极性和主动性。

五、联勤保障协议的签订与履行

联勤保障作为灭火救援现场战勤保障力量的重要补充,具有一定的特殊属性,必须满足"召之即来、来之能战"的总要求。联勤保障协议是社会联动单位履职的依据,签订协议时应注明以下几点内容:

(1) 协议的目的和原则。

(2) 双方的责任与权利。

(3) 协议的时效期限。

(4) 其他需要备注的事项。

六、联勤保障的培训与演练

开展联合培训和演练是为了提高各部门间的协作能力和应对突发事件的能力。要开展联合培训和演练,可以遵循以下步骤:

1. 确定目标

明确联合培训和演练的目的,例如提高某项技能的水平、检验应急预案的可行性等。

2. 制订计划

结合目标,制订详细的联合培训和演练计划,包括时间、地点、参与人员、内容、流程等。

3. 组织协调

各部门要积极参与,确保计划的顺利实施。可以设立一个协调小组,负责组织、协调和监督整个过程。

4. 培训准备

根据计划,组织专业人员进行相关技能的培训,确保参与者具备足够的理论知识和实践能力。

5. 演练实施

按照计划,进行实际操作演练。过程中要确保参与者遵守规定,充分发挥各自职责,达到预期效果。

6. 总结评估

演练结束后,组织召开总结会议,分析演练中的问题和不足,提出改进措施,并对参与者的表现进行评估。

7. 持续改进

根据总结评估的结果,对计划进行调整和完善,确保联合培训和演练的持续开展,以提高整体协作和应对突发事件的能力。

遵循以上步骤,有针对性地开展联合培训和演练,将有助于提高各部门间的协同作战能力,确保在面临紧急情况时能够迅速、有效地应对。

第六章
应急装备物资储备与运输训练

第一节　灭火剂储备管理训练

一、泡沫灭火剂的分类与存储

泡沫液是一种有效的灭火剂,它通过与水溶液混合并通过空气或二氧化碳混溶,在液体表面生成聚集的泡沫漂浮层,起到窒息和冷却的作用。泡沫灭火剂通常由发泡剂、泡沫稳定剂、降黏剂、抗冻剂、助溶剂、防腐剂和水组成。它主要用于扑救非水溶性可燃液体和一般固体火灾,特殊的泡沫灭火剂还可以用于扑灭水溶性可燃液体火灾。

1. 按发泡方法分类

按发泡方法可分为化学泡沫灭火剂和空气机械泡沫灭火剂。

（1）化学泡沫灭火剂。

化学泡沫灭火剂是通过混合几种化学溶液或化学试剂产生泡沫,常用于灭火器中,如化学泡沫灭火器。这种灭火器内部装有碳酸氢钠和发泡剂的混合溶液,以及硫酸铝水溶液。当这两种溶液混合时,会发生化学反应,产生大量二氧化碳和泡沫。这些泡沫能附着在可燃物上,隔绝空气,从而达到灭火的目的。化学泡沫能扑灭各种液体和固体物质火灾,是石油产品和其他多种油类的优秀灭火剂。它还可以用于扑灭一般可燃物质的初期火灾。然而,它并不适用于扑救醇类、醚类、酮类等水溶性液体火灾。

储存时,内剂和外剂必须分开储存,每个灭火器所需的内外剂量作为最小包装单位,应使用聚乙烯或聚氯乙烯塑料袋进行包装,然后分别用纸箱或木箱进行二次包装。在运输过程中,应避免受潮和暴晒。化学泡沫灭火剂应存放在阴凉、干燥的仓库中;内剂和外剂应分开堆放,堆垛不宜过高。化学泡沫灭火剂在配制后充装到灭火器内,有效期为两年。

（2）空气机械泡沫灭火剂。

空气机械泡沫灭火剂是通过将泡沫液、水和空气按一定比例混合,并通过机械作用相互混合后生成的膜状泡沫群。这种灭火剂在消防车中经常使用。根据扑救火灾的类型,空气机械泡沫灭火剂可以分为 A 类泡沫灭火剂和 B 类泡沫灭火剂,如表 6-1-1 所列。

表 6-1-1　A、B 类泡沫分类

分类			药剂名称		混合比	适用范围
A 类泡沫灭火剂	干泡沫(发泡倍数高于 10 倍)、湿泡沫(发泡倍数低于 10 倍)		产品代号(MJAP)		干泡沫(混合比低于 1%)	1. A 类火灾; 2. 隔热防护
			产品代号(MJABP)		湿泡沫(混合比高于 0.2%)	1. A 类火灾; 2. 隔热防护; 3. 非水溶性液体燃料火灾
B 类泡沫灭火剂	低倍数泡沫		蛋白泡沫	非水溶性泡沫	3%、6%	1. 主要用于扑救原油、成品油、苯等非水溶性、易燃液体火灾; 2. 适用一般固体火灾; 3. 不适用扑救醇、醚、脂、酮等极性液体火灾,以及醇含量超过 10% 的醇类汽油火灾
			氟蛋白泡沫		3%、6%	
			成膜氟蛋白泡沫		3%、6%	
			水成膜泡沫		3%、6%	
			抗溶性蛋白泡沫	抗溶性泡沫	3%、6%	1. 非水溶性液体火灾; 2. 醇、醚、脂、酮等极性液体火灾
			抗溶性氟蛋白泡沫		3%、6%	
			抗溶性成膜氟蛋白泡沫		3%、6%	
			抗溶性水成膜泡沫		3%、6%	1. 油类火灾; 2. 醇、醚、脂、酮等极性液体火灾
	中倍数泡沫		中倍数泡沫		3%、6%	主要用于船舰,实际生活中使用较少
	高倍数泡沫		高倍数泡沫		3%、6%	1. LNG、乙烯、丙烯等低温液体泄漏火灾; 2. 矿井、隧道、电缆沟、飞机库、消防车库、船舶、仓库、地下室等密闭空间火灾; 3. 地面大面积油类火灾

① A 类泡沫灭火剂。

A 类泡沫灭火剂主要用于扑灭 A 类火灾。它通过压缩空气系统产生泡沫(CAFS),可以产生湿泡沫和干泡沫。干泡沫的发泡倍数高于 10 倍,可以在规定的时间内稳定附着在垂直壁面上;湿泡沫的发泡倍数低于 10 倍。泡沫的混合比应在 0.1%～1% 的范围内。

在运输和储存期间,这种灭火剂不得与其他化学品和其他灭火剂混合,应该存放在阴凉、通风、干燥的地方,以防止阳光直射。一般来说,它的保质期为三年。

② B类泡沫灭火剂。

B类泡沫灭火剂主要用于扑灭 B 类火灾。根据灭火对象是否为极性液体,它可以分为非水溶性泡沫灭火剂(如蛋白泡沫、氟蛋白泡沫、水成膜泡沫等)和抗溶性泡沫灭火剂(如抗溶性氟蛋白泡沫、抗溶性蛋白泡沫、抗溶性水成膜泡沫等)。

在运输和储存期间,这种灭火剂的注意事项与 A 类泡沫灭火剂相同,其保质期也为三年。

2. 按发泡倍数分类

泡沫灭火剂可以根据发泡倍数进行分类,包括低倍数泡沫灭火剂、中倍数泡沫灭火剂和高倍数泡沫灭火剂。低倍数泡沫灭火剂的发泡倍数通常在 20 倍以下,中倍数泡沫灭火剂的发泡倍数在 20～200 倍之间,而高倍数泡沫灭火剂的发泡倍数一般在 200～1 000 倍之间。

(1) 低倍数泡沫灭火剂。

低倍数泡沫灭火剂可以分为蛋白泡沫、氟蛋白泡沫、水成膜泡沫、抗溶性泡沫等灭火剂。

① 蛋白泡沫灭火剂。

蛋白泡沫灭火剂是泡沫中最基本的一种,它分为动物蛋白和植物蛋白两种,主要成分是水和水解蛋白,再加入适当的稳定、防冻、缓释、防腐及黏度控制等添加剂制成,是一种黑褐色的黏稠液体,具有天然蛋白质分解后的臭味。

在平时,这种灭火剂应储存在包装桶内,如图 6-1-1 所示。当需要灭火时,通过比例混合器与压力水流按 6∶94 或 3∶97 的比例混合,形成混合液。混合液在流经泡沫管枪或泡沫产生器时吸入空气,并经机械搅拌后产生泡沫,喷射到燃烧区进行灭火。一般来说,这种灭火剂的保质期为两年。

图 6-1-1　蛋白泡沫灭火剂包装容器

② 氟蛋白泡沫灭火剂。

氟蛋白泡沫灭火剂是在蛋白泡沫灭火剂的基础上,加入适当的氟碳表面活性剂配制而成。氟碳表面活性剂具有优良的表面活性、较高的热稳定性、较好的浸润性和流动性。当泡沫通过油层时,油不能向泡沫内扩散而被泡沫分隔成小油滴,在油层表面形成一个包有小油滴的不燃烧泡沫层,即使泡沫中含汽油量高达25%也不会燃烧。因此,氟蛋白泡沫灭火剂适用于较高温度下的油类灭火,也适用于液下喷射灭火,可与干粉灭火剂联合使用灭火,其灭火速度比蛋白泡沫灭火剂快。

氟蛋白泡沫灭火剂在运输过程中,禁止与其他化学品和灭火剂混合;通常储存在包装桶内(图6-1-2),并存放在阴凉、通风、干燥的地方,以防止阳光直射。一般来说,这种产品的保质期为两年。

图6-1-2 氟蛋白泡沫灭火剂包装容器

③ 水成膜泡沫灭火剂。

水成膜泡沫灭火剂,也被称为轻水泡沫,是一种以碳氢表面活性剂与氟碳表面活性剂为基料的泡沫灭火剂。这种灭火剂能够在某些烃类液体表面形成一层水膜。水成膜泡沫灭火剂具有很好的临界切应力和流动性,能够迅速在燃料表面展开,形成一道封闭性良好的水膜。这层水膜可以隔离燃料与空气的接触,阻止燃料的挥发。通过泡沫和水膜的双重作用,它可以迅速压倒火焰,加速灭火。水成膜泡沫灭火剂可以按照1%、3%、6%的配比浓度与水混合,适用于大多数泡沫比例混合装置和泡沫产生装置。它可以用于扑灭碳氢化合物A、B类火灾,但不适用于对极性溶剂或水溶性的燃料,如醇、酯、醛、醚、酮等易燃液体的火灾。

在运输和储存过程中,应防止雨淋、避免受潮,以免损坏包装桶(图6-1-3)。同时,禁止将其他物质和不同类型的灭火剂混入。水成膜泡沫灭火剂应存放在通风、阴凉、干燥的环境中,储存温度应低于40 ℃,且高于水成膜泡沫灭火剂的凝固点5 ℃。一般来说,这种灭火剂的保质期为八年。

④ 抗溶性泡沫灭火剂。

抗溶性泡沫灭火剂由微生物多糖、碳氢表面活性剂、氟碳表面活性剂、防腐剂、助剂

图 6-1-3　水成膜泡沫灭火剂包装容器

等构成。这种灭火剂属于凝胶型合成泡沫,具有良好的触变性能,且对输液管道无限制,供应强度大,灭火速度快,储存稳定,腐蚀性低。它可用于扑救醇、酯、醚、酮、醛、胺、有机酸等可燃极性溶剂火灾,也可用于扑救油类火灾。

抗溶性泡沫灭火剂在运输和储存过程中,禁止混入其他化学品和灭火剂;应密封存放在阴凉、干燥、通风的环境中,环境温度为0 ℃～40 ℃。保质期一般为两年。

(2) 中倍数泡沫灭火剂。

中倍数泡沫灭火剂由发泡剂、稳定剂、抗烧剂、抗冻剂等精细加工而成。中倍数泡沫灭火剂的发泡倍数高于低倍数泡沫灭火剂的发泡倍数,而泡沫质量优于高倍数泡沫灭火剂的泡沫质量。它通常用于扑救一般非水溶性易燃和可燃液体火灾,也可用于扑救一般可燃固体物质的火灾和大型石油储罐的火灾。该灭火剂具有高灭火效率、良好的流动性、抗复燃性、无污染、无腐蚀性、储存稳定等特性。泡沫稳定,易于流动,耐热性强。其中,50倍以下的中倍数泡沫适用于地上油罐的液上灭火,50倍以上的中倍数泡沫适用于流淌火灾的扑救。

中倍数泡沫灭火剂在运输和储存过程中,禁止混入其他化学品和灭火剂;应储存在阴凉、通风、干燥的地方,防止阳光直射。保质期一般为三年。

(3) 高倍数泡沫灭火剂。

高倍数泡沫灭火剂以合成表面活性剂为基料,通过高倍数泡沫产生器可产生500～1 000倍的泡沫,迅速充满被保护的区域和空间。这种灭火剂通过隔热燃烧所需的氧(空气)来实现灭火。此外,高倍数泡沫还具有冷却和阻止火场热传导的功能。它通常由发泡剂、稳定剂、溶剂、抗冻剂、硬水软化剂、助剂等组成。

高倍数泡沫灭火剂在运输和储存过程中,禁止混入其他化学品和灭火剂;应储存在阴凉、通风、干燥的地方,防止阳光直射。保质期一般为三年。

二、泡沫灭火剂的采购管理

泡沫灭火剂的采购流程,主要是根据我国采购相关的规定进行。这是一个精细且严谨的过程,每一个步骤都有其特定的意义和作用。当遇到重大灾害救援现场,需要紧急调用泡沫灭火剂时,就会启动紧急采购流程。

1. 拟定采购需求

这个步骤主要是根据所在辖区的灾害事故特点、火灾种类、环境特征和防火要求等因素,来确定需要采购的泡沫灭火剂的种类和数量。这是一个十分重要的步骤,因为只有明确了需求,才能进行下一步的工作。

2. 组织专家论证

这个步骤主要是通过邀请专家对在第一步中确定的采购需求进行深入的研究和分析,包括采购数量、性能指标、服务信息、厂家资质、供应能力、信誉等方面。通过专家的论证,可以更准确地确定我们的需求,也可以避免一些错误。

3. 编制采购预算

这个步骤主要是根据在第二步中确定的需求和市场价格,制定一个合理的采购预算。预算应包含产品价格、运输费用、安装费用和后续维护费用等内容。只有有了明确的预算,我们才能更好地控制采购成本,确保采购过程的顺利进行。

4. 提请采购

这个步骤主要是根据在第三步中制定的采购预算和审批文件,向采购部门提出采购请求,由他们组织采购。

5. 签订采购合同

在确定了供应商和产品后,会签订采购合同,明确产品规格、数量、价格、交货期、支付方式等事项,确保所有信息无误。

6. 组织验收和支付货款

当货品到达后,会对其进行验收。验收时,需要检查产品的外包装是否完整,规格和数量是否正确,并进行必要的性能测试,以确认产品符合我们预期的性能标准。确认商品无误后,会按照合同约定进行支付。

总的来说,泡沫灭火剂的采购流程是一个严谨且精细的过程,每一个步骤都有其特定的意义和作用。只有严格按照这个流程进行,才能确保采购到符合需求的泡沫灭火剂,以保障在重大灾害救援现场的灭火工作能够顺利进行。

三、泡沫灭火剂的入库管理

为了规范泡沫灭火剂的入库操作,确保其质量、安全和有效性,防止泡沫灭火剂受到污染和损坏,并确保符合相关法规和灭火救援任务的要求。适用于泡沫灭火剂在配送、储存、使用等环节的入库操作。

1. 收货和验收

(1) 收货人员应对运输车辆进行检查,确保无泄漏、破损等现象。

(2) 检查泡沫灭火剂包装是否完好,确认批号、生产日期、有效期等信息。

(3) 记录收货信息,包括供应商及泡沫灭火剂名称、规格、数量等。

(4)验收人员应对收到的泡沫灭火剂进行抽样检验,确保质量合格。

(5)检查泡沫灭火剂的质量证明文件,如质量检验报告、合格证等。

(6)确认泡沫灭火剂与采购订单一致,将不合格的泡沫灭火剂退回供应商。

2. 入库登记和储存

(1)将合格的泡沫灭火剂录入库存管理系统,记录泡沫灭火剂名称、规格、数量、批号、生产日期、有效期等信息。

(2)为泡沫灭火剂分配储存位置,生成储位标签,并将标签贴在泡沫灭火剂包装上。

(3)根据泡沫灭火剂的特性和要求,设置合适的储存条件,如通风、阴凉、防潮、避光、低温等。储存温度应低于45 ℃,高于其最低使用温度。最低使用温度:高于凝固点5 ℃。

(4)泡沫灭火剂在储存或使用过程中切勿混入其他类型的灭火剂或化学品,不得进水,需密封储存。不同类型、不同型号,或同一型号、不同厂家生产的泡沫灭火剂不得混合储存。应确保泡沫灭火剂储存区域的清洁、整洁,防止交叉污染。

(5)定期检查储存条件,确保其稳定性。容器需具有密封性和防腐性,储存产品建议做定期检测。

(6)确保泡沫灭火剂储存区域远离火源、热源,采取防火措施。

(7)设置防潮设施,如除湿器、通风设备等,保持库房湿度适宜。

3. 库存管理和盘点

(1)实行先进先出原则,确保泡沫灭火剂有效利用。

(2)定期对库存泡沫灭火剂进行盘点,检查泡沫灭火剂的有效期、包装破损等情况,确保库存准确无误。

(3)定期安排专人对库存进行全面盘点,包括泡沫灭火剂名称、规格、数量、批号、生产日期、有效期等信息。

(4)对盘点结果进行对比,分析库存差异原因,如损耗、报废、盗窃等。

(5)根据盘点结果,对库存进行调整,并更新库存管理系统。

4. 质量追溯和处置

(1)建立完善的泡沫灭火剂质量追溯体系,确保泡沫灭火剂从生产到使用的全过程可追溯。

(2)记录泡沫灭火剂的进出库信息,包括供应商、购货单位、运输车辆等,便于追溯。

(3)对过期、破损、不合格的泡沫灭火剂及时进行处置,避免影响其他泡沫灭火剂的质量和安全。

(4)泡沫灭火剂处置应符合国家和地方的相关法规要求,遵循环保和安全原则。

5. 法规遵守和应急处理

(1) 了解并遵守国家和地方关于药品储存的相关法规,确保泡沫灭火剂入库操作合规。

(2) 定期参加相关培训和学习,了解最新的法规要求和行业动态。

(3) 制定泡沫灭火剂入库操作的应急预案,如火灾、泄漏等事故的处理措施。

(4) 定期组织应急演练,提高员工的应急处理能力和意识。

(5) 配备相应的应急设备和物资,如灭火器、泄漏处理器材等。

四、泡沫灭火剂的储备管理

(1) 泡沫灭火剂应密封盛在材质为高密度聚乙烯的塑料桶中,最小包装为 25 kg。一般低倍数泡沫灭火剂应符合《低倍数泡沫灭火剂包装标识统型要求》的相关规定。

(2) 包装桶上需粘贴标识:① 名称、型号、使用浓度;② 如适用于海水,注明"适用于海水",否则注明"不适用于海水";③ 灭火性能级别和抗烧水平;④ 如不受冻结、融化影响,应注明"不受冻结、融化影响",否则注明"禁止冻结";⑤ 可形成水成膜的泡沫液,应注明"成膜型";⑥ 可引起有害生理作用的可能性,以及避免方法和其发生后援救措施;⑦ 储存温度、最低使用温度和有效期;⑧ 泡沫灭火剂应注明是否是温度敏感型泡沫液;⑨ 泡沫灭火剂的净重、生产批号、生产日期及依据标准;⑩ 生产厂名称和厂址;⑪ 是否符合《低倍数泡沫灭火剂包装标识统型要求》的相关规定。

(3) 根据《泡沫灭火剂》(GB 15308—2006)、《A类泡沫灭火剂》(GB 27897—2011)、《水系灭火剂》(GB 17835—2008)的技术要求,泡沫灭火剂在满足上述条件下,储存时间如表 6-1-2 所列。

表 6-1-2 泡沫灭火剂的储存时间

序号	规格型号	储存年限/a
1	AFFF(水成膜泡沫灭火剂)	8
2	S(合成泡沫灭火剂)	3
3	G(高倍数泡沫灭火剂)	3
4	Z(中倍数泡沫灭火剂)	3
5	P(蛋白泡沫灭火剂)	2
6	P/AR(抗溶性蛋白泡沫灭火剂)	2
7	FP(氟蛋白泡沫灭火剂)	2
8	FP/AR(抗溶性氟蛋白泡沫灭火剂)	2
9	AFFF/AR(抗溶性水成膜泡沫灭火剂)	2
10	S/AR(凝胶抗溶泡沫灭火剂)	2
11	FFFP(成膜蛋白泡沫灭火剂)	2

表 6-1-2(续)

序号	规格型号	储存年限/a
12	FFFP/AR(抗溶性成膜蛋白泡沫灭火剂)	2
13	MJABP(A类泡沫灭火剂)	3
14	S-3-AB(水系灭火剂)	2
15	S-6-AB(水系灭火剂)	2
16	S-3-AB-F500(水系灭火剂)	2
17	S/AR-10-AB(水系灭火剂)	2

(4)泡沫灭火剂盘库操作规程主要包括盘库前的准备工作、盘库操作、盘库后的处理和调整、盘库记录和报告等环节,旨在规范泡沫灭火剂的盘库操作,确保泡沫灭火剂库存的准确性和完整性,提高库存管理效率。通过定期进行盘库,可以及时发现和解决库存管理中的问题,防止泡沫灭火剂的丢失、损耗和过期,确保泡沫灭火剂的质量和安全。适用于泡沫灭火剂库存的盘点、核对、调整和记录。

① 盘库前的准备工作。

a. 根据单位要求和业务需要,制订合理的盘库计划,包括盘库时间、人员、方法等。

b. 指定专门的盘库人员,负责泡沫灭火剂的盘点工作。

c. 盘库人员应接受相关培训,熟悉泡沫灭火剂的储存要求和管理流程。

d. 准备必要的盘库工具和设备,如计数器、手持终端、称重设备等。

e. 确保工具和设备的准确性和可靠性,定期进行校准和维护。

② 盘库操作。

a. 选择合适的盘库方法,如全盘、抽样、循环盘点等,确保盘库方法的科学性和有效性,减少盘库误差。

b. 盘库人员应按照盘库计划,对泡沫灭火剂库存进行全面盘点,包括产品名称、规格、数量、批号、生产日期、有效期等信息。对发现的问题及时记录,如库存差异、过期产品、破损包装等。

c. 将盘库结果与库存管理系统中的数据进行核对,分析库存差异原因,如损耗、报废、盗窃等。对于盘库过程中发现的问题,进行详细记录和分析,提出改进措施。

③ 盘库后的处理和调整。

a. 根据盘库结果,对泡沫灭火剂库存进行调整,确保库存数量准确无误。同时更新库存管理系统,同步库存数据。

b. 对于过期、破损、不合格的泡沫灭火剂,及时进行处理,如退货、报废等。对于可能存在安全隐患的泡沫灭火剂,应立即隔离并报告有关部门进行处理。

c. 根据盘库过程中发现的问题,提出改进措施,优化库存管理流程。

d. 定期对库房环境、设施设备、操作流程等进行检查和维护,防止问题再次发生。

(5) 盘库记录和报告。

① 将盘库结果、库存差异、问题处理等信息进行详细记录,形成盘库报告。同时对盘库记录进行归档,便于查询和追溯。

② 将盘库结果、分析、改进措施等内容汇总成盘库报告,报告应急装备储备库主管领导。根据盘库报告,应急装备储备库主管领导持续优化库存管理,提高库存准确性和效率。

五、泡沫灭火剂的出库(调拨使用)管理

为了规范泡沫灭火剂的出库操作,确保药剂的质量、安全和有效性,满足使用单位的需求,防止药剂受到污染和损坏,并确保符合相关法规的要求。

1. 出库申请

(1) 使用单位应向应急装备储备库提交出库申请,包括泡沫灭火剂名称、规格、数量、用途等信息。

(2) 应急装备储备库管理人员应核对申请信息,确保泡沫灭火剂库存充足。

2. 出库审批

(1) 应急装备储备库主管领导根据审批权限应对出库申请进行审核,确保申请合理、合规。

(2) 审核通过后,通知应急装备储备库管理人员进行出库操作。

3. 出库操作

(1) 库房人员应根据出库申请,从库存中挑选合适的泡沫灭火剂,遵循先进先出原则。

(2) 检查泡沫灭火剂的包装、有效期等信息,确保质量无误。

(3) 将泡沫灭火剂从库存中移出,并更新库存管理系统。

4. 出库记录

(1) 库房人员应记录出库信息,包括泡沫灭火剂名称、规格、数量、批号、生产日期、有效期等信息。

(2) 将出库记录归档,便于追溯和查询。

5. 出库验收

(1) 使用单位应对出库泡沫灭火剂进行验收,确认产品质量和数量无误。

(2) 验收合格后,签署出库单据,确认收货。

6. 出库运输

(1) 运输泡沫灭火剂应符合国家和地方的相关法规要求,确保安全、合规。

(2) 选择专业运输公司,并提供正确的运输条件和要求,如防潮、防破损等。

(3) 确保运输过程中泡沫灭火剂的包装完好,防止泄漏、破损等现象发生。

六、泡沫灭火剂的运输管理

泡沫灭火剂运输管理主要包括运输前的准备工作、运输操作、运输后的处理和验收等环节，旨在规范泡沫灭火剂的运输操作，确保运输过程中泡沫灭火剂的安全和完整性，防止泄漏、破损和受污染。通过遵循基本操作规程，可以有效防止泡沫灭火剂在运输过程中发生泄漏、破损和受污染等问题，满足灭火救援现场和法规要求，确保泡沫灭火剂的质量和安全。

1．选择运输公司

（1）选择具备相应资质和经验的专业运输公司，确保运输安全、合规。

（2）与运输公司签订运输合同，明确责任、要求和风险防范措施。

2．泡沫灭火剂包装

（1）确保泡沫灭火剂的包装完好、牢固，防止泄漏、破损等现象。

（2）在包装上标明泡沫灭火剂的名称、规格、数量、批号、生产日期、有效期等信息。

（3）贴上运输标签，如"防潮""易燃""注意轻放"等。

3．准备运输文件

（1）准备泡沫灭火剂的运输文件，如运输单据、安全技术说明书等。

（2）确保运输文件的准确性和完整性，便于查验和追溯。

4．泡沫灭火剂的装载

（1）根据泡沫灭火剂的特性和运输条件，选择合适的运输工具和装载方式。

（2）在装载过程中，注意泡沫灭火剂的分布和固定，防止倾覆、碰撞等。

（3）记录装载信息，如装载顺序、运输工具、出发时间等。

5．运输过程

（1）确保运输过程中遵守国家和地方的相关法规要求，如速度、路线等。

（2）运输过程中应遵循安全、环保、节能原则，合理安排运输计划。

（3）定期对运输工具进行检查和维护，确保运输安全、可靠。

6．应对突发事件

（1）制定泡沫灭火剂运输突发事件应急预案，如泄漏、火灾等。

（2）培训运输人员，确保其具备应急处理能力和安全意识。

7．泡沫灭火剂卸载

（1）在卸载泡沫灭火剂时，遵循安全操作规程，防止损坏和意外。

（2）按照接收单位的要求，将泡沫灭火剂卸载至指定地点。

8．运输验收

（1）接收单位应对运输的泡沫灭火剂进行验收，确认产品质量、数量无误。

（2）验收合格后，签署运输单据，确认收货。

9. 运输记录

(1) 记录泡沫灭火剂的运输信息,如运输日期、路线、运输工具、运输公司等。

(2) 将运输记录归档,便于查询和追溯。

10. 问题处理

(1) 对于运输过程中发现的问题,如泄漏、破损等,及时进行处理,并报告相关部门。

(2) 对于运输过程中的问题,进行分析,提出改进措施,防止再次发生。

七、泡沫灭火剂的质量管理

1. 泡沫灭火剂的检测

(1) 视觉检查。首先进行外观检查,包括包装的完整性、标签的准确性以及产品的颜色、质地等。外包装是否完好无损、产品的颜色是否符合规定、产品是否有沉淀或者分层等都是需要注意的。

(2) 理化性能测试。对泡沫灭火剂进行一系列的理化性能测试,包括密度、pH 值、黏度、泡沫膨胀比率、排水时间等。这些数据都能反映泡沫灭火剂的性能。

密度:用密度计进行测量,应符合产品说明书的规定。

pH 值:采用精确的 pH 计测量,根据不同类型的泡沫灭火剂,其 pH 值的范围也会不同,一般应在规定的范围内。

黏度:用黏度计进行测量,符合产品说明书的规定。

泡沫膨胀比率:这是一个重要的参数,直接影响灭火效果。一般用专用的泡沫膨胀比率测试设备进行测量,要求符合产品说明书的规定。

排水时间:排水时间即泡沫持久性,是评估泡沫灭火剂性能的一个重要参数,可以使用专用的排水时间测试器进行测量。

(3) 灭火性能测试。根据不同的国家和地区,对泡沫灭火剂的灭火性能测试标准可能有所不同。常见的测试方法包括液体火源测试、固体火源测试、溶剂火源测试等。这些测试主要模拟实际火灾情况,评估泡沫灭火剂的灭火效果。

(4) 质量稳定性测试。对泡沫灭火剂进行长期存储后,再进行上述的理化性能测试和灭火性能测试,检查其性能是否有显著的变化。一般需要每年至少进行一次质量稳定性测试。

(5) 毒性和环保性评估。对泡沫灭火剂的环境影响和人体健康影响进行评估也是非常重要的。这通常包括生物降解性测试、生态毒性测试和人体毒性测试等。对于一些特殊的场合,例如食品加工厂或者医疗设施,可能还需要进行更为严格的毒性和环保性评估。

(6) 报告和记录。将所有的测试结果整理成详细的报告,包括每项测试的方法、设备、数据和结果分析等。这些报告和记录不仅可以用来证明产品的质量和性能,也可以为后续的产品改进和问题解决提供依据。

（7）定期复检。泡沫灭火剂在存储和使用过程中，可能会因为温度、湿度、光照等因素而发生变化，因此需要定期进行复检。复检的频率一般根据产品的稳定性、存储条件和使用频率等因素来决定。

（8）故障分析和处理。如果在检测过程中发现问题，需要立即停止使用，并进行详细的故障分析。分析结果可以用来找出问题的原因，提出改进措施，防止类似问题的再次发生。

整个泡沫灭火剂检测流程，需要严格按照相关的标准和规定进行，确保每一步都准确、有效，避免可能出现的质量问题。同时，不仅要关注产品的性能和质量，也要关注其对环境和人体健康的影响，以确保其安全、可靠、环保。需要注意的是，所有的测试都应在符合安全规定的实验室环境中进行，操作人员需要受过专门的培训，并且使用合格的仪器设备。同时，为了保证测试结果的准确性和可靠性，需要定期进行设备校准和质量控制。

2. 建立轮换机制

针对临过期泡沫药剂，与当地泡沫药剂生产厂商建立轮换机制，以此延长消防救援队伍所储存泡沫的使用年限。建立临期泡沫灭火剂的轮换机制可以帮助我们始终使用性能良好的产品，而不必担心产品过期问题。这样的机制需要与供应商协商并在供应合同中进行明确。以下这些步骤可以供参考：

（1）确认临期定义。首先需要定义什么是"临期"。这通常基于泡沫灭火剂的保质期和使用频率。例如，如果泡沫灭火剂的保质期是五年，可以定义在保质期结束前的六个月或一年内为临期。

（2）通知厂家。在确定产品即将临期时，及时告知供应商。这样他们就可以提前做好产品轮换的准备。

（3）返厂或回收。在产品达到临期定义的时间点时，将其返回给供应商。供应商可能会对产品进行检测和再加工，以确保其仍然可用，或者将其安全地处理掉。

（4）补充新的产品。在旧的临期产品返回给供应商后，供应商应提供新的产品来替换它。这样，我们就可以始终使用在保质期内的产品。

（5）定期评估和调整。定期评估轮换机制的效果，并根据实际情况进行调整。例如，如果泡沫灭火剂的使用频率较低，可以将定义临期的时间点调整得更早一些。

在与供应商建立这样的轮换机制时，需要注意以下几点：① 要确保供应商有足够的能力和资源来处理临期的产品。这包括产品检测、再加工和安全处理等。② 在供应合同中明确轮换机制的具体条款，包括临期定义、通知时间、返回方式、补充新产品的方式等。③ 要求供应商提供临期产品处理的证明，以确保他们已经按照约定和法规进行了处理。

通过以上方式，可以与厂家建立有效的临期泡沫灭火剂轮换机制，确保泡沫灭火剂的使用效果，同时也能有效降低浪费。

第二节　应急装备物资储备管理训练

一、智能物资库货物入库操作训练方法

1. 训练目的

通过训练,使战勤保障队员熟练掌握智能物资库货物入库的程序和操作方法,提高装备管理人员的实操能力和队员协同配合能力,以及操作熟练度,尽量减少货物的入库时间,提高入库效率。

2. 场地器材

在 0 m 处标出起点线、在 10 m 处标出物资放置区、在智能物资库门前 30 m 处标出终点线,在智能物资库内 3 个货位前标出操作区。在起点线上停放 1 辆叉车,叉车车头与起点线对齐,在物资放置区放置总量不低于 15 托盘的入库货物,如图 6-2-1 所示。

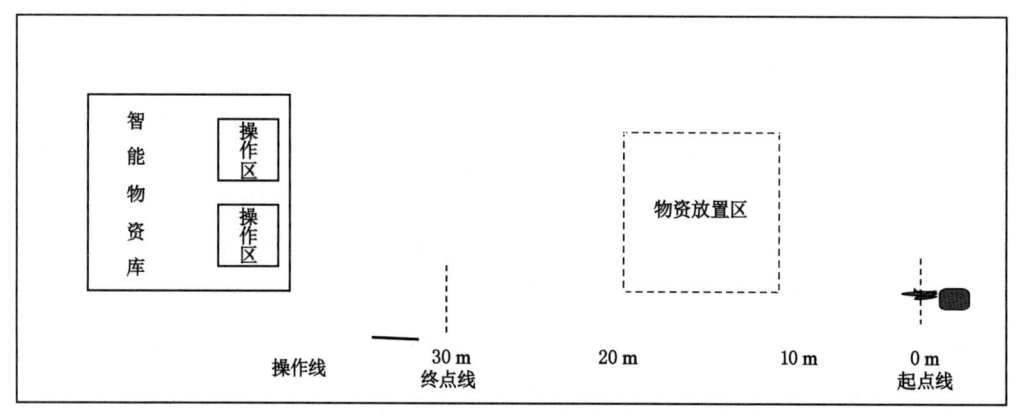

图 6-2-1　智能物资库货物入库场地设置示意图

3. 操作程序

6 名战勤保障队员[指挥员、WMS(仓储管理系统)系统操作员、叉车司机、收货员、仓库管理员、辅助队员]在起点线就位。

听到"装备入库操——开始"的口令,战勤保障队员按照各自分工展开。

(创建任务)WMS 系统操作员迅速跑至计算机旁,操作 WMS 系统,根据需要入库的物品明细及数量,以及预计入库的时间建立入库任务。任务创建成功后提交至入库指挥员,等待入库安排。

(送货入库)指挥员待入库任务建立后,制订仓库入库计划,并将货物运输任务通知到叉车司机及其他辅助队员。叉车司机将叉车从起点线行驶至物资放置区,将需要入库的货物依次装车,并在规定时间内将货物运输至仓库对应的货位(每个货位运送 5 托盘货物)。到达货位后叉车司机将送货单交给仓库收货员,收货员将送货单与收货单进

行核对以确认收货任务正确,然后检查货物数量是否符合要求、检查商品外包装有无破损、型号是否与装箱清单一致,确认无误后开始卸货收货。

(仓库验货)收货员在卸货前需对商品外包装进行检查,卸货收货后需拆开外包装对商品进行仔细的查验。收货员依据到货通知单对货品进行数量清点,并将点收实际件数标注清楚,同时核实商品质量问题,检查有无破损、受潮、短装,通过验收的商品码放在规定的货位等待上架。验货结束后,收货员将入库通知单反馈给WMS系统操作员及指挥员,通知入库。

(入库上架)仓库管理员提前给待入库的货物分配区位,然后再由上架员将货物上架到指定货位。WMS系统操作员将货物上架到指定区位。入库按照以下流程进行入库上架操作:

物资到达后先统计各个物资的数量,将各物资平均分配并摆放到托盘上,根据物资类型做入库单据。

第一步:打开WMS系统控制端电脑,并打开桌面××消防WMS系统登录,账号:HAXF,密码:119119。输入验证码点击登录。点击主页顶部"出入库管理"。

第二步:点击左侧"入库管理"下的"入库单"进入入库单界面。

第三步:点击右上角"新建"。

第四步:填写入库单信息,其中*为必填项(基础防护装备类,特种防护装备类货区选择A区,灭火救援类货区选择B区,侦检照明类货区选择C区,战勤保障类货区选择D区,空托盘选择A区或者D区),填写完成后点击"保存"。

第五步:查看新制作单据是否无误,确认无误后点击右上角"审核单据"。(一定要查看单据是否无误才可以审核,否则审核后无法修改单据信息。)

第六步:打开WMS系统控制端电脑,桌面上条码打印文件夹选择打印软件,输入条码打印信息。选择第一台打印机,长度为230、宽度135,选择双份打印。打印内容为10/*,起始数值为第一条码号,结束为自然数截止。

第七步:条码打印好后贴在托盘上。

第八步:打开霍尼韦尔手持机,打开PDA软件,选择对应入库单据,扫描托盘号,输入组盘数量。(组盘数量最好有统一分配规则,固定好每一托盘数量,方便出库)。

第九步:打开WCS(仓库控制系统)软件。

第十步:组盘完成后,上架入库口,按动入库按钮,货物会倒退一小步,扫描器启动后,听到嘀嘀响声后,代表扫描到托盘后,传输线转动开始入库。

第十一步:入库完成后,WCS软件会出现入库完成,单据完成。

15托盘货物完全上架入库后,收货员在《货物入库登记簿》上填写入库货物名称、型号、入库数量、入库日期等内容并由仓库管理员签名确认。叉车司机将叉车关闭,所有队员在终点线举手示意喊"好"。

听到"收操"的口令,将器材及WMS系统恢复到位。

4. 操作要求

(1) 战勤保障队员在进行操作时，需着全套体能作训服，并佩戴手套以确保安全。

(2) 在操作叉车前，必须确保叉车处于关闭状态，避免意外发生。

(3) 在装卸物资及托盘过程中，如发现有倾斜、滑落等情况，必须立即停止操作，并在确认稳定后方可继续操作。

(4) 操作 WMS 系统前，不得提前登录，以免影响操作的准确性和安全性。

(5) 在叉车行驶过程中，全程时速不得超过 10 km/h，以确保行车安全。

(6) 所有设备在操作过程中，都严格遵守操作规程，严禁超荷、超载运作，确保设备正常运行。

5. 成绩评定

(1) 成绩的计时开始于"开始"指令发出，终止于所有队员齐声喊出"好"的时刻。

(2) 整个入库操作过程的时限为 60 min，计时员需严格记录时间。

(3) 入库操作程序若完全符合规定要求，则判定为合格；若入库操作过程中有任何不符合程序、不满足操作要求或超出规定时间的情况，均判定为不合格。

(4) 合格标准不仅包括入库操作的正确性，还涉及入库操作的时效性，即在规定时间内完成所有操作步骤。

(5) 成绩评定时，应确保所有队员对入库操作程序有清晰理解，以保证公平公正地评判每组的表现。

二、智能物资库货物出库操作训练方法

1. 训练目的

通过训练，使战勤保障队员掌握智能物资库货物出库的程序和操作方法，提高装备管理人员的实操能力及协同配合能力，通过训练不断提高队员操作熟练度减少各类货物的出库时间，提高整体出库效率。

2. 场地器材

在智能物资库 3 个货位前标出操作区，库门前 10 m 处标出起点线、在 20 m 处标出物资放置区（至少可以放置 15 托盘货物）、在 30 m 处标出终点线。起点线前停放 1 辆叉车，叉车车头与起点线对齐。在物资放置区放置总量不低于 5 托盘的物资，如图 6-2-2 所示。

3. 操作程序

6 名战勤保障队员（指挥员、WMS 系统操作员、叉车司机、出货员、仓库管理员、辅助队员）在起点线就位。

听到"装备出库操——开始"的口令，战勤保障队员按照各自分工展开。

（下达计划）指挥员按照货物出库凭证，向全体队员下达 15 托盘货物出库的出库计划。

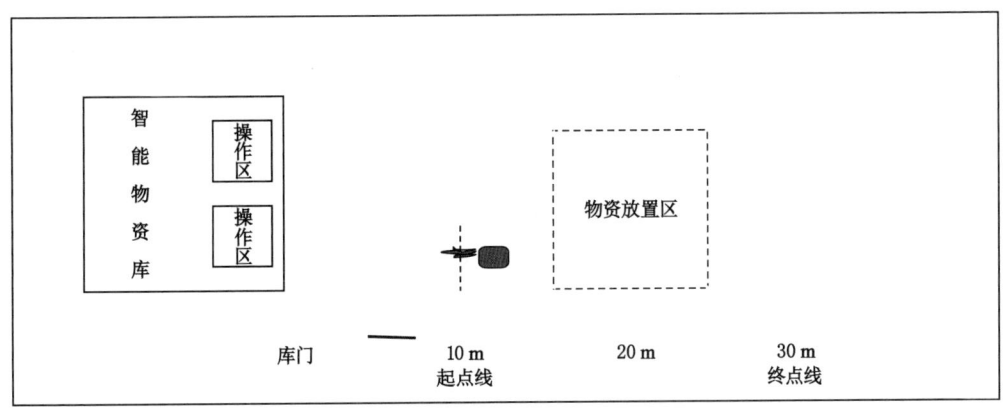

图 6-2-2　智能物资库货物出库场地设置示意图

（创建任务）仓库出货员核对出库货物数量及型号后向 WMS 系统操作员下达出库计划，WMS 系统操作员迅速跑至计算机旁，操作 WMS 系统，根据出库计划以及预计出库的时间，确保出库货物准确后建立出库任务。任务创建成功后打印货物出库单，等待 WMS 系统出库调度，同时做好预处理和分类的后续优化策略。并按照以下流程进行出库操作：

第一步：打开桌面 WMS 系统，点击顶部主菜单"出入库管理"，然后点击"出库单"。（同时检查 WCS 软件系统是否打开。）

第二步：点击"新建"按钮，填写要出库的物资信息，点击"保存"。

第三步：确认信息是否有误，信息有误要点击"编辑"按钮进行修改，完成后点击"保存"，无误后选中对应出库单，点击"审核"按钮。

第四步：查看 WCS 软件是否发送出库命令，完成后会生成出库单据。

（出库检查）货物到达货位后，仓库管理员根据出库计划仔细核对出库货物的数量及型号，确认无误后通知叉车司机及辅助队员将出库货物运送至物资放置区，按便于清点核对的原则分类进行放置。

（复核点交）15 托盘货物分类放置完毕后，为防止出现差错，仓库管理员必须再次与出库凭证核对出库货物的名称、规格、数量等，以保证出库的准确性。在货物复核无误后通知 WMS 系统操作员，完成出库任务。并与提货人办清交接手续。

（出库登记）在复核点交后，应在《货物出库登记簿》上填写出库货物名称、出库数量、出库日期等内容，仓库管理员和提货人一起签名。然后将出库单等有关证件及时交由提货人，完成货物出库手续。

15 托盘物资完全放置在物资放置区后，叉车驾驶员将叉车关闭，所有队员在终点线，举手示意喊"好"。

听到"收操"的口令，将器材及 WMS 系统恢复到位。

4. 操作要求

出库操作的要求参照本节入库操作相关内容。

5. 成绩评定

（1）成绩的计时开始于"开始"指令发出，终止于所有队员齐声喊出"好"的时刻。

（2）整个出库操作过程的时限为 60 min，计时员需严格记录时间。

（3）出库操作程序若完全符合规定要求，则判定为合格；若出库操作过程中有任何不符合程序、不满足操作要求或超出规定时间的情况，均判定为不合格。

（4）合格标准不仅包括出库操作的正确性，还涉及出库操作的时效性，即在规定时间内完成所有操作步骤。

（5）成绩评定时，应确保所有队员对出库操作程序有清晰理解，以保证公平公正地评判每组的表现。

三、智能物资库盘库操作训练方法

1. 训练目的

通过训练，使战勤保障队员熟练掌握仓库盘点的程序，全面对智能物资库货物的储存数量、货物的质量、保管条件、库存安全状况进行盘点查看。发现作业与管理中存在的问题，最大限度保证盘点数量准确，并制定合理的盘点作业管理流程，从而提高仓库货物有效管理以及队员的仓库管理水平，达到货物有效管理的目的。

2. 场地器材

在智能物资库的库门前设置起点线和终点线，终点线处设置报告生成区，提前准备 A4 文件夹板、库存装备盘点情况登记表、笔、透明胶带、计算机、打印机、桌椅等，如图 6-2-3 所示。

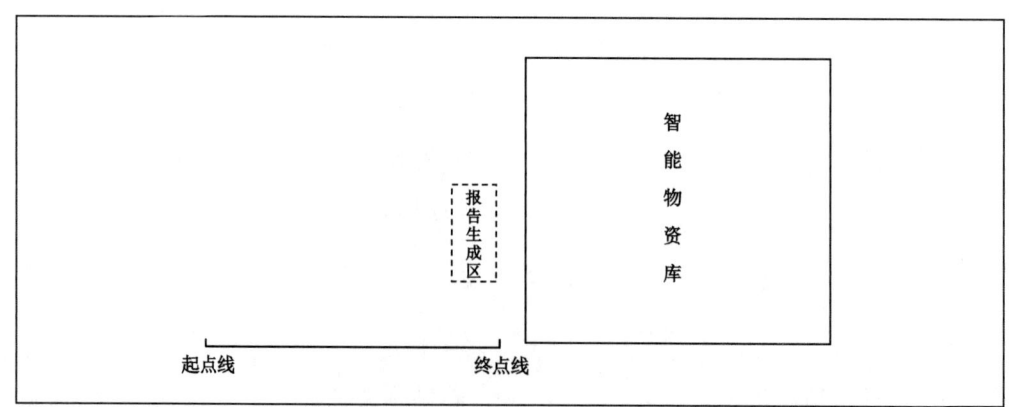

图 6-2-3　智能物资库盘库场地设置示意图

3. 操作程序

6 名战勤保障队员（指挥员、初盘员、复盘员、查核员、稽查员、数据录入员）在起点线就位。

听到"盘库操——开始"的口令，战勤保障队员按照各自分工展开。

（初盘）初盘员携带 A4 文件夹板及《库存货物盘点情况登记表》，负责对库内货物的储存数量、货物的质量、保管条件、库存安全状况进行盘点，正确记录盘点表，将盘点数据记录在"盘点数量"一栏。初盘完成后，初盘员在"初盘盘点表"上签名确认，签字后将初盘盘点表复印一份交给仓库管理员存档，并将原件给到指定的复盘员进行复盘。

（复盘）复盘员对"初盘盘点表"进行分析，快速作出盘点对策，负责对初盘员负责区域内的货物进行复盘，按照先盘点差异大后盘点差异小、再抽查无差异货物的方法进行复盘工作；复盘时根据初盘的作业方法和流程对异常数据货物进行再一次点数盘点，如确定初盘盘点数量正确时，将正确结果记录在"复盘数量"一栏。与初盘数据有差异的需要找初盘员予以当面核对，核对完成后，将正确的数量填写在"盘点表"的"复盘数量"栏。复盘有问题的需要找到初盘员进行数量确认，复盘员与初盘员核对数量后，需要将初盘员盘点错误的次数记录在"盘点表"的"初盘错误次数"中；复盘员完成所有流程后，在"盘点表"上签字并将"盘点表"给到相应"查核员"。

（查核）复盘完成后，查核员对复盘后的盘点表数据进行分析，以确定查核重点、方向、范围等，按照先盘点数据差异大后盘点数据差异小的方法进行查核工作，确定最终的货物盘点差异后需要进一步找出错误原因并写在"盘点表"的相应位置，将复盘的错误次数记录在"盘点表"中，查核员完成查核工作后在"盘点表"上签字并将查核数量记录在"查核数量"一栏中，完成后将"盘点表"交给仓库管理员，由仓库管理员安排数据录入员进行数据录入工作。

（稽查）在盘点过程中，稽查员对盘点过程予以监督，并用事先做好的电子档的盘点表根据随机抽查或重点抽查的原则筛选制作出一份"稽核盘点表"，仓库指定人员需要积极配合稽核工作，盘点结束后稽核员盘点的最终数据需要稽核员和仓库查核员签字确认有效。

（数据录入）查核完成后，仓库管理员将盘点表交由仓库盘点数据录入员录入电子档盘点表中，录入前将所有数据，包括初盘、复盘、查核、稽核的所有正确数据手工汇总在"盘点表"的"最终正确数据"中，并将盘点差异原因录入《最终盘点表》。数据录入时应仔细认真保证无错误，录入过程发现问题应及时找相关人员解决。录入完成以后需要反复检查三遍，确定无误后将"盘点表"递交仓库管理员审核。

（盘点总结）审核无误后，根据盘点期间的各种情况进行总结，尤其对盘点差异原因进行总结，将盘点情况形成盘点总结报告，盘点总结报告需要对本次盘点结果、初盘情况、复盘情况、盘点差异原因分析、以后的工作改善措施等进行说明，报告生成后由指挥员对盘点总结报告进行签字确认。

报告完成后，所有队员在终点线，举手示意喊"好"。

听到"收操"的口令，将器材恢复到位。

4．操作要求

（1）战勤保障队员着体能作训服全套，佩戴手套。

（2）盘点前需要将所有能入库归位的货物全部归位入库登账，不能归位入库或未登账的进行特殊标示注明不参加本次盘点。

（3）盘点时确保数据准确，不得存在多记、误记、漏记等情况。

（4）按储位先后顺序和先盘点零散货物再盘点箱装货物的方式进行先后盘点，不允许采用零散货物与箱装货物同时盘点的方法。

（5）盘点时对库存数量有误、如有损坏，丢失等情况必须进行登记，必要时进行复盘。

（6）在盘点过程中发现异常问题不能正确判定或不能正确解决时可以找查核员处理。

（7）盘点后盘点总结报告应在 30 min 以内完成。

5．成绩评定

（1）计时从"开始"至喊"好"停止。

（2）操作时限为 120 min。

（3）操作程序正确为合格；不按程序操作、不符合操作要求或超出操作时间为不合格。

四、物资运输操作训练方法

1．训练目的

通过训练，使战勤保障队员在物资装载、物资运输、物资卸货过程中安全可靠，确保保障物资迅速、高效、有序地运送到指定位置。

2．场地器材

在 1 000 m 的场地上标出起点线，50 m 处标出物资储备区、在 900 m 处标出物资放置区、在 1 000 m 处标出终点线。在起点线上停放 1 辆物资运输车，物资运输车车头与起点线对齐，在物资储备区放置总量不低于 2 t 的保障物资，如图 6-2-4 所示。

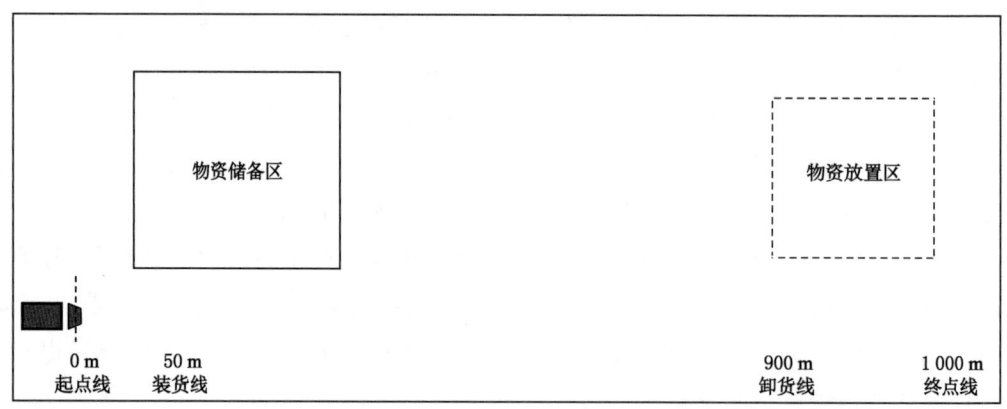

图 6-2-4　物资运输场地设置示意图

3．操作程序

4 名战勤保障队员在起点线就位。

听到"物资运输操——开始"的口令,战勤保障队员全部登车。

驾驶员将物资运输车开至物资储备区后下车。

(货物装载)号员下车后按照各自分工协同驾驶员将物资储备区的保障物资进行装车。装货时,货物应摆放整齐,捆扎牢固,不超宽、超高、超重,保证运输全过程安全;装载物资时必须根据物资性质,采取对应的遮阳、控温、防爆、防静电、防火、防震、防水、防冻、防洒漏等措施。整车货物装载完毕后,驾驶员必须检查车辆和货物是否符合安全驾驶标准。

(货物运输)装车完毕后所有队员登车,驾驶员将物资运输车开到物资放置区。驾驶员在运货过程中应严格遵守交通规则,严禁盲目开车、超速驾驶,要确保行车安全,防止货物在运输过程中坠落或丢失,行车过程中要遵纪守法,文明礼让,防止因违章或非法驾驶导致的交通事故,延误交货。

(卸货交货)当到达货物的目的地时,驾驶员应观察并选择最佳停车位置,将车辆停放在可靠位置并熄火,号员卸货时注意车辆周围的行人安全卸载。驾驶员或送货人与收货人(收货单位)验货后签字确认。

号员协同驾驶员将物资完全放置在物资放置区后,所有队员在终点线集合,举手示意喊"好"。

听到"收操"的口令,将车辆及物资恢复到位。

4. 操作要求

(1) 战勤保障队员着体能作训服全套,佩戴手套。

(2) 装卸物资过程中要做到轻拿轻放,不要随意摔、扔。

(3) 物资装车时不得超高、超宽,装货完毕后驾驶员必须检查各类货物是否装载牢固可靠。

(4) 驾驶员开车不得超速。

(5) 物资放置时确保数量、分类清楚,便于点验。

5. 成绩评定

(1) 计时从"开始"至喊"好"停止。

(2) 操作时限为 60 min。

(3) 操作程序完全正确为合格;不按程序操作、不符合操作要求或超出操作规定时间为不合格。

第三节　应急装备物资调度训练

一、应急装备物资调度的特点

应急装备物资调度在灾害事故应急救援中的应用具有显著的特点,这些特点决定了其在救灾工作中的重要地位和特殊性。下面将分别对这些特点进行详细阐述。

1. 紧急性

灾害事故的突发性和破坏性强,往往让人们在猝不及防的情况下面临巨大的困境。一旦灾害发生,受灾地区的正常生活秩序被严重破坏,人们急需各类物资来维持基本的生存条件。在我国,灾害事故的发生频率较高,尤其在地震、洪水、火灾等突发事件中,受灾地区对应急装备物资的需求量大,而且需求急迫。因此,如何高效地进行应急装备物资调度,确保各类物资迅速抵达受灾地区,是摆在政府部门和救援机构面前的一项重要课题。

灾后初期,受灾地区物资储备库的存储量很可能无法满足救灾以及灾区群众的生活需求。这就要求我们在物资调度过程中,根据受灾点需求的紧急程度进行分配。一方面,要保证救援队伍有足够的物资应对灾害事故;另一方面,也要确保受灾群众的基本生活得到保障。在实际操作中,我们需要根据灾区实时情况,对物资需求进行评估,然后制订合理的调度计划,以确保各类物资能够及时送达受灾地区。

2. 弱经济性

应急装备物资调度的首要目标是在最短的时间内将救援所需的装备以及灾民需要的应急装备物资送到灾区,此时应急装备物资调度强调的是它的时效性而非经济性。这意味着,在灾害救援过程中,需要优先考虑如何快速地将物资送达灾区,而不是过多地关注物资调度的成本。因此,在应急装备物资调度过程中,政府部门和救援机构需要充分利用各种资源,包括人力、物力和财力,以提高物资配送的效率。

在实际应急装备物资调度中,需要综合考虑时效性和经济性。一方面,要尽量缩短物资配送的时间,确保救援工作能够及时展开;另一方面,也要关注物资调度的成本,以保证救援资源的合理利用。这就需要我们在物资调度过程中,充分发挥政府主导作用,加强与各级救援机构、社会组织以及社会力量的协作,共同完成应急装备物资的调度工作。

3. 动态性

应急装备物资的调度工作是随着时间的推移、救援工作的推进动态变化的,在这个过程中需要对物资的供应和需求之间的关系进行动态调整。灾害事故的发展具有不确定性,受灾地区对物资的需求可能会随时发生变化。因此,政府部门和救援机构要能够快速响应,随时调整物资供应计划,确保灾区需求的满足。

在实际操作中,动态性体现在以下几个方面:

(1) 实时监控。密切关注灾区动态,了解受灾地区物资需求的变化,为调度工作提供依据。

(2) 灵活调整。根据灾区需求的变化,及时调整物资供应计划,确保物资调度的有效性。

(3) 协调各方力量。加强与各级政府、救援机构、社会组织等方面的沟通与协作,共同应对灾害事故。

（4）预测预防。根据灾害事故的发展趋势，提前预测受灾地区未来的物资需求，为物资调度提供参考。

4. 以政府组织为主的非常规性活动

应急装备物资的调度是由政府主导、社会参与的，调度的目的是挽救更多的生命，在车辆的选择、路线的安排方面可能与一般物资调度有所不同。这意味着，在应急装备物资调度过程中，政府需要充分发挥主导作用，调动各方资源，以确保救援物资能够及时送达灾区。

在应急装备物资调度中，政府的主导作用体现在以下几个方面：

（1）制定应急预案。政府在灾害事故发生后，要及时制定应急预案，明确应急装备物资调度的目标和任务。

（2）协调资源。政府要充分发挥统筹协调作用，整合各级政府、救援机构、社会组织和企业的资源，共同参与应急装备物资调度。

（3）优化物资配送。政府要根据灾区实际情况，合理安排物资配送路线和方式，确保物资能够迅速送达受灾地区。

（4）监督管理。政府要加强对应急装备物资调度的监督管理，确保物资的合理分配和有效利用。

应急装备物资调度的特点决定了其在灾害救援工作中的重要地位和特殊性质。在面对灾害事故时，政府部门和救援机构要充分认识到这些特点，加强应急装备物资调度工作，为受灾地区提供及时、有效的救援支持，挽救更多的生命。在实际操作中，我们要不断提高应急装备物资调度的能力和水平，确保灾害事故发生后，各项救援工作能够有序、高效地进行。同时，也需要全社会共同努力，共同应对灾害，为构建和谐、安全的社会环境贡献力量。

二、应急装备物资调度的过程

应急装备物资调度是一项复杂而关键的任务，它涉及多个环节，包括预测、筹集、流转、补充和评估等。下面将对这些环节进行详细阐述。

1. 准备过程

应急装备物资的准备过程是应急装备物资调度的重要环节，主要包括预测和筹集两个方面。

（1）应急装备物资的预测。

应急装备物资的预测是根据灾害的类型、级别以及受灾程度进行的。政府部门和救援机构需要综合考虑灾害的发展趋势、受灾地区的实际情况以及历史灾情数据，对受灾地区物资需求进行预测。预测内容包括物资的种类、数量、规格、配送时间等方面。

在实际操作中，应急装备物资预测需要充分利用现代信息技术手段，如遥感、地理信息系统、大数据分析等,提高预测的准确性和可靠性。同时,也要注重发挥专业人士和灾害管理专家的经验,确保预测结果的科学性和实用性。

(2) 应急装备物资的筹集。

应急装备物资的筹集是指在预测的基础上,通过各种渠道筹集所需物资的过程。筹集渠道包括政府储备、企业捐赠、社会组织援助、国际救援等。筹集过程中,要注重发挥政府主导作用,加强与各级政府、救援机构、社会组织和企业的沟通与协作,共同完成应急装备物资的筹集工作。

在筹集应急装备物资时,要充分考虑物资的质量、性能、实用性等因素,确保筹集到的物资能够满足受灾地区的实际需求。此外,还要注重物资的储备和更新,定期对储备物资进行维护和检查,确保物资在灾害发生时能够迅速投入使用。

2. 实施阶段

实施阶段是应急装备物资调度过程中的关键环节,主要包括应急装备物资在供应点、存放中心以及需求点之间的流转。

(1) 供应点的管理。

供应点是应急装备物资调度的重要节点,负责应急装备物资的接收、分类、打包、配送等工作。在供应点,要对筹集到的物资进行统一管理,确保物资的质量和数量符合要求。同时,要根据受灾地区的实际需求,合理安排物资的配送时间和顺序。

(2) 存放中心的管理。

存放中心是应急装备物资的中转站,负责应急装备物资的临时储存和分发。在存放中心,要确保物资的安全、整齐、便捷,便于快速配送。此外,还要对库存物资进行动态管理,实时监控库存状况,以便及时补充物资。

(3) 需求点的配送。

在需求点,应急装备物资的配送要根据受灾地区的实际情况和需求,采取灵活多样的方式进行。例如,对于道路损毁、交通不便的地区,可以采用空投、直升机等方式进行物资配送。

3. 补充阶段

补充阶段是指灾害事故发生后,根据受灾地区的实际需求,对应急装备物资进行补充调度的过程。补充调度主要包括以下两个方面:

(1) 事后补充调度。

事后补充调度是指在灾害事故发生后,对受灾地区物资需求的再次评估和调度。通过对受灾地区的走访、调查、统计等方式,了解灾区实际物资需求,然后进行针对性的补充调度。

(2) 评估。

评估是指对应急装备物资调度过程进行总结和评价,以便为今后类似灾害的应急装备物资调度提供经验和借鉴。评估内容包括物资筹集、配送、使用等各个环节,以及物资的质量、性能、实用性等指标。

通过评估,可以发现应急装备物资调度过程中的问题和不足,为今后的工作提供改进方向。同时,评估也有助于我们了解社会各界对灾害救援的支持和参与程度,进一步激发社会爱心和责任感,为灾区的社会稳定、生产生活的有序恢复奠定基础。

三、应急装备物资调度的原则

应急装备物资调度在应对突发灾害事故时,需要遵循一些基本原则,以确保救援工作的高效、有序进行。以下是对这些原则的详细阐述。

1. 时间效益最大化

突发灾害事故后,应急装备物资调度首先要考虑的是如何在第一时间将应急装备物资运往灾区。时间是应急救援中最为关键的因素之一,应急时间最短是应急装备物资调度的首要目标。实现时间效益最大化,可以在很大程度上减少灾害事故对人民生命安全和社会稳定的影响。

在制定突发灾害事故应急装备物资调度方案时,应将时间效益最大化作为第一原则,具体措施包括:

(1) 建立健全应急指挥体系,提高组织协调能力。

(2) 提前编制应急预案,明确各级各部门的职责和任务,确保灾害发生后迅速启动救援机制。

(3) 优化物资储备布局,确保各类应急装备物资在灾害发生后能迅速到达灾区。

(4) 建立快速反应的运输队伍,提高物资运输速度。

(5) 利用现代信息技术手段,实现信息共享和实时传递,提高调度决策的准确性。

2. 动态阶段化

不同的灾害事故阶段,工作的目标、调运的物资以及运输方式都有所不同。突发灾害事故的应急装备物资调度应针对其动态阶段性,及时调整调度方案。

(1) 根据灾害事故的发展趋势,分析各个阶段的物资需求,合理制定物资调度计划。

(2) 确保第一时间从灾区获得最新的情况,并且保证信息的准确性,为调度决策提供依据。

(3) 加强与各级政府和救援机构的沟通协作,确保各个阶段的物资调度有序进行。

(4) 建立健全应急装备物资调度数据库,实时更新物资库存和需求信息,提高调度效率。

3. 物资效用最优化

实现物资效用最优化,需要在以下几个方面进行考虑:

(1) 根据受灾地区的实际需求,有针对性地安排物资调度,确保物资用到刀刃上。

(2) 分清轻重缓急,对救援重点区域优先保障物资供应。

(3) 充分利用现有资源,避免重复建设和浪费。

(4) 加强对物资使用情况的跟踪监测,及时调整调度计划,确保物资发挥最大效益。

在制订应急装备物资计划时,遵循物资效用最优化的原则,可以降低灾害造成的损失,挽救更多的生命,同时减少应急装备物资的浪费。

4. 利益协调化

当救援供应物资紧缺时,如何向各个受灾点实施物资调度以缓解灾情,是应急装备物资调度的公平性问题。利益协调化原则要求在综合考虑所有受灾地区的需求基础上,实现以下目标:

(1) 确保各个受灾点的基本生活需求得到满足。

(2) 优先保障重灾区、被困群众和特殊群体的救援需求。

(3) 合理分配物资,避免某一地区物资过剩,而其他地区物资紧缺。

(4) 加强对受灾地区的心理援助和宣传教育,帮助灾区人民重建信心,恢复正常生活。

在应急装备物资调度过程中,遵循时间效益最大化、动态阶段化、物资效用最优化和利益协调化等原则,有助于提高救援工作的效率和质量。这需要各级政府和救援机构共同努力,切实加强应急装备物资调度工作,为受灾地区提供及时、有效的救援支持。

第四节 应急装备物资运输训练

消防救援队伍改革转隶后,我国应对重特大灾害事故的能力得到了显著提升。全国跨区域机动力量建设不断加强,大兵团跨区域作战已成为新常态。在这样的大背景下,建立完善的跨区域装备物资运输体系显得尤为重要,这是高效应对地震、洪水、泥石流、台风、森林、草原火灾等重特大灾害事故的基本前提和重要保证。

完善的跨区域装备物资运输体系有助于快速响应灾害事故。一旦发生灾害,救援队伍可以迅速调动各方资源,将急需的装备物资送达灾区,为受灾群众提供及时的救援和支持。

完善的跨区域装备物资运输体系有利于优化资源配置。各地区救援力量可以根据灾害事故的特点和需求,合理调配各类装备物资,实现资源的最优利用。

跨区域装备物资运输体系的建立有助于提高救援效率。在救援过程中,各个救援队伍可以实现信息共享、资源互补,确保救援行动的高效有序进行。

一、装备物资运输的特点

1. 运输任务的弱经济性

应急救援运输的首要目标在于迅速响应灾害事件,减小灾害对人民生命财产安全的威胁,保障应对灾害所需的救援装备和物资的及时供应,满足应急救援的需要。在这一过程中,经济成本被视为次要因素,社会公益性质占据主导地位。这种特点使得应急救援运输任务在成本控制、效益评估等方面与其他运输方式存在显著差异。

首先,在应急救援运输中,时间成本极为重要。迅速抵达灾害现场并展开救援,对于挽救生命、减轻灾害损失具有关键作用。因此,在选择运输方式时,速度优先,经济性退而求其次。这导致应急救援运输在很多时候采用了高效但成本较高的运输手段。

其次,应急救援运输的物资需求具有很强的不确定性。灾害发生后,救援需求可能迅速发生变化,所需物资种类、数量和紧急程度都难以预测。这种不确定性使得应急救援运输任务在资源调配、成本控制方面面临巨大挑战。为了确保救援物资的及时供应,往往需要预留一定的冗余资源,以应对突发情况。这无疑增加了应急救援运输的成本。

此外,应急救援运输任务具有很强的临时性和突发性。灾害事故的突发性特点决定了应急救援运输任务的紧急性,要求运输部门在短时间内迅速组织人力、物力、财力,开展救援工作。这种情况下,运输任务的组织和协调难度极大,成本控制变得尤为复杂。

同时,应急救援运输还需要考虑地区差异。由于我国地域辽阔,各地区灾害特点和经济条件不同,应急救援运输需要在保障物资供应的前提下,充分考虑地区实际情况,选择合适的运输方式和路线。这使得应急救援运输任务在成本效益方面具有很强的特殊性。

应急救援运输的弱经济性主要表现在以下几个方面:时间成本优先,物资需求不确定性,任务临时性和突发性,以及地区差异。这些特点决定了应急救援运输在成本控制、效益评估等方面与其他运输方式存在较大差异。在实际工作中,我们要充分认识到这一点,合理安排应急救援运输资源,确保救援物资的及时供应,为挽救生命、减轻灾害损失贡献力量。同时,也要积极探索提高应急救援运输经济效益的方法,降低救援成本,提高救援效率。

2. 运输任务的不可预知性

消防应急救援运输是在突发事故后,与救援行动同步开展的运输活动。灾害事故的突发性、临时性和不可预知性使得应急救援运输任务在应对过程中充满了挑战。这种不可预知性主要体现在以下几个方面:

首先,灾害事故的发生时间和地点具有不可预知性。突发事故可能在任何时间、任何地点发生,这使得应急救援运输任务在接到警报后需要迅速响应,展开救援。这种紧迫性要求救援部门时刻保持高度警惕,确保在第一时间内启动应急救援运输。

其次,灾害事故的类型和规模难以预测。不同类型的灾害事故所需的救援物资和手段各异,规模较大的灾害事故所需的救援力量和物资更多。在实际救援过程中,运输任务需要根据事故类型和规模进行调整,这使得不可预知性更加明显。

此外,灾害事故发生后的发展趋势和影响也具有不可预知性。事故可能引发次生灾害，导致救援任务不断发生变化。例如，地震可能引发滑坡、泥石流等次生灾害，使得救援运输任务面临更为复杂的局面。

同时，不可预知性还体现在救援过程中通信和信息传递方面。灾害事故发生后，通信设施很可能受损，导致信息传输受阻。救援部门需要在短时间内获取事故现场的信息，包括事故类型、规模、地点等，以便合理安排救援力量和运输资源。然而，由于信息的不畅通，救援工作在初始阶段往往面临很大的不确定性。

此外，不可预知性还体现在道路交通状况方面。灾害事故可能导致道路、桥梁损毁，交通中断。救援运输需要在确保安全的前提下，迅速打通救援通道，将救援物资送达事故现场。这无疑给应急救援运输带来了诸多困难和挑战。

消防应急救援运输任务的不可预知性主要体现在灾害事故的突发性、临时性、事故类型和规模的难以预测、发展趋势和影响的不确定性、通信和信息传递的不畅通以及道路交通状况的复杂性。这些因素使得救援工作面临着巨大的挑战，需要随时准备应对各种突发情况。在实际工作中，救援部门应根据灾害事故的特点，加强预警机制和应急预案的制定，提高应急救援运输的响应速度和应对能力，确保救援物资能够及时到位，为挽救生命、减轻灾害损失贡献力量。同时，也要关注不可预知性带来的挑战，不断优化救援运输策略，提高救援效果。

3. 运输任务的不确定性

突发事故发生后，常常伴随着通信中断，导致突发事故的种类、规模、地点等详细信息无法及时获取。这种情况下，救援部门需要在有限的信息条件下迅速展开救援，使得救援任务具有显著的不确定性。这种不确定性主要体现在以下几个方面：

首先，事故信息的获取具有一定的不确定性。灾害事故发生时，通信设施很可能受损，导致信息传输受阻。救援部门在接到警报后，往往需要花费一定的时间来了解事故的具体情况。在这期间，救援部门需要根据初步了解的信息进行推测和判断，合理安排救援力量和运输物资。

其次，事故种类和规模的不确定性。不同类型的灾害事故所需的救援物资和手段各异，规模较大的灾害事故所需的救援力量和物资更多。在通信中断的情况下，救援部门难以迅速掌握事故的具体规模，这给救援力量的部署带来了很大的挑战。

此外，由于通信中断，救援部门无法提前了解道路交通状况，需要在实际执行救援任务过程中不断调整运输策略。

同时，不确定性还体现在救援过程中的各种突发情况。灾害事故可能引发次生灾害，使得救援任务不断发生变化。例如，地震可能引发滑坡、泥石流等次生灾害，导致救援通道受阻，增加救援运输的难度。

此外，救援力量部署的不确定性。由于通信中断，消防救援队伍难以在短时间内确定救援力量的部署。这需要在实际救援过程中，根据事故现场的情况不断调整和优化救援方案。

综上所述,消防应急救援运输任务的不确定性主要体现在事故信息的获取、事故种类和规模、道路交通状况、救援过程中的突发情况以及救援力量部署等方面。这些不确定性使得救援工作面临着巨大的挑战,需要救援部门具备较强的应变能力和协调能力。

在实际工作中,为了应对这种不确定性,救援部门应加强应急预案的制定和演练,提高救援力量的机动性和灵活性。同时,要加强与相关部门的协同配合,充分利用现有资源,提高救援效率。此外,还需关注通信技术的发展,提高灾害事故现场的通信保障能力,以便在灾害事故发生时能够更快地获取准确的信息,为救援工作提供有力支持。

通过不断提高应急救援运输的不确定性应对能力,可以在突发事故发生时迅速展开救援,确保救援物资和力量能够及时到位,为挽救生命、减轻灾害损失贡献力量。

4. 运输任务的多变性

突发事故应急救援过程中,随着事故现场的发展态势、救援任务力量部署的变动、救援工作不断深入开展,会带动保障救援物资的种类、数量、地点等随时变动。这使得消防应急救援运输任务在短时间内呈现多变性,对救援工作提出了更高的要求。这种多变性主要体现在以下几个方面:

首先,救援物资种类的多变性。不同类型的灾害事故所需的救援物资和手段各异。随着事故现场的发展态势,消防救援队伍需要根据实际情况调整救援物资的种类。例如,在地震救援中,可能需要增加医疗设备、搜救犬、破拆工具等;在火灾救援中,可能需要增加灭火器材、防护装备等。

其次,救援物资数量的多变性。随着救援工作的深入开展,事故现场所需的救援物资数量会不断发生变化。一方面,消防救援队伍需要根据事故现场的实际需求及时调整物资供应;另一方面,还要确保救援物资的合理分配,避免浪费和短缺。

此外,救援物资地点的多变性。由于事故现场可能不断扩大或者出现次生灾害,消防救援队伍需要随时关注事故现场的变化,调整救援物资的配送地点。这要求救援运输部门具备较强的应变能力和协调能力,确保救援物资能够及时送达所需地点。

同时,救援任务力量部署的多变性。随着事故现场的发展态势和救援工作的深入,消防救援队伍需要不断调整救援力量部署。这包括增派救援队伍、调整救援队伍的作战任务等。这种多变性使得救援运输任务需要随时关注救援力量的变动,合理安排运输资源。

此外,救援工作方向的多变性。在应急救援过程中,消防救援队伍可能需要根据事故现场的实际情况调整救援工作方向。例如,在搜救工作中,可能需要从地面搜救转向水下搜救,或者从建筑物内部搜救转向野外搜救。这要求救援运输部门具备较强的机动性,能够迅速调整运输策略,满足救援工作的新需求。

综上所述,消防应急救援运输任务的多变性主要体现在救援物资种类、数量、地点的变化以及救援任务力量部署、工作方向等方面。这些多变性给救援工作带来了极大的挑战,对救援部门的应变能力、协调能力和运输效率提出了更高的要求。

在实际工作中,为了应对这种多变性,消防救援队伍应加强应急预案的制定和演练,提高救援力量的机动性和灵活性。同时,要加强与相关部门的协同配合,充分利用现有资源,提高救援效率。此外,还需关注通信技术的发展,提高灾害事故现场的通信保障能力,以便在灾害事故发生时能够更快地获取准确的信息,为救援工作提供有力支持。

5. 运输设施的临时性

应急救援运输是用于应对突发性的灾害,其很多的运输设施也是为应对灾害而临时建设的。在妥善处理完灾害后,很多运输设施也将失去原有的作用,体现了运输设施的临时性。这种临时性主要表现在以下几个方面:

首先,临时性体现在应急救援运输设施的建设和配置上。为了迅速展开救援,许多临时性的交通设施需要在短时间内投入使用。这些设施包括临时道路、桥梁、渡槽等,它们在灾害发生后迅速打通救援通道,保障救援物资和力量顺利到达事故现场。这些临时设施通常采用简便快捷的建设方式,以尽快恢复运输功能。

其次,临时性体现在救援物资储备和配送设施上。灾害发生后,救援物资的需求量迅速增加,临时性的储备和配送设施需要迅速建立。这些设施包括临时仓库、装卸场地等,它们在灾害救援过程中发挥着重要的物资保障作用。灾害结束后,这些临时设施将随着救援任务的结束而拆除或移除。

此外,临时性还体现在应急救援队伍的驻扎设施上。在灾害发生后,应急救援队伍需要迅速抵达事故现场展开救援。临时性的队伍驻扎设施,如临时帐篷、简易宿舍等,为救援人员提供了临时的生活和休息环境。这些设施在救援任务完成后将被拆除或移作他用。

同时,临时性还体现在救援过程中的通信设施上。灾害发生后,通信设施很可能受损,导致信息传输受阻。为了确保救援过程中通信畅通,临时性的通信设施需要迅速投入使用。这些设施包括卫星通信设备、移动通信基站等,它们在救援过程中发挥着重要的信息传输作用。灾害结束后,这些临时设施将随着通信任务的结束而拆除或移除。

综上所述,应急救援运输设施的临时性体现在其建设和配置、救援物资储备和配送、应急救援队伍驻扎以及通信设施等方面。这种临时性有助于迅速应对灾害,保障救援工作的顺利进行。在灾害救援过程中,各部门应充分利用临时性设施,提高救援效率,降低灾害损失。同时,也应关注这些临时设施的安全性和可持续性,确保救援过程中的人员安全和环境安全。

6. 物资来源的广泛性

应急救援运输是一种社会公益性的运输活动,采用的是与经营性物流活动不同的组织模式。在灾害发生后,救援物资的需求紧迫性极高,政府机构采购物资时需要迅速行动。此时,就近原则成为选择供应商的重要依据,这体现了物资来源的广泛性。这种广泛性主要表现在以下几个方面:

首先,广泛性体现在国内外供应商的选择上。灾害发生后,政府机构需要迅速采购大量救援物资。在保证物资质量的前提下,选择距离事故现场较近的供应商可以大大缩短物资采购和运输时间,提高救援效率。这既包括国内供应商,也包括国际供应商。例如,在我国发生灾害时,政府可能会从国内外的厂家、商家和慈善机构采购救援物资,以确保救援物资的及时供应。

其次,广泛性体现在多种渠道的物资筹集上。灾害发生后,政府机构、企事业单位、社会团体和民间爱心人士等都可能参与到救援物资的筹集和捐赠中来。这些捐赠物资来源广泛,包括食品、饮用水、衣物、药品、生活用品等,以确保受灾群众的基本生活需求得到满足。

此外,广泛性还体现在物资品种的多样性上。灾害救援所需的物资种类繁多,包括生活物资、医疗物资、建筑材料、能源设备等。政府机构需要根据灾害救援的实际需求,从各种渠道筹集相应的物资。这要求采购部门具有广泛的资源网络和丰富的采购经验,以确保救援物资的及时供应。

同时,广泛性体现在物资质量的控制上。由于灾害救援物资的广泛来源,确保物资质量成为一项重要任务。政府机构需要加强对供应商的资质审核,确保救援物资的质量符合国家标准和实际需求。此外,还需加强对捐赠物资的检验检疫,防止不合格物资进入救援现场,保障受灾群众的生命安全和身体健康。

综上所述,应急救援运输中物资来源的广泛性体现在国内外供应商的选择、多种渠道的物资筹集、物资品种的多样性以及物资质量的控制等方面。这种广泛性有利于迅速筹集和分配救援物资,提高救援工作效率。在灾害救援过程中,政府机构应充分发挥各方力量,拓宽物资来源渠道,确保救援物资的及时、充足、高质量供应。这有助于减轻灾害损失,保障受灾群众的基本生活需求,为灾后重建工作奠定基础。在我国应对自然灾害的过程中,将继续完善物资来源渠道,提高救援物资保障能力,为提高国家应急救援水平做出贡献。

二、装备物资运输保障的模式

1. 公路运输

目前全球普遍采用民用重型运输车和军用运输车完成重型救援装备的应急救援运输任务,这些车辆具有出色的负载能力和强大的牵引力,最大额定载荷可达 50 t 以上。在灾害救援中,它们承担着重要的运输任务,为救援现场提供急需的物资和设备。

在极端恶劣的灾害环境下,如道路损毁、地形复杂等情况,单纯依靠重型运输车辆难以抵达救援现场。此时,轻型全地形运输车辆成为不可或缺的力量。它们具有优良的越野性能和通过能力,能够在艰难的道路上迅速行动,完成轻型救援人员与装备的突击抢运。这有助于提高受困人员营救成功率,减少灾害伤亡。

应急救援运输保障过程中,面临诸多挑战。环境复杂多变,可能存在道路损毁、泥石流、山体滑坡等地质灾害。此外,装备调配距离远、数量少等问题也给救援运输带来困难。在这种情况下,载运平台需具备装载、运输、卸载三大物资装备运输的全过程保障能力,即自装卸载运装备。

自装卸载运装备具有以下优势:

首先,具备快速响应能力。在紧急情况下,自装卸载运装备可以迅速出动,高效完成救援物资的装卸和运输任务。

其次,适应性强。自装卸载运装备能够适应各种复杂环境,如山地、沙漠、丛林等,确保救援物资及时送达救援现场。

再次,提高运输效率。自装卸载运装备可以实现快速装卸,降低人力、物力消耗,提高运输效率。

最后,降低安全风险。在灾害环境下,自装卸载运装备可以自行完成物资运输,减少救援人员在危险环境中的作业风险。

总之,公路运输在应急救援运输中发挥着重要作用。重型和轻型运输车辆相互配合,自装卸载运装备的运用,为灾害救援提供了有力保障。在应对自然灾害的过程中,我们应继续优化公路运输体系,提高应急救援运输能力,为挽救更多生命、减轻灾害损失做出贡献。同时,加强各类救援装备的研发和配备,提高救援效率,助力我国应急救援事业不断发展。

2. 铁路运输

在各种运输方式中,铁路运输以其独特的优势在应急救援运输中发挥着重要作用。铁路运输最准时、最安全,可以全年、全天候不间断运输。此外,铁路运输速度快、成本低,便于统一调度和编排,有利于救援物资和人员迅速抵达灾害现场。

远距离跨区域投送力量时,人员一般采取高铁来运输。高铁具有速度快、运量大、安全性高、准点率高等优点,可以迅速将救援人员送达目的地。在2011年日本福岛核泄漏事故救援中,我国高铁就曾积极参与跨国救援运输,展现了高效的运输能力。

然而,在运输大型设备如消防车等时,高铁运输存在一定的局限性。由于消防车自身体积大、自载重、固定难,一般采取普通铁路进行运输。普通铁路运输具有以下优势:

首先,普通铁路运输可以承载大型设备和高负荷运输。其宽敞的运输空间和强大的承载能力满足了消防车等大型设备的运输需求。

其次,普通铁路运输具有较高的安全性。相较于其他运输方式,铁路运输在控制速度、保证行车安全方面具有明显优势,降低了运输过程中的风险。

再次,普通铁路运输成本较低。相较于航空和公路运输,铁路运输成本较低,有利于降低灾害救援的总成本,从而更多地为受灾地区提供援助。

最后,普通铁路运输便于统一调度和编排。铁路网络覆盖广泛,有利于救援物资和力量的快速调配。在应急情况下,铁路部门可以迅速调整运力和运输计划,确保救援物资和人员及时抵达灾害现场。

总之，铁路运输在应急救援运输中具有重要作用。高铁和普通铁路相互配合，为灾害救援提供了快速、高效、安全的运输保障。在应对自然灾害的过程中，我们应继续优化铁路运输体系，提高应急救援运输能力，为挽救更多生命、减轻灾害损失做出贡献。

3. 水路运输

水路运输在应急救灾活动中能充分发挥运量大、占地面积小、成本低、能耗少等优势，对于水系发达的地域具有不可替代的作用。在水路运输中，船舶等载体可以将救援物资和人员迅速送达灾害现场，为受灾地区提供及时援助。

水路运输在应急救灾中的优势如下：

首先，运量大。水路运输可以承载大量物资和人员，满足灾害救援中的需求。在2011年日本福岛核泄漏事故救援中，水路运输就发挥了重要作用，运送了大量人员和物资。

其次，成本低。相较于航空和公路运输，水路运输成本较低，有利于降低灾害救援的总成本，从而更多地为受灾地区提供援助。

再次，占地面积小。水路运输不需要大量的土地资源，对于受灾地区而言，这降低了救援设施的占地压力，有利于优化救援资源的配置。

最后，能耗少。水路运输相较于其他运输方式能耗较低，有利于降低救援过程中的能源消耗，减轻环境负担。

目前，国内外正开发研制利用水陆通道实施快速运输、装卸和救援保障的相关运输装备。这些装备具有以下特点：

首先，效率高。水陆通道快速运输装备能够实现快速装卸，提高运输效率，确保救援物资和人员迅速抵达灾害现场。

其次，适应性强。这些装备能够适应各种复杂的水陆环境，如河流、湖泊、海峡等，具有较强的通用性。

再次，安全性高。水陆通道运输装备在设计和制造过程中注重安全性，降低了运输过程中的风险。

最后，可持续性强。水路运输相较于其他运输方式具有更低的能耗，有利于实现可持续发展，满足应对自然灾害的长远需求。

总之，水路运输在应急救灾中具有重要作用，应继续加强水路运输设施建设和技术研发，提高水路运输的应急救灾能力，为挽救更多生命、减轻灾害损失做出贡献。

4. 航空运输

航空运输在应急救灾中起着至关重要的作用，其中直升机作为主要的运输载体，承担着救援装备和物资的重任。直升机的运输方式主要是通过舱内放置和舱外吊挂来实现，其运输能力主要受制于最大有效载荷。在紧急情况下，直升机能够迅速抵达灾区，为受灾地区提供及时的救援和支持。

与直升机相比，运输机具有续航里程长、载货量大等特点，使其在远程救援任务中具有优势。运输机可以携带更多的物资和设备,同时具有较高的飞行速度和稳定性,为救援行动提供有力保障。在应急救灾中,运输机不仅可以运输物资,还可以改装为客运飞机,实现大批人员、货物混运。

运输装具是航空运输中的重要组成部分,包括各种类型的集装板、集装箱等。集装板和集装箱能够提高货物运输的效率,降低损耗,保证物资的安全。在应急救灾中,运输装具的使用有助于快速、有序地完成物资的装卸和运输工作,提高救援效率。

客运飞机在应急救灾中具有重要作用,可实现大批人员、货物同时抵达灾区机场。在救援行动中,客运飞机能够迅速将人员、装备和物资运送到受灾地区,为救援工作提供有力支持。同时,客运飞机还可以作为临时指挥部,协调各方力量开展救援行动。在紧急情况下,客运飞机还可承担撤离任务,确保受灾群众和救援人员的安全。

在应急救灾中,航空运输还需克服许多困难,如恶劣天气等。为此,我国政府和相关部门积极研发和引进先进技术,提高航空运输的救援能力。例如,无人机、卫星通信等技术在航空运输中的应用,为救援行动提供了实时情报和指挥支持。此外,我国还加强与国际社会的合作,共同应对灾害挑战。

总之,航空运输在应急救灾中具有重要作用。直升机、运输机、客运飞机以及各类运输装具的运用,为救援行动提供了有力支持。

5. 无人运输

无人运输装备作为传统运输手段的重要补充和拓展,以其智能无人系统技术的先天优势,可以极大拓宽应急救援运输投送的广度和深度,成为未来应急装备物资保障的重要技术手段。在应对各种自然灾害和人道主义救援任务中,无人运输装备的作用日益凸显,为救援行动提供了有力支持。

根据应用领域不同,无人运输装备主要分为空中无人运输装备、地面无人运输装备和水面无人运输装备三大类。空中无人运输装备包括各类无人机,如固定翼无人机、旋翼无人机等。这些无人机具有飞行速度快、航程远、载荷大的特点,能够在复杂环境下执行物资运输、侦察监测等任务。在救援行动中,无人机可以迅速抵达灾区,为受灾地区提供实时情报和救援指导。

地面无人运输装备主要包括无人车、无人叉车等。这些装备在地面环境下具有较高的行驶速度和稳定性,可实现无人驾驶、自动避障等功能。在应急救灾中,地面无人运输装备可以快速运输物资,降低人工成本,提高救援效率。此外,地面无人运输装备还可应用于夜间救援任务,确保救援行动的安全和顺利进行。

水面无人运输装备包括无人艇、无人船等。这些装备具有航行速度快、续航能力强等特点,能够在水面环境下实现无人驾驶和自动避障。在应急救灾中,水面无人运输装备可以负责水上运输任务,快速将物资运送至受灾地区。同时,水面无人运输装备还可应用于水质监测、海岸线巡查等任务,为救援行动提供有力支持。

无人运输装备在应急救灾中的应用前景广阔,但同时也面临诸多挑战,如技术瓶颈、法规限制、安全隐患等。为此,我国政府和相关部门积极推动无人运输技术的研究与发展,加大政策扶持力度,鼓励企业投入创新。此外,还需加强国际交流与合作,借鉴先进国家在无人运输领域的成功经验,为我国应急救灾事业提供有力支持。

总之,无人运输装备作为新型运输手段,在未来应急装备物资保障中具有重要地位。空中、地面和水面无人运输装备的应用,将极大提高救援效率,拓宽救援范围。

6. 摩托化运输

摩托化运输在应急救灾中具有重要作用,特别是在地形复杂、交通不便的地区,水陆两栖全地形摩托车成为救援行动的关键载具。这种特殊摩托车既能在沙漠、雪地、高原、山地、山路、森林等恶劣环境中畅通无阻,又能在水上快速行驶,具有较强的适应性和实用性。

在地震等灾害救援中,摩托化运输能够为消防地震救援队输送队员、装备和物资,提高救援效率。由于灾害发生后,道路往往受到严重破坏,传统交通工具难以通行,摩托化运输的优势在这种情况下尤为明显。水陆两栖全地形摩托车能够轻松穿越各种地形,迅速抵达受灾地区,为救援行动提供有力支持。

此外,水陆两栖全地形摩托车还具备较高的机动性和灵活性,使得救援队在执行任务时能够快速响应、迅速调整。在救援过程中,摩托车可以轻松应对狭窄的山路、曲折的河流等复杂地形,确保队员和物资的安全抵达。同时,摩托车还可以在大型货机、直升运输机上进行运输和空投,进一步拓宽救援范围和速度。

摩托化运输在应急救灾中的应用不仅提高了救援效率,还降低了救援成本。与大型设备相比,水陆两栖全地形摩托车的购置和维护成本较低,且能够实现快速部署。这使得摩托化运输在应对自然灾害和人道主义救援任务时具有更高的经济效益。

为了进一步提高摩托化运输在救援行动中的性能和可靠性,我国企业和科研机构正不断加大研发力度,引入先进技术。例如,自动驾驶、远程监控、电池续航等技术在水陆两栖全地形摩托车上的应用,将为救援行动提供更强大的支持。此外,我国还积极与国际先进技术进行交流与合作,借鉴其他国家在摩托化运输领域的成功经验,不断提升我国救援摩托车的技术水平。

总之,摩托化运输在应急救灾中具有重要作用。水陆两栖全地形摩托车的广泛应用,为救援队提供了高效、便捷的运输手段。我国将继续加大对摩托化运输技术的研究与投入,为应对自然灾害和人道主义救援提供更优质、更高效的保障。在未来的救援行动中,摩托化运输将继续发挥重要作用,助力人类战胜灾难。

7. 无动力车运输

无动力车运输在应急救灾中具有重要的作用,特别是在没有油料供应或车辆难以到达的区域,这种依靠人力、畜力行驶的交通工具成为救援工作的重要补充。无动力运输车的使用,既解决了传统交通工具难以抵达的问题,又降低了救援成本,提高了救援效率。

无动力运输车种类繁多,包括手推车、独轮车、自行车、骡马车等。这些车辆在救灾过程中承担着输送队员、装备和物资的重要任务。例如,在道路损毁、油料短缺的情况下,手推车和独轮车成为救援人员搬运物资的必备工具。此外,自行车在山地、丘陵等复杂地形中具有较高的机动性,能够快速穿越灾害现场,为救援行动提供及时支援。

当无动力车无法通过灾害现场的特殊地形时,救援队伍会采取拆分装备、使用骡马进行直接运输的方式。骡马作为传统的畜力交通工具,具有耐力强、适应性广的特点。在救援行动中,骡马能够承担重型装备和物资的运输任务,穿越险峻山区、丛林等人力难以抵达的地区。这种运输方式虽然速度相对较慢,但在特殊环境下具有较高的实用价值。

无动力车运输和骡马运输在应急救灾中的应用,体现了救援人员智慧和勇气。在艰难的环境下,救援队伍充分发挥创造力,利用简单的交通工具和人力,完成了许多看似不可能完成的任务。此外,无动力车运输和骡马运输还具有环保、节能的优势,符合绿色救援的理念。

为了进一步提高无动力车运输和骡马运输的效率,我国相关部门和企业正在不断加大研发力度,改进运输工具。例如,优化手推车、独轮车的设计,提高其耐用性和载荷能力;培育优良骡马品种,提高其适应性和运输效率。同时,我国还积极与国际救援组织交流与合作,借鉴其他国家在无动力车运输和骡马运输领域的成功经验,不断提升我国救援运输能力。

三、装备物资运输任务要求

1. 运输任务要达到快速响应要求

快速响应是装备物资运输任务的首要要求。在自然灾害或人道主义救援工作中,时间至关重要。灾害发生后,每一分每一秒都对救援工作产生着深远的影响。快速抵达灾区,意味着能够尽早开展救援工作,挽救更多生命,降低灾害损失。

为了满足快速响应的要求,救援队伍在平时需要进行严格的训练和准备。这包括组织架构的优化、应急预案的制定、物资储备的管理、人员值班安排等方面。在救援队伍内部,要建立健全指挥体系,确保在灾害发生后能够迅速启动应急预案,高效组织人员和物资。同时,加强与相关部门的协作,建立快速反应机制,确保在关键时刻能够调集各方力量共同参与救援。

在装备物资方面,要选择性能优越、机动性强的装备和交通工具。例如,越野性能好的车辆、全地形机器人、无人机等,这些装备能够快速穿越各种复杂地形,提高运输效率。此外,还要注重装备的保养和维护,确保在关键时刻能够正常使用,避免因设备故障而耽误救援时间。

在人员方面,救援队伍要建立 24 h 值班制度,确保人员在灾害发生后能够迅速到位,投入到救援行动中。同时,要加强队员的业务培训,提高他们的专业技能和综合素质,使他们在救援现场能够迅速适应各种环境,高效完成任务。

还要加强对灾害信息的监测和预警。通过实时掌握灾害信息,提前做好救援准备,提高响应速度。利用现代科技手段,如遥感技术、大数据分析等,提高灾害预警的准确性和及时性,为救援工作提供有力支持。

2. 运输任务要达到实战要求

实战要求是装备物资运输任务中至关重要的一个方面。这意味着救援队伍需要在复杂环境下具备高效执行任务的能力。灾害现场的环境往往十分恶劣,道路损毁、地形险峻,这对运输装备和运输方式提出了严峻的挑战。因此,救援队伍需要选用适应性强、性能优越的装备和交通工具。

无人机、无人车、水陆两栖全地形摩托车等装备和交通工具在实战环境下具有较高的实用价值。无人机可以迅速穿越灾区上空,实时掌握灾区情况,为救援行动提供准确信息;无人车能在复杂路况下稳定行驶,提高运输效率;水陆两栖全地形摩托车则能在水域和陆地等多种地形中自如行驶,进一步提升运输灵活性。

此外,救援人员还需在实战环境下具备妥善应对各种突发状况的能力。这包括在恶劣气候条件下执行任务、应对道路损毁等复杂地形、处理运输过程中的突发事件等。为了提高救援人员在实战环境下的应对能力,救援队伍需要在平时加强培训,提高队员的专业技能和心理素质。

在实战要求下,救援队伍还需注重技术创新和装备更新。随着科技的发展,新型救援装备和工具不断涌现,如智能导航系统、远程遥控设备、高性能通信设备等。救援队伍应积极引进和采用这些先进技术,提高运输任务的执行效率。

实战要求还强调救援队伍之间的协同作战。在实际救援过程中,各个救援队伍之间需要保持密切沟通,共享信息,协同处理各种突发状况。通过加强内部协作和外部协调,确保装备物资运输任务在实战环境下顺利完成。

实战要求是装备物资运输任务中至关重要的一个方面。救援队伍需要选用适应性强、性能优越的装备和交通工具,同时加强队员培训,提高实战环境下的应对能力。通过创新技术和协同作战,确保在复杂环境下顺利执行运输任务,为灾害救援工作提供有力支持。在实际救援行动中,满足实战要求是提高救援效果的关键,也是救援队伍战胜灾害、挽救生命的基石。

3. 运输任务要达到灵活可变要求

灵活可变要求在救援行动中具有重要作用。由于地形和环境的变化无常,救援队伍在执行装备物资运输任务时,需要具备较强的应变能力和灵活性。这意味着救援队伍要在实际操作中,根据具体情况迅速调整运输策略和方案,以应对各种突发状况。

为了满足灵活可变的要求,救援队伍需要在平时加强多样化运输方式的研究和训练。这包括掌握各种运输工具的性能、特点和运用方法,如摩托化运输、无动力车运输、骡马运输等。同时,要注重训练队员在不同环境下的运输技巧,如水上交通工具的使用、攀爬技能、雪地行走等。

在实际救援行动中,救援队伍要善于根据地形和环境的变化调整运输策略。例如,在道路损毁严重的情况下,可以采用摩托化运输,利用摩托车、越野车等装备迅速穿越损毁路段;在无道路的情况下,可以利用无动力车运输,如滑轮、雪橇等工具;在水源充足的地方,可以利用水上交通工具进行运输。

此外,救援队伍还需具备快速调整和适应的能力。在救援过程中,可能会遇到各种意想不到的困难和挑战,如恶劣天气、地形险峻等。在这种情况下,救援队伍要能够迅速适应环境,调整运输方案,确保物资顺利送达。

为了提高救援队伍的灵活性和应变能力,救援指挥部门需要制定多样化的应急预案,覆盖各种可能遇到的情况。同时,要加强与各相关部门的协作,确保在救援行动中能够迅速调动各方力量,共同应对各种复杂情况。

4. 全链条、全要素、全地形前送

全链条、全要素、全地形前送是装备物资运输任务的重要要求。实现这一目标,有助于确保救援物资从源头到目的地整个过程的安全、高效,为受灾地区和群众提供及时、全面的救助。

首先,全链条要求救援队伍在物资筹集、包装、装载、运输、卸载和分发等环节做到有条不紊地进行。这意味着每个环节都需要紧密衔接,避免因某个环节的延误而影响到整个运输进程。为此,救援队伍需要在平时建立健全指挥体系,明确各环节的责任和任务,确保各个环节高效协同。

全要素要求救援队伍在运输过程中,充分考虑人员、装备、物资等多方面因素。这意味着各个环节的人员要具备相应的专业技能和素质,装备要性能优越、适应性强,物资要合理搭配、满足实际需求。此外,救援队伍还需加强内部协作和沟通,确保各个环节的协调与配合。

全地形前送意味着救援队伍要在各种地形条件下完成运输任务。这需要救援队伍掌握多种运输方式,具备强大的适应性和灵活性。例如,在山地、水域、沙漠、雪地等复杂地形条件下,救援队伍要能够迅速调整运输策略,利用无人机、无人车、水陆两栖全地形摩托车等装备,完成物资运输任务。

为了实现全链条、全要素、全地形前送,救援队伍需要在平时加强训练和演练,提高队员的专业技能和应对突发状况的能力。同时,救援指挥部门要制定详细的应急预案,确保在实际救援行动中能够迅速调动各方力量,共同应对各种复杂情况。

总之,为了满足这些要求,救援队伍在平时需要进行严格的训练和实战演练,提高运输能力和应对各种复杂环境的能力。此外,还需要注重技术创新,引进先进的装备和运输工具,提高运输效率。同时,加强与国际救援组织的交流与合作,学习借鉴先进国家在装备物资运输方面的成功经验,不断提升我国救援运输水平。

在应对自然灾害和人道主义救援任务时,装备物资运输任务的重要性不言而喻。

只有确保运输任务的顺利完成,才能为救援行动提供有力支持,最大限度地减少灾害造成的损失。因此,救援队伍要不断提高自身运输能力,完善运输体系,以应对未来可能面临的各种挑战。在救援行动中,装备物资运输任务将成为救援队伍决战灾区的关键环节,为人类战胜灾难贡献力量。

四、建设新时代物资运输体系的措施

建设新时代消防应急救援运输体系,需要从多个方面着手,包括强化组织调度机构、推进运行机制建设、加强信息化辅助决策系统、建立健全预案体系、构建多式联运体系和利用"互联网+"资源整合平台等。只有通过这些措施的综合施行,才能确保消防应急救援运输体系在关键时刻发挥出应有的作用,为保卫人民群众生命财产安全提供有力保障。

1. 消防应急救援运输体系组织调度机构的建设

消防应急救援运输体系的正常运作离不开高效的组织调度机构。需要建立健全应急管理部门与相关部门之间的协调机制,明确各级指挥部门的职责与权限,确保在突发事件发生时,各相关部门能够快速响应,形成合力,提高应急救援效率。此外,还需加强应急指挥平台的建设,实现信息共享与实时传递,为应急救援决策提供有力支持。具体如下:

首先,需要建立健全应急管理部门与相关部门之间的协调机制。这意味着,各相关部门要有明确的职责和权限,以便在突发事件发生时,能够快速响应,各司其职,形成合力,提高应急救援效率。此外,还需定期进行协同演练,以提高各部门之间的默契度和应急响应速度。

其次,加强应急指挥平台的建设也是至关重要的。应急指挥平台是应急救援行动的指挥中枢,它可以实现信息共享和实时传递,为应急救援决策提供有力支持。因此,需要不断提高应急指挥平台的技术水平,确保其在紧急情况下能够稳定运行,为救援行动提供精准、及时的信息支持。

此外,为了提高应急救援运输体系的运作效率,需要培养一支专业化的应急救援队伍。这支队伍应该具备丰富的应急救援经验和专业知识,能够在紧急情况下迅速采取正确的行动。同时,还需要定期对应急救援人员进行培训,确保他们始终保持高水平的专业技能。

最后,公众的教育和参与也是消防应急救援运输体系的重要组成部分。需要加强对公众的消防安全教育,提高他们的消防安全意识,使他们在遇到紧急情况时能够迅速、正确地采取行动。此外,鼓励公众参与应急救援工作,如组建社区应急救援志愿者队伍,可以大大提高应急救援的效率。

2. 消防应急救援运输体系运行机制的建设

完善的运行机制是确保消防应急救援运输体系高效运作的关键。要建立一套灵

活、高效的运行机制,包括应急预案的启动、应急资源的调配、救援队伍的调度等环节。同时,要加强与各级政府、社会组织和企业的协作,形成全民参与、协同配合的应急救援工作格局。在运行机制的建设过程中,要注重总结经验,不断优化流程,提高应急救援响应速度和效果,具体如下:

首先,建立健全应急预案启动机制。应急预案是应对突发事件的基础,快速准确地启动应急预案能够为救援工作提供明确的指导。我们应当完善应急预案的报备、审批和激活流程,确保在突发事件发生时,应急预案能够迅速启动,为救援工作提供有力支持。

其次,优化应急资源调配机制。应急资源是救援工作的物质基础,合理调配应急资源能够提高救援效率。我们需要建立健全应急资源储备和调配制度,明确各级别、各类型的应急资源分布和调用权限,确保应急救援过程中资源能够迅速到位,满足救援需求。

再次,强化救援队伍调度机制。救援队伍是应急救援工作的核心力量,科学合理的调度救援队伍能够提高救援效果。应当建立基于风险评估、地理位置等因素的救援队伍调度模型,实现救援队伍的高效调度,确保在突发事件发生时,救援队伍能够迅速出动,有效应对。

最后,加强多方协作,形成全民参与、协同配合的应急救援工作格局。应急救援工作需要各级政府、社会组织和企业共同参与,我们应当建立健全协作机制,明确各方职责,促进信息共享,确保应急救援工作有序、高效进行。

在运行机制的建设过程中,要注重总结经验,不断优化流程,提高应急救援响应速度和效果。通过对过往救援经验的总结和分析,找出存在的问题和不足,进一步完善运行机制,提高救援工作效能。

3. 消防应急救援运输体系信息化辅助决策系统的建设

消防应急救援运输体系信息化辅助决策系统是适应新时代发展需求的重要举措,对于提高应急救援响应速度和效果具有重要意义。在构建信息化辅助决策系统过程中,要注重以下几个方面:

首先,充分利用现代信息技术,如大数据、云计算、人工智能等,构建一套全面、实时、精准的应急信息采集、分析和处理系统。这套系统应当涵盖突发事件预警、救援资源分布、救援行动进展等各类信息,为应急救援决策提供丰富、实时的数据支持。

其次,加强应急信息共享与传输。信息共享是提高应急救援协同效率的关键,我们要建立健全应急信息共享机制,促进各部门、各地区之间信息畅通,确保应急救援过程中信息能够迅速传递,救援资源能够有效协同。

再次,利用人工智能技术提升应急救援智能化水平。通过构建智能预警、智能调度、智能分析等模块,实现应急救援过程中的人工智能辅助决策,提高救援行动的针对性和有效性。例如,在救援过程中,利用人工智能技术对受灾现场进行实时分析,为救援人员提供精准的现场信息,指导救援行动。

此外,加强网络安全防护,确保应急信息系统的安全稳定运行。我们要建立健全网络安全管理制度,提高应急信息系统的抗攻击能力,确保应急救援过程中的信息安全。同时,加强对网络安全事件的监测和应对,防止恶意攻击和信息泄露,保障应急救援信息的安全可靠。

最后,持续优化信息化辅助决策系统,提高其易用性和实用性。我们要根据应急救援工作的实际需求,不断调整和优化系统功能,使之更好地服务于应急救援工作。同时,加强对应急救援人员的培训,提高他们运用信息化辅助决策系统的能力。

4. 建立健全消防应急救援运输预案体系

消防应急救援运输预案体系是应对各类突发事件的重要保障,建立健全完善的预案体系对于提高应急救援工作效率具有重要意义。在构建消防应急救援运输预案体系过程中,要注重以下几个方面:

首先,预案制定要结合实际情况。我们需要根据各地区的特点和风险评估,制定针对性的应急救援预案。这包括对突发事件类型的预测、风险评估、应急资源分析等方面,以确保预案的实用性和可行性。

其次,明确各级指挥部门、应急救援队伍、物资储备等各方面的职责和任务。在预案中,要明确各相关部门和人员在应急救援过程中的职责,确保突发事件发生时,各司其职,协同作战。同时,要注重物资储备,确保应急救援物资能够在关键时刻迅速到位,满足救援需求。

再次,定期组织预案演练。预案演练是检验预案有效性和提高应急救援队伍实战能力的重要手段。我们要定期组织各类应急救援队伍进行实战演练,提高他们在应对突发事件时的协同作战能力,确保预案在实际救援过程中能够发挥预期作用。

此外,注重预案的更新和完善。随着社会的发展和环境的变化,我们需要不断对预案进行更新和完善,以适应新的救援需求。要对预案进行定期审查,结合历年救援经验和实际情况,及时调整和优化预案内容。

最后,加强预案的宣传教育。加强对应急救援预案的宣传教育,提高广大人民群众的安全意识,使他们在遇到突发事件时能够迅速采取正确的行动,配合救援工作,共同维护社会的安全与稳定。

5. 应急救援装备物资多式联运体系

应急救援装备物资多式联运体系是提高应急救援工作效率的重要环节,对于保障救援工作顺利进行具有重要意义。在构建应急救援装备物资多式联运体系过程中,要注重以下几个方面:

首先,优化应急救援物资储备布局。根据各地区风险评估和实际情况,合理配置应急救援物资储备,确保在突发事件发生时,救援物资能够迅速到位。这包括建立健全区域性应急救援物资储备中心,合理分布储备物资,提高物资调配效率。

其次,合理配置各类应急救援装备。针对不同类型的突发事件,要确保应急救援队伍具备相应的装备实力,提高救援工作效率。这需要我们在救援装备的采购、管理和使用等方面进行科学规划,确保应急救援装备的合理配置。

再次,加强与交通运输、邮政等部门的协作。应急救援物资的快速配送离不开相关部门的支持,要建立健全协作机制,实现信息共享,提高运输效率。此外,要充分利用各种交通运输资源,如公路、铁路、航空等,实现救援物资的迅速传输。

此外,充分利用现代物流技术。物联网、区块链等技术在应急救援物资运输中具有重要作用。通过运用这些技术,可以实现应急救援物资的实时追踪、精准配送,提高物资运输的透明度和可靠性。例如,利用物联网技术对应急救援物资进行实时监控,掌握物资库存和运输状态;利用区块链技术确保物资信息的真实性和安全性,防止假冒伪劣物资流入救援现场。

最后,持续优化多式联运体系。要根据应急救援工作的实际需求,不断调整和优化多式联运体系,提高运输效率。这包括完善应急救援物资储备和配送机制、强化部门协作、引进先进技术等方面。

6. 利用"互联网+"资源整合平台实现装备物资配送

利用"互联网+"资源整合平台实现装备物资配送是新时代应急救援工作的重要手段。通过这一平台,可以充分发挥互联网在信息传播、资源调配等方面的优势,实现应急救援装备物资的高效配送。

首先,实时掌握各地应急装备物资储备和需求情况。通过"互联网+"平台,可以实时获取各地应急装备物资的库存信息,及时了解受灾地区的需求,为救援物资的调配提供依据。这有助于优化资源配置,确保救援物资能够迅速送达灾区,满足受灾群众的需要。

其次,提高物资配送效率。利用互联网平台,可以对应急救援物资的配送进行精确调度,实现物流资源的优化配置。通过智能物流系统,快速计算出最短路径、最佳配送方式,缩短物资配送时间,提高救援效率。

再次,拓宽救援渠道。通过"互联网+"平台,可以向社会各界征集救援物资和志愿者,进一步扩大救援资源。这有助于充分调动社会力量参与应急救援的积极性,为救援工作提供更多支持。

此外,提高信息透明度。互联网平台可以实时发布应急救援进展、物资需求和配送情况等信息,增强社会对应急救援工作的监督和关注,提高救援工作的透明度。

最后,加强部门协作。通过互联网平台,各相关部门可以实现信息共享,加强协作,形成合力。这有助于打破信息孤岛,提高应急救援工作的协同效率。

参考文献

[1] 葛步凯.消防车底盘维护[M].北京:应急管理出版社,2022.
[2] 公安部消防局.举高消防车构造与使用维护[M].北京:群众出版社,2010.
[3] 公安部消防局.装备技师培训教程[M].北京:群众出版社,2010.
[4] 吕东明,葛步凯.消防车发动机维护[M].南京:南京大学出版社,2018.
[5] 应急管理部消防救援局.消防泵与消防车[M].昆明:云南人民出版社,2020.
[6] 张连阳,白祥军,张茂.中国创伤救治培训[M].北京:人民卫生出版社,2019.
[7] 张连阳,李子龙.中国创伤救治培训:基层培训[M].北京:人民卫生出版社,2022.